プログラミングに
特化した生成AIを
使った実践的学習法

# GitHub Copilot × Python 入門

増田 智明

日経BP

# はじめに

　本書はPythonプログラミングの初心者向けの本ではありますが、筆者もPythonプログラミングについては初心者です。少なくとも本書を執筆する前は初心者であって、文法やライブラリの使い方に精通している訳ではありませんでした。この文章を書いているときにも、あまり上級者とは言えませんが、程よくPythonを使ってプログラミングができるようになっています。本書を書くときにかつPythonを覚えるときに使った学習ツールが、プログラミングに特化した生成AIであるGitHub Copilotです。

　プログラミングを手助けする生成AIはさまざまなものがあります。ChatGTPやGeminiなどの会話形式で進められる一般的な生成AIもあります。しかし、GitHub CopilotとVisual Studio Codeを組み合わせて使えば、Visual Studio Code内で生成AIに質問ができ、コード上のコメントを使って生成AIにコードを書いてもらうことができます。ブラウザとエディターを行き来するのではなく、いつもプログラミングに使っているVisual Studio Codeの上でさっと使えるのがGitHub CopilotとVisual Studio Codeの組み合わせのよいところです。

　本書はPython入門とは銘打ってはいますが、実質は生成AI（本書ではGitHub Copilot）を活用したプログラミングの学習本です。いままでの入門書では、対象となるプログラミング言語の文法やライブラリの詳細を話すところから始めています。最終的には1つのアプリケーションを作るまでのステップバイステップという学習方法を使うこともあります。筆者もその形式の本をいくつか執筆しています。

　しかし、本書に限ってはその手順を取ってはいません。プログラミングをしていく中で、覚えることを極めて少なくしてあります。極端なことを言えば、Pythonの細かい文法を本書では解説していません。効率的なコードの書き方や効率的なライブラリの使い方を解説するわけでもありません。本書の基本的な説明方針は、逐次的に生成AIに質問をして回答を得ていくというものです。

　質問の仕方にルールがある訳ではありません。まさしく、GitHub Copilotの「副操縦士（Copilot）」を読者の傍らに座らせてください。わからなかったら聞く。回答がわからなかったらさらに聞く。うまく回答が導き出されるまで、自分で質問を考える。読者とCopilotが共同で作ったコードを動かしながら、自分の目的が達せられる

ように工夫する。うまく達成できない場合は、再びCopilotに尋ねてみる。それらを繰り返していくだけです。そして、筆者がその経緯を逐一書き示したものが本書となっています。

　本書では、具体的な機械学習の処理方法やスマホアプリ/デスクトップアプリ/Webアプリの作り方などまで解説してはいません。しかし、本書の想定読者はPythonの初心者ですが、学習ツールとしてGitHub Copilotを存分に活用することで、Pythonの習得を効率的に行えるようになると思います。いえ、必ずなります。特に学生のかたは無償で使えるので、ぜひ使ってみてください。そして、ちょっとCopilotを使いこなせば、機械学習、スマホアプリ/デスクトップアプリ/Webアプリのすべてを作れる可能性、Pythonを使いこなす可能性を、能力を得ることができるのです。

　ただ、Copilotを使ってPythonの基本文法を解説するだけではちょっと物足りないので、CSV形式のファイルの扱いやWeb APIの扱い方、グラフの書き方といった、実務に必要となる基本技術のプログラミングの仕方を本書は示してあります。ほかのPython解説本のように難しいことはできませんが、最初の取り掛かりには十分でしょう。Copilotと共同でコーディングをするときの落とし穴もいくつか用意してあります。Copilotと一緒に楽しんでPythonを学んでいってください。GitHub Copilotの使い方に慣れていくと、プログラミングという行為自体が少し変わってきます。黙々と1人でプログラミングをするのではなく、Copilotと相談しながらチームでプログラミングをするという楽しさを読者は味わってください。

2024年12月　筆者記す

## 本書のサポート

なお、本書で利用されているサンプルコードは、以下でダウンロードが可能です。
　https://githuh.com/moonmile/py-copilot

著者サポートページは、以下のとなります。
　https://www.moonmile.net/blog/books/py-copilot

# 目次

はじめに ………………………………………………………………………………… (3)

## Chapter 1
## GitHub Copilotを使ったプログラミング学習　1

**01** Pythonとは ……………………………………………………………………… 2
**02** GitHub Copilotとは ……………………………………………………………… 3
**03** GitHub CopilotとVisual Studio Code ………………………………………… 5
**04** 本書の学習方法 ………………………………………………………………… 7

## Chapter 2
## 環境設定　9

**01** Pythonのインストール ………………………………………………………… **10**
　2.1.1　Windowsの場合 ………………………………………………………… 10
　2.1.2　Linuxの場合 ……………………………………………………………… 12
　2.1.3　macOSの場合 …………………………………………………………… 14

**02** Visual Studio Codeのインストール ………………………………………… **16**
　2.2.1　Visual Studio Codeのダウンロード ………………………………… 16
　2.2.2　Visual Studio Codeを日本語化 ……………………………………… 17
　2.2.3　コマンドラインから起動 ……………………………………………… 21

**03** 拡張機能Pythonのインストール …………………………………………… **23**
　2.3.1　拡張機能Pythonのインストール …………………………………… 23

**04** Notebookの設定 ……………………………………………………………… **25**
　2.4.1　Python仮想環境のインストール …………………………………… 25
　2.4.2　Jupyterのインストール ……………………………………………… 29

**05** Notebookの使い方 …………………………………………………………… **31**
　2.5.1　2種類のセル …………………………………………………………… 31
　2.5.2　コードセルの実行 ……………………………………………………… 31
　2.5.3　Notebookファイルの追加 …………………………………………… 34
　2.5.4　コードセルの追加 ……………………………………………………… 35

| | | |
|---|---|---|
| | 2.5.5 コードセルの実行 | 36 |
| | 2.5.6 マークダウンの追加 | 38 |
| **06** | **GitHub Copilotの購入** | **40** |
| | 2.6.1 GitHub Copilotの状態 | 40 |
| | 2.6.2 GitHub Copilotの購入 | 40 |
| | 2.6.3 GitHub Copilot拡張機能の導入 | 43 |
| **07** | **Copilotの使い方** | **44** |
| | 2.7.1 コードセルでCopilotを使う | 44 |
| | 2.7.2 コードの提案とインテリセンス機能 | 47 |
| | 2.7.3 Copilotの停止 | 48 |
| | 2.7.4 複雑なプロンプト | 50 |
| | 2.7.5 コードの修正 | 51 |
| | 2.7.6 コードの説明 | 52 |

## Chapter 3

# CopilotでPython文法を覚える　　55

| | | |
|---|---|---|
| **01** | **四則演算子を使ってみる** | **56** |
| | 3.1.1 四則演算子 | 56 |
| | 3.1.2 比較演算子 | 58 |
| | 3.1.3 ビット演算子 | 61 |
| **02** | **制御文を使ってみる** | **64** |
| | 3.2.1 条件分岐 | 64 |
| | 3.2.2 繰り返し処理 | 68 |
| **03** | **リストと辞書の使い方を学ぶ** | **75** |
| | 3.3.1 データ構造 | 76 |
| | 3.3.2 リスト構造 | 77 |
| | 3.3.3 辞書構造 | 85 |
| **04** | **関数の利用方法を学ぶ** | **90** |
| | 3.4.1 関数の呼び出し方 | 90 |
| | 3.4.2 数値を渡す関数 | 94 |
| | 3.4.3 戻り値を持つ関数 | 97 |
| | 3.4.4 合計値を計算する関数 | 103 |
| **05** | **クラスの利用方法を学ぶ** | **104** |
| | 3.5.1 簡単なクラス構造 | 104 |
| | 3.5.2 インスタンス変数について | 107 |
| | 3.5.3 クラスとリストの組み合わせ | 109 |

## Chapter 4

# ターミナルで入出力　　115

**01　数値や文字列を入力する** ────────── **116**
4.1.1　コンソールから入力する ────────── 116
4.1.2　数値入力に文字列を入れてエラー ────────── 118
4.1.3　数値変換エラーに対処する ────────── 119
4.1.4　文字列と数値を一度に入力する ────────── 121
4.1.5　連続してデータを入力する ────────── 123

**02　数値や文字列を出力する** ────────── **127**
4.2.1　数値をいろいろな方法で出力する ────────── 127
4.2.2　右揃えとカンマ区切り ────────── 129
4.2.3　実数をいろいろな方法で出力する ────────── 132
4.2.4　文字列をいろいろな方法で出力する ────────── 137
4.2.5　formatメソッドに2つの変数を渡す ────────── 143

**03　文字列から数値に変換する** ────────── **145**
4.3.1　文字列を数値に変換するパターン ────────── 145
4.3.2　整数や実数の読み込み ────────── 147
4.3.3　複数の数値を同時に扱う ────────── 153
4.3.4　文字列と数値が混在している場合 ────────── 160
4.3.5　複数行のデータを処理する ────────── 161

## Chapter 5

# ファイルアクセス　　165

**01　テキストファイルを読み込む** ────────── **166**
5.1.1　テキストファイルを扱う ────────── 166
5.1.2　open関数の使い方 ────────── 170
5.1.3　withステートメント ────────── 172
5.1.4　encodingの違い ────────── 173

**02　CSVファイルを読み込む** ────────── **176**
5.2.1　CSV形式 ────────── 176
5.2.2　CSV形式ファイルの読み込み ────────── 176
5.2.3　pandasモジュールの利用 ────────── 182

**03　JSON形式のファイルを扱う** ────────── **188**
5.3.1　JSON形式 ────────── 189
5.3.2　JSON形式ファイルの読み込み ────────── 191
5.3.3　複雑なJSON形式のデータを扱う ────────── 195

目次　(7)

**04** テキストファイルに書き出す ........................................................ **200**

5.4.1　テキストを書き出す ............................................................... 200

5.4.2　配列をファイルに書き出す ...................................................... 201

**05** JSON形式でファイルに書き出す ............................................... **204**

5.5.1　JSON形式で書き出す ............................................................. 204

5.5.2　インデント付きのJSON形式で書き出す .................................... 206

5.5.3　配列をJSON形式にする ......................................................... 207


## Chapter 6

# Excelからデータ読み込み　　　　211

**01** Excelシートからデータを取り込む ........................................... **212**

6.1.1　Excelの概要 ......................................................................... 212

6.1.2　pandasでデータを読み込む ................................................... 213

6.1.3　行単位でデータを表示する ..................................................... 216

6.1.4　指定した列だけ表示する ......................................................... 218

**02** Excelのデータを変換する ........................................................ **220**

6.2.1　条件を指定してデータを抽出する ............................................ 220

6.2.2　データをソートする ............................................................... 223

**03** Excelシートにデータを出力する ............................................... **224**

6.3.1　Excelにデータを保存する ...................................................... 225


## Chapter 7

# インターネットアクセス　　　　229

**01** インターネットからデータを取り込む ....................................... **230**

7.1.1　Web APIの基本 ................................................................... 230

7.1.2　Web APIを呼び出す ............................................................. 234

**02** インターネットでデータを検索する ........................................... **241**

7.2.1　Googleで検索する ............................................................... 242

7.2.2　Googleで検索した結果を整理する ......................................... 247

**03** データをインターネットに送信する ........................................... **250**

7.3.1　簡易Webサーバーを作成する ................................................ 251

7.3.2　GETメソッドを試す ............................................................. 257

7.3.3　POSTメソッドを試す ........................................................... 260

7.3.4　配列を登録できるWebサーバー ............................................. 264

## Chapter 8

# 数値計算     271

**01 大量のデータを読み込む** ────────────── **272**
- 8.1.1　e-Statの利用 ──────────────── 272
- 8.1.2　都道府県の人口を抽出 ─────────── 274

**02 データから平均や分散を計算する** ───────── **279**
- 8.2.1　都道府県の抽出方法を変える ───────── 279
- 8.2.2　警告を取り除く ─────────────── 280
- 8.2.3　余分なデータを取り除く ─────────── 283
- 8.2.4　平均を計算する ─────────────── 284
- 8.2.4　分散を計算する ─────────────── 286

**03 ベクトルや行列を扱う** ──────────────── **288**
- 8.3.1　NumPyモジュール ─────────────── 288
- 8.3.2　ベクトルのサンプルコード ──────────── 289
- 8.3.3　行列のサンプルコード ──────────── 291

**04 基本統計量を計算する** ──────────────── **294**
- 8.4.1　基本統計量の計算 ───────────── 294


## Chapter 9

# グラフ作成     299

**01 折れ線グラフを描く** ───────────────── **300**
- 9.1.1　折れ線グラフの作成 ───────────── 300
- 9.1.2　ランダムな値で作成 ───────────── 302

**02 棒グラフを描く** ─────────────────── **305**
- 9.2.1　棒グラフの作成 ─────────────── 306
- 9.2.2　ランダムな値で作成 ───────────── 307
- 9.2.3　データを読み込んで棒グラフの作成 ───── 308

**03 円グラフを描く** ─────────────────── **312**
- 9.3.1　円グラフの作成 ─────────────── 312
- 9.3.2　人口比の円グラフを作成 ─────────── 315
- 9.3.3　円グラフを降順で表示 ──────────── 317

**04 ヒストグラムを描く** ───────────────── **323**
- 9.4.1　ヒストグラムの作成 ───────────── 323
- 9.4.2　階級を調節する ─────────────── 324
- 9.4.3　大量のデータで活用する ─────────── 326

**05　その他のグラフを描く** ·········· 328

9.5.1　3次元グラフの作成 ·········· 328
9.5.2　正規分布のグラフ ·········· 330
9.5.3　X二乗分布のグラフ ·········· 331

## Chapter 10

# テストコードを書く　333

**01　作成したコードをテストする** ·········· 334

10.1.1　コードとテストコードの組み合わせ ·········· 334
10.1.2　sample.py ファイルに分離 ·········· 336
10.1.3　テストコードを修正する ·········· 338
10.1.4　テストコードの詳細 ·········· 339

**02　Copilotで作ったコードをテストする** ·········· 341

10.2.1　プロンプトでコードを生成する ·········· 341

**03　コメントを付ける** ·········· 344

10.3.1　最初のプロンプトを書く ·········· 344
10.3.2　Copilotを使ってコードを修正 ·········· 347
10.3.3　他の条件で試してみる ·········· 350

## Appendix A

# Python文法一覧　355

## Appendix B

# GitHub Copilot機能一覧　360

**01　Visual Studio Codeの機能** ·········· 360
**02　Jupyter Notebookの機能** ·········· 363

索引 ·········· 367

# Chapter 1

## GitHub Copilotを使ったプログラミング学習

　最初にざっとプログラム言語Pythonの解説とGitHub Copilotの説明をしておきましょう。この2つを利用しながら、どのように本書を読み進めていくのかの道筋を示しておきます。

# 01 Pythonとは

　本書で学ぶPythonについてちょっと解説をしておきましょう。Pythonは1991年に、オランダのプログラマーであるグイド・ヴァンロッサムによって開発されました。彼はC言語とUNIXシステムの影響を受け、コードが読みやすく、シンプルで柔軟な言語を目指しました。Pythonという名前は、彼が大好きだったイギリスのコメディ番組「モンティパイソンのフライングサーカス」から取られたものです。

　Pythonの最初のバージョンは1994年にリリースされたバージョン1.0で、モジュールシステムや例外処理などの機能を備えていました。1997年には、Pythonソフトウェア財団（PSF）が設立され、言語の開発と普及を支援するための組織が整いました。

　2000年には、Python 2.0がリリースされ、多くの新機能と改善が導入されました。特に、リスト内包表記、ガベージコレクション、Unicodeサポートなどが大きな注目を集めました。その後、2008年にはPython 3.0が登場し、言語の一貫性と簡潔性をさらに高めるために大幅な変更が加えられ現在に至っています。

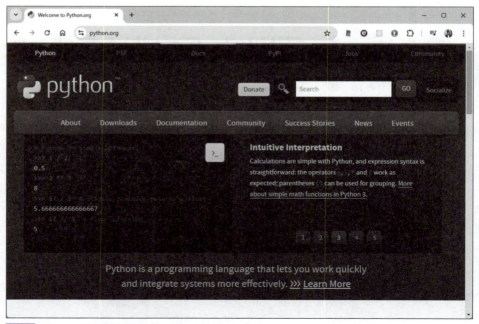

図1-1　PythonのWebサイト（https://www.python.org/）

Pythonは、ウィキペディアの検索エンジンやGoogleのクラウドインフラストラクチャなど、多くの企業やプロジェクトで採用され、現在では教育、科学研究、データ分析、ウェブ開発、機械学習など、幅広い分野で利用されています。筆者はPythonについて詳しくはありませんが、スクリプト言語であること、科学技術の計算や機械学習の分野でよく使われていることは知っています。スクリプト言語では、一方でPerlやRubyなどのプログラム言語がありますが、Pythonが有利な分野としてはC言語で作られたライブラリの活用が得意なところでしょう。本書では直接は扱わないのですが、画像処理を行うOpenCVやデータベースの扱うためのライブラリがPythonには用意されています。これをpipというコマンドを使って素早く組み込めるのも大きな特徴です。

科学計算や機械学習そのものについては、C言語やC++、Fortran、Rustなどのライブラリを作るための知識が必須です。しかし、科学計算や機械学習のライブラリを「使う」場合にはPythonのほうが有利で、学習効果も高いものです。

また、最初に学ぶプログラム言語としてPythonを選ぶのもよいでしょう。ライブラリが豊富にあるので、何か作りたいと思ったときに十数行で目的を実現できます。あるいはちょっとしたアルゴリズム（複雑な計算）を試すときにも使いやすい言語です。

## Chapter 1 02 GitHub Copilotとは

2023年の夏にChatGPTが広まってから、一般的に生成AIというものが認知されるようになりました。生成AIといっても、画像を生成するものや文章を生成するものがあります。生成AIで作られた画像を見ることも多いでしょう。本書では、コーディングや文章に最適化されているGitHub Copilotを利用していきます。

GitHub Copilotとは、GitHubが提供するAIベースのコーディングアシスタントです。このツールは、ユーザーがコードを書く際に自動的にサジェスト（提案）を行い、コードの補完やエラーチェック、リファクタリングをサポートします。GitHub Copilotは、もともとOpenAIのCodexというモデルを基にしており、さまざまなプログラミング言語に対応しています。そのため、初心者から経験豊富な開発者まで、幅広いユーザー層に利用されています。

このツールは、ユーザーが書いているコードのコンテキストを理解し、適切な次の

ステップを提案することで、開発の効率と品質を向上させます。具体的な機能としては、コードの自動生成、関数の補完、デバッグの支援、コードレビューの補助などが挙げられます。Copilotは、開発者がより少ない手間で高品質なコードを書くための強力なツールとなっています。ChatGPTのような一般的な生成AIは、マルチモーダルと呼び画像や文章などを同時に扱うように拡張されていますが、GitHub Copilotの場合はコーディングに最適化されていると考えてよいでしょう。

図 1-2 ChatGPT

　生成AIにはChatGPTのほかにもさまざまなものがあります。コーディングに特化したものについても、GitHub CopilotではなくGoogleのGemini Code Assistを使っている読者もいるでしょう。本書では、Visual Studio Codeとの相性上GitHub Copilotを使ってPythonの学習を進めていますが、ほかの生成AIモデルを使って学習を進めても構いません。

# 03 GitHub CopilotとVisual Studio Code

　GitHub Copilotの仕組みについて、ざっと解説をしておきましょう。GitHub Copilotの根幹を成すのは、OpenAIのCodexというAIモデルです。このモデルは大量のコードデータと自然言語データを学習しており、さまざまなプログラミング言語やフレームワークに精通しています。コードの文脈を理解し、適切なサジェストを行う能力を持っています。

　GitHub Copilotは、ユーザーが書いたコメントや説明文などの自然言語を解析し、それに基づいてコードを生成します。たとえば、「この関数はリストをソートする」というコメントを書くだけで、実際にリストをソートするためのコードを提案してくれます。このように、自然言語処理技術を駆使して、より直感的にコーディングを支援してくれます。GitHub Copilotのこれらの仕組みを把握することで、ユーザーはツールを最大限に活用し、高品質なコードを効率的に書くことができるようになります。

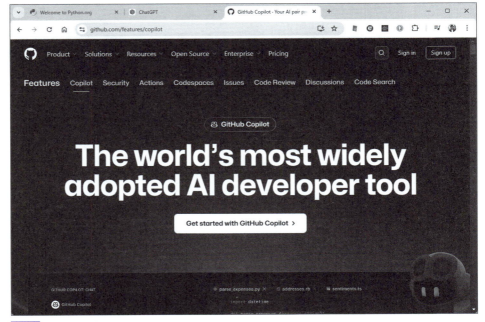

図1-3 GitHub Copilot

本書ではPythonのコーディングを行うためにVisual Studio Codeを使います。Visual Studio Codeは軽量なプログラミングエディタではありますが、豊富な拡張機能を持っています。この中でPython拡張とJupyter Notebookという機能を使うことで、効率よくPythonを学習できる環境を整えます。

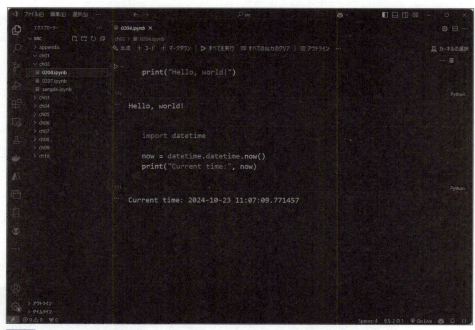

図1-4 Visual Studio Code

# 本書の学習方法

Chapter 1
04

本書の「はじめに」にも書きましたが、本書の学習方法はちょっと変わっています。本書を読むだけでは身につかないので、実際にパソコンを用意してプログラムを書いてみてください。いえ、正確にはプログラムコードではなく、GitHub Copilotに尋ねるプロンプトを書いていきましょう。

1. プロンプトを書いてCopilotに頼む
2. Copilotが回答したコードを読む
3. コードを実行して目的が達成できたかを確認する

最初から適切なプロンプトを書いて、正確なコードをCopilotから得ようとしてはいけません。まだPythonを使いこなしていないのですから、プログラミングの初心者なのですから、正確な質問ができるはずがありません。1回で正確な質問ができるはずがないのです。

ならば、Copilotには何度質問しても構いません。Copilotは辛抱強く読者に付き合ってくれるでしょう。何時間でも好きなだけ好きなときに付き合ってくれます。

同時にCopilotの回答が読者の目的を達成するものとは限りません。場合によっては、幻覚（ハルシネーション）効果で嘘をつくことあります。コードが実行できなかったり、違った結果が出てくることもあります。このような場合は、Copilotが出してきたコードを修正していきましょう。

プロンプトを直して新しくコードを吐き出すように仕向けてもよいのですが、大抵の場合は時間が掛かり過ぎます。くじ引きをするようにプロンプトをちょっと変えては何度もCopilotからコードを引き出しても当たりが出るとは限りません。そもそも、出てきたものが当たりかどうか、読者自身が判断する術を今は持っていないのですから。

そうです。本書を最後まで読み通せば、判断する術が得られます。そのためには、実際にプロンプトを書いて、そしてCopilotが出してきたコードを実際に動かしてみてください。さらに、コードを自分で修正してみてください。

04 本書の学習方法

最初にプログラム環境を整えていきましょう。Pythonのインストール、Visual Studio Code のインストール、Visual Studio Code 上で Pythonを動かす環境を整えていきます。本書では主にWindows環境を使いますが、LinuxやmacOSでも可能です。

# Chapter 2 01 Pythonのインストール

　本書では主にWindows環境を使ってPythonの学習をしていきます。もちろん、PythonはLinuxやmacOS上でも動作しますので、それぞれの環境でも学習が可能です。Windows以外の操作方法については、読者の使っているそれぞれのOSについて読み替えてください。

## 2.1.1 Windowsの場合

　まずはブラウザを開いてPythonをダウンロード＆インストールしましょう。Pythonは https://www.python.org/downloads/windows/ からインストーラーをダウンロードすることができます。この画面ではPythonのバージョンが「3.12.6」となっていますが、ダウンロードするときの最新バージョンを使ってかまいません。

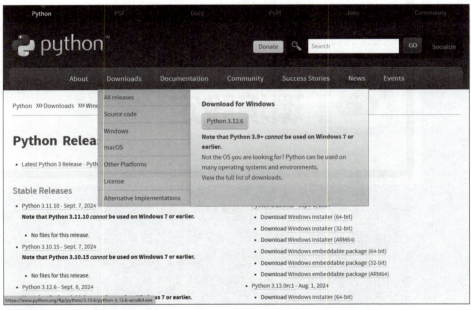

図2-1 Python Releases for Windows

　画面にある［Downloads］ボタンにマウスカーソルを当てると、［Download for Windows］のメニューが表示されます。この［Python 3.12.6］の部分をクリック

してください。バージョンはブラウザを開いたときの最新版になります。ダウンロードしたインストーラー（「python-3.12.6-amd64.exe」など）をダブルクリックしてインストーラーを起動します。

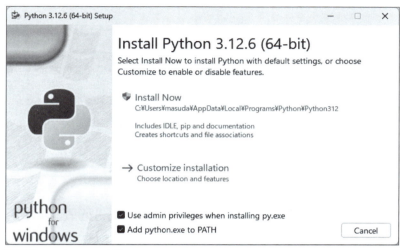

図2-2 インストーラーの起動

通常の場合は、そのまま［Install Now］部分をクリックしてかまいません。既にインストールしているPythonと異なるフォルダーにインストールしたり、インストール先のフォルダーを固定にしておきたい場合には、［Customize installation］の方を選択してインストール先フォルダーなどを指定してください。

［Add python.exe to PATH］にはチェックを入れておきましょう。PATHはPythonを起動するときの環境変数の設定になります。PowerShellなどのコマンドラインからPythonを動かすときに重要な設定です。インストールが完了したら、PowerShellからPythonを起動して動作を確認しておいてください。

図2-3 PowerShell でバージョン確認

01 Pythonのインストール 11

コマンドラインから起動するときには「python」になります。ここではPythonの
バージョンをチェックするために「python --version」というスイッチで起動してい
ます「--version」はバージョンを表示するためのスイッチです。「python -V」でも
構いません。

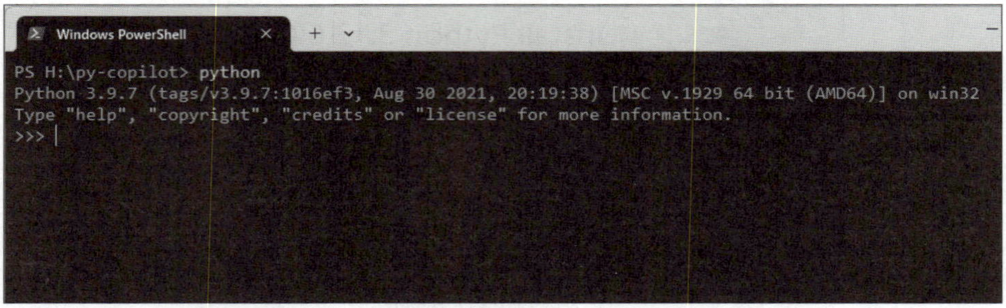

```
PS H:\py-copilot> python
Python 3.9.7 (tags/v3.9.7:1016ef3, Aug 30 2021, 20:19:38) [MSC v.1929 64 bit (AMD64)] on win32
Type "help", "copyright", "credits" or "license" for more information.
>>>
```

図2-4 Pythonだけで起動した場合

「python」だけでプログラムを起動すると、Pythonのプロンプトモードになりま
す。本書では扱いませんが、このプロンプトを使ってPythonのコードを直接打つこ
とができます。Pythonのプロンプトを抜けるときは、「exit()」あるいは「quit()」と
打ってください。よくわからない場合は、PowerShellのウィンドウを「×」ボタン
で閉じてもかまいません。

本書では、主にVisual Studio Codeとその拡張機能を使ってPythonを動作させ
ていきます。

## 2.1.2 Linuxの場合

LinuxでもPythonは動作します。いえ、むしろ、PythonはLinux上で動かすこと
が多いかもしれません。

WindowsにはWSL（Windows Subsystem for Linux）という機能を使って、
Windows上にUbuntuなどのLinuxを動作させることができます。UbuntuはLinux
のディストリビューションの1つです。ディストリビューションは、ユーザーイン
ターフェースやライブラリを一括にまとめたパッケージのようなものです。Windows
上のPowerShellなどから「wsl --install」というコマンドで、Ubuntuが使えるよう
になります。

第2章　環境設定

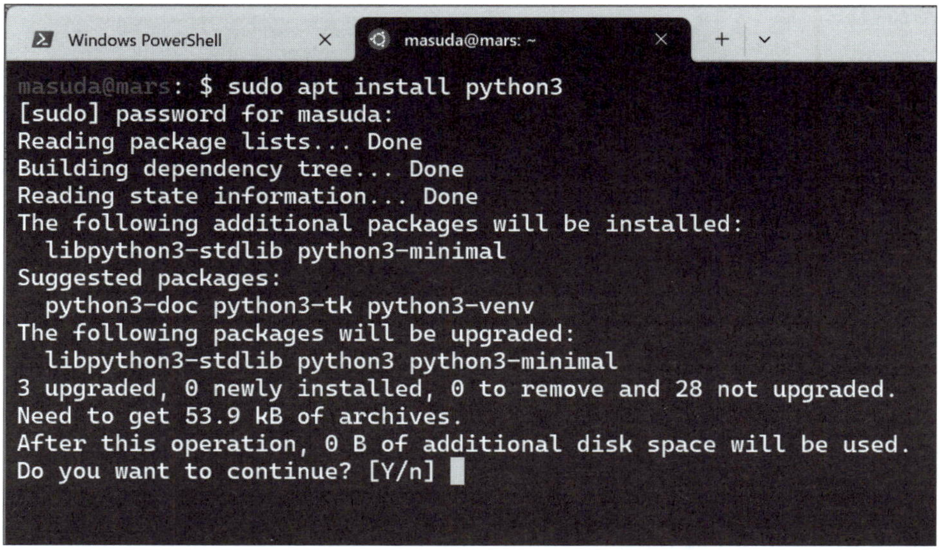

図2-5 python3のインストール

「wsl --install」でインストールできるUbuntuは、このようにコマンドライン上で動きます。このままではカラフルなウィンドウは出ませんが、Pythonをコマンドラインを使って学習するにはこれで十分でしょう。

最初の状態では、Pythonがインストールされていないので、aptコマンドを使ってインストールする必要があります。

**コード2-1　Pythonをインストールするコマンド**

```
sudo apt install python3
```

LinuxでインストールするPythonは「python3」になります。「python」と入力すると以前のver.2がインストールされてしまうので、ver.3のPythonをインストールするには「python3」入力してください。ここはWindowsとちょっと違うので注意してください。

「sudo」というのは管理権限で動作させるためのコマンドです。続く「apt」がパッケージをインストールしたりアンインストールしたりするコマンドです。Linuxではパッケージをインストールするには管理者権限が必要となるので、「sudo」というコマンドを「apt」の前に付けます。

うまくコマンドが打てたら、Enterキーを押します。その後にどんなパッケージをインストールするかの説明が出てきた後に、「Do you want to continue? [Y/n]」と継続するかどうかを聞いてくるので、Yキーを押します。

01 Pythonのインストール

図2-6 Pythonのバージョン確認

うまく実行ができたらPythonのバージョンを確認しておきましょう。「python3 --version」と打つと、Pythonのバージョンが表示されます。環境変数のPATHは設定する必要はありません。既にPATHが利用可能なディレクトリにPythonの実行ファイルが配置されます。

## 2.1.3　macOSの場合

macOSの場合には、既にPythonがインストールされている場合が多いとは思いますが、バージョンを上げたいときには、Pythonのインストーラーをダウンロードする必要があります。ブラウザで https://www.python.org/downloads/macos/ を開くと、macOS用のPythonインストーラーがダウンロードできます。

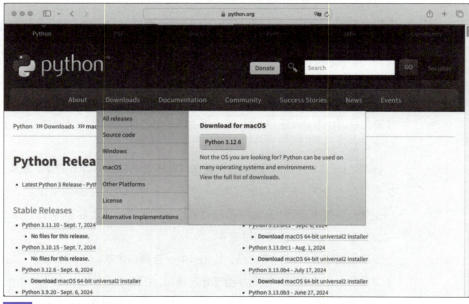

図2-7 Python Releases for macOS

第2章　環境設定

サイトの［Downloads］にマウスカーソルを当てると、［Download for macOS］のメニューが表示されます。ここで［Python 3.12.6］をクリックして、インストーラー用のパッケージをダウンロードしてください。

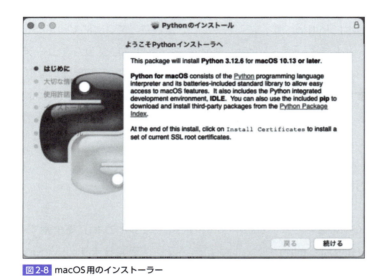

図2-8 macOS用のインストーラー

インストーラーを起動して、画面の指示に従ってPythonをインストールします。

図2-9 Pythonのバージョン確認

macOSでインストールされているPythonのバージョン確認をしておきましょう。PythonのコマンドはLinuxと同じように「python3」です。バージョンチェックをするときには「python3 --version」と打ち込みます。

筆者のバージョンは「3.9.6」とやや古いものではありますが、本書での学習であればこの位のバージョンで十分です。

## Chapter 2 02 Visual Studio Codeのインストール

　WindowsにPythonがインストールできたところで、次にVisual Studio Codeをインストールしましょう。Visual Studio Codeはプログラムをコーディングするときの便利なエディタです。GitHub Copilotが活用できる開発環境はほかにもたくさんありますが（Visual Studio 2022やAndroid Studioなど）、Visual Studio Codeはインストールするのも手軽で、ストレージの容量も少なくて済む軽量なエディタなのでぜひ活用してください。

### 2.2.1　Visual Studio Codeのダウンロード

　BingやGoogleなどで「visual studio code download」で検索するか、https://code.visualstudio.com/download をブラウザで開きます。Windows環境では、左にある［↓ Windows］のアイコンをクリックしてください。

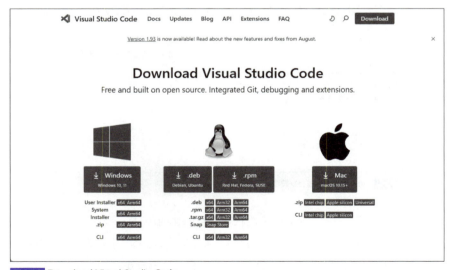

図2-10　Download Visual Studio Code

　ほかにもzipファイルなどがありますが、デフォルトのインストーラーを使うのが一番簡単です。何人かで同じPCを共有している場合は、Visual Studio Codeの設定などを別々に扱えるように［User Installer］を選ぶと便利です。

## 2.2.2 Visual Studio Codeを日本語化

初めてVisual Studio Codeをインストールした状態では、メニューなどの表示が英語になっています（図2-11）。

図2-11 インストール直後のVisual Studio Code

このままで使ってもよいのですが、メニューなどを日本語化しておきましょう。Visual Studio Codeでは拡張機能を使って、メニューなどをさまざまな言語に切り替えることができます。

［View］メニューから［Command Palette］を選択します（図2-12）。

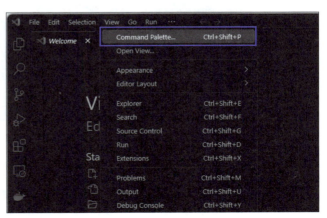

図2-12 ［View］メニューから［Command Palette］を選択

コマンドパレット（Command Pallet）を開いたら、表示する言語を選択します。コマンドパレットに「language」と入力して、［Configure Display Language］を選択してください（図2-13）。日本語ならば「表示言語を構成する」となっているところです。

図2-13 ［Configure Display Language］を選択

ここで［日本語］を選択してください（図2-14）。

図2-14 ［日本語］を選択する

言語を切り替えるために拡張機能が自動でインストールされた後、メッセージが表示されます。表示する言語を変える場合にはVisual Studio Codeを再起動する必要があるので［Restart］を選択します（図2-15）。

図2-15 問い合わせダイアログ

　Visual Studio Codeが再起動されて、メニューが日本語になっています（図2-16）。本書では、この日本語化された状態のVisual Studio Codeを使って解説していきます。

図2-16 日本語化されたVisual Studio Code

　Visual Studio Codeで表示する言語を英語に戻したいときには、［表示］メニューから［コマンドパレット］を使って戻してください（図2-17）。

図2-17 コマンドパレットの表示

コマンドパレットから［表示言語を構成する］を選びます（図2-18）。コマンドパレットに「language」を付けて検索しても構いません。

図2-18 表示言語を構成する

図2-19 言語を選択する

表示言語の選択で［English］を選択すると（図2-19）、元の英語の状態に戻ります。再び、日本語にしたいときは、同じように［日本語］を選択してください。
　この画面では、すでにいろいろな拡張機能がインストールされているのでサイドバーのアイコンが多いのですが、インストールしたばかりのVisual Studio Codeでは5つぐらいのアイコンが並んでいます。

図2-20　フォルダーを開く

　本書のサンプルコードをダウンロードして、指定のフォルダーをVisual Studio Codeで開きます。［ファイル］メニューから［フォルダーを開く］で、サンプルコードのフォルダーを開いて学習を始めてください（図2-20）。

## 2.2.3　コマンドラインから起動

　Pythonのようなテキストを扱うプログラムの場合には、主にPowerShellのようなコマンドライン（あるいはターミナル）を使って操作をすることが多いでしょう。そのようなときに、Visual Studio Codeのファイルメニューを使って指定のフォルダーを見つけるのはなかなか面倒です。
　そのような場合のために、コマンドラインから直接Visual Studio Codeを起動する方法があります。サンプルコードをダウンロードした後のsrcディレクトリで、Visual Studio Codeを開いてみましょう。srcディレクトリで「code .」とタイプします（図2-21、コード2-2）。

02 Visual Studio Codeのインストール　　21

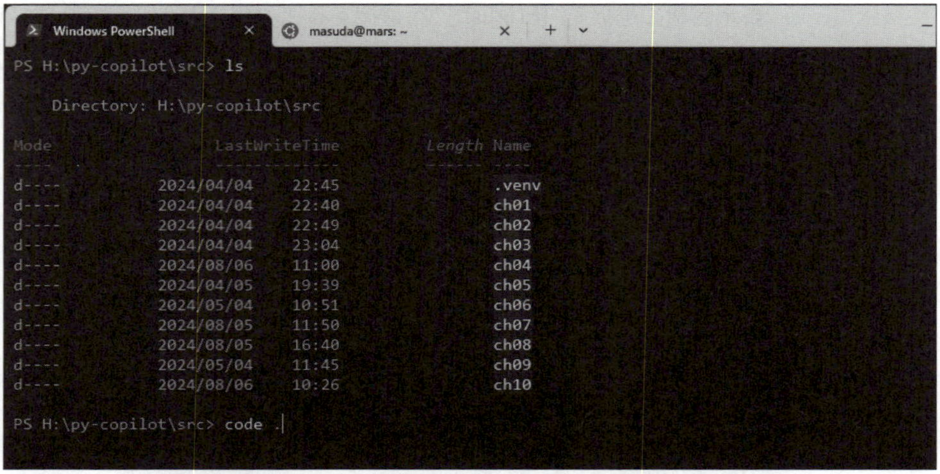

図2-21 PowerShell から Visual Studio Code を開く

コード 2-2　Visual Studio Code の起動

```
code .
```

「code」がVisual Studio Codeを起動するときのコマンドで、その後に続く「.」（ピリオド）が、「このフォルダーで開く」という意味です。ピリオドがカレントフォルダーという場所を示しています。

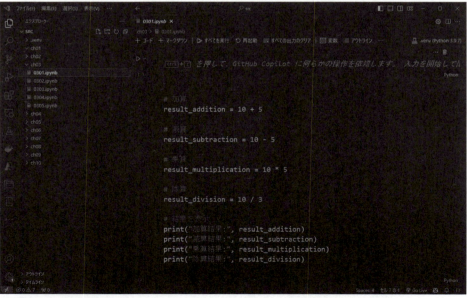

図2-22　Visual Studio Code

22　第2章　環境設定

「code .」で開くと、あらかじめフォルダーを指定した状態でVisual Studio Codeが開きます（図2-22）。Visual Studio Code内でもターミナルを使ってPythonプログラムを実行できます。あるいはPowerShellなども活用しながら学習を進めていきましょう。

## 03 拡張機能Pythonのインストール

次にPythonをインストールしましょう。PythonはVisual Studio Codeの拡張機能として用意されています。

### 2.3.1 拡張機能Pythonのインストール

本書では、Visual Studio Codeのエディタ部分でPythonコードを実行できる「Jupyter Notebook」の機能を使って学習をしていきます。Jupyter Notebookでは、Pythonのプロンプトでコードを試すのと同じように、対話的にPythonのプログラムを動かすことができます。まずは、拡張機能のPythonをインストールします。

図2-23 ［拡張機能］のアイコンをクリックしてPythonを検索

左のサイドメニューから［拡張機能］のアイコンをクリックします。「Maketplace

で拡張機能を検索する」と表示されたテキストボックスが表示されるので「Python」と入力します（図2-23）。さまざまな拡張機能があるので、選択するときには間違えないように注意してください。ここではMicrosoft社が提供しているPythonの拡張機能をインストールします（図2-24）。

図2-24 Python拡張機能のインストール

　Python拡張機能をインストールすると、Pythonのコードが色付きで表示されるようになります。また、先頭に空白があるインデントが揃っているかどうかの補助線などが見えるようになります。
　Pythonではインデントが特に重要になります。プログラムの関数や制御文を書くときにインデントが揃っているかどうかを見るために、この補助線が非常に役に立ちます（図2-25）。

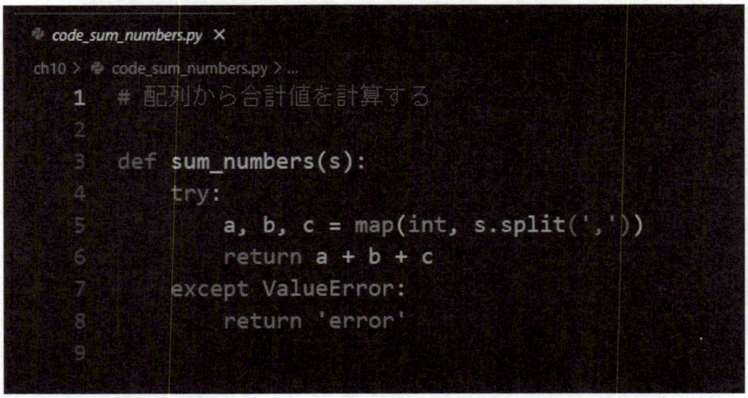

図2-25 コード表示の例

## 04 Notebook の設定

Visual Studio Codeのエディタ上でPythonコードを動かすために仮想環境を設定しましょう。先にインストールしてあるPythonの環境をそのまま使うこともできますが、ライブラリのインストールなどの違いがでてコードがうまく動かなくなることがあります。このためにPython仮想環境を作っておいて、サンプルコードを動かすための実行環境を作成します。

### 2.4.1 Python仮想環境のインストール

Python仮想環境のインストールはVisual Studio Codeのコマンドパレットからできます。コマンドパレットはVisual Studio Codeに何か操作をするためにテキストコマンドを打ち込む場所です。メニューから探すよりも素早く実行できるので、コマンドパレットの使い方を覚えていきましょう。

コマンドパレットは、［表示］メニューから［コマンドパレット］を選択するか、Ctrl＋Shift＋Pキーを押します（図2-26）。

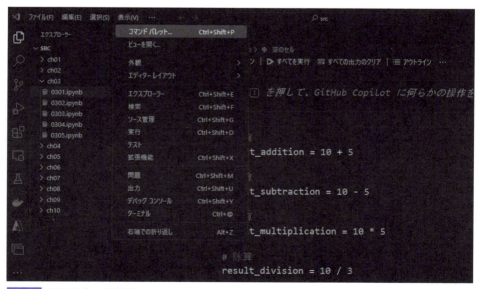

図2-26 コマンドパレットを開く

コマンドパレットには、利用できるコマンドが表示されています。頻繁に使われるコマンドは、筆者の画面のように「最近使用したもの」として先頭に表示されます。読者が初めてコマンドを使うときには、「python create」と打ち込んでください（図2-27）。

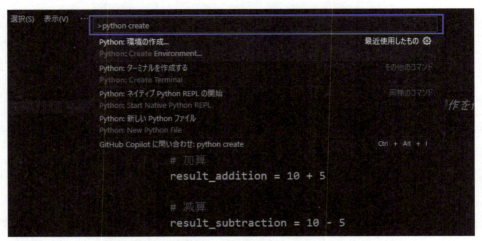

図2-27 Python Create Environment を選択

すると、作成する仮想環境を選択できます。筆者の環境では［Venv］と［Conda］の仮想環境を選べるようになっています。ここでは［Venv 現在のワークスペースに'.venv' 仮想環境を作成します］を選択してください（図2-28）。

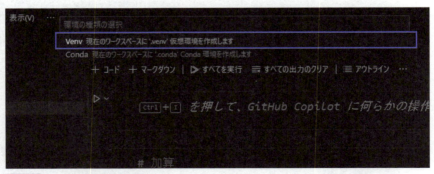

図2-28 Venvで仮想環境を作成する

第2章 環境設定

[Venv] を選択すると、右下に「venvを使用して環境を作成する場合は、ワークスペースが必要です。」というメッセージが表示されます（図2-29）。

図2-29 「venvを使用して環境を作成する場合は、ワークスペースが必要です。」というメッセージ

　このメッセージの [フォルダーを開く] をクリックして、ダウンロードしたサンプルファイルを保存しているフォルダーを選択してください。「このフォルダー内のファイルの作成者を信頼しますか？」というメッセージが表示されるので、[はい、作成者を信頼します] をクリックします（図2-30）。

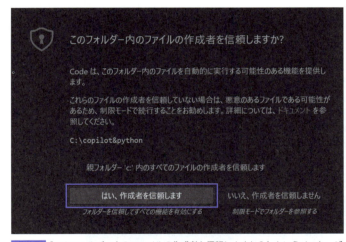

図2-30 「このフォルダー内のファイルの作成者を信頼しますか？」というメッセージ

　コードのあるフォルダーに、.venvフォルダーを作成して、そのフォルダー内にさまざまなPythonのスクリプトやライブラリがインストールされるようになります。なお、このフォルダーは必要に応じていつでも作成できるので、サンプルコードをどこかにコピーするようなときは.venvフォルダーは削除して構いません。
　最後に、再びコマンドパレットを選択し、[Python:環境の作成] - [Venv] を選択して、仮想環境で利用するPythonの実行パスを選択します（図2-31）。実行パスは、先ほどインストールしたPythonのフォルダーになります。環境変数のPATHがうま

く設定されていれば、自動でPythonの実行ファイルを探してくれます。筆者の環境では「D:\Python39\python.exe」となっています。

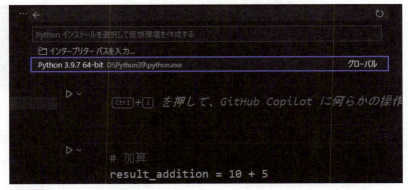

図2-31 利用するPythonを選択

　仮想環境の設定が終わると、.venvフォルダーにさまざまなPythonライブラリがインストールされます。このVisual Studio Codeでは、srcフォルダーの直下に.venvフォルダーが作成されています（図2-32）。

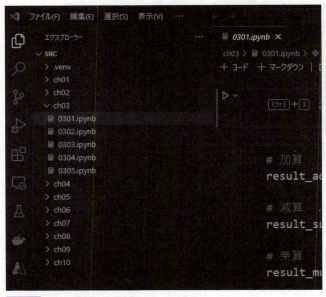

図2-32 .venvフォルダーが作成される

## 2.4.2 Jupyterのインストール

　Visual Studio Code上でPythonを動かすために、もう1つ「Jupyter Notebook」を使います。Jupyter Notebookの使い方については後で解説をしますので、まずは拡張機能としてのJupyterをインストールしておきましょう。

　Pythonと同じように［拡張機能］アイコンから選んでもよいのですが、Visual Studio CodeではPythonのコードを動かそうとするときに自動でインストールしてくれるので、その機能を使ってみましょう。

図2-33　サンプルコードを開く

　Visual Studio Codeでサンプルコード（たとえば、ch02の0204.ipynb）を開いた状態にします（図2-33）。「print("Hello, world!")」などが表示されているプログラムコードをマウスで選択すると、コードの左側に「▷」記号が表示されます（図2-34）。

図2-34　「▷」記号が表示されている状態

「▷」記号をマウスでクリックすると、Visual Studio Codeの上部に「カーネルの選択」が表示されます。ここでは「拡張機能の候補をインストールまたは有効にする Python + Jupyter」を選択してください（図2-35）。

図2-35 カーネルの選択

インストールが終わると「別のカーネルの選択」が表示されますが、Escキーを押していったん途中でとめておきます。詳しい使い方は後述しましょう。

念のためインストールされた拡張機能を確認しておきます。Visual Studio Codeの左にある［拡張機能］アイコンをクリックして、検索用のテキストボックスで「jupyter」と入力してください（図2-36）。

図2-36 拡張機能 Jupyter

30　第2章　環境設定

Microsoft社から提供されている「Jupyter」という拡張機能がインストールされています。この拡張機能はパックとなっていて、ほかに4つの拡張機能（Jupyter Keymapなど）も同時にインストールされています。

## 05 Notebook の使い方

本書ではサンプルコードをJupyter Notebookを使って解説していきます。Jupyter Notebookを使うには、日本語化やPythonをインストールしたときと同じように、サイドメニューの［拡張機能］から検索ボックスに「Jupyter」と入力して検索し、Jupyter Notebookをインストールします。以下は「Notebook」と略して扱っていきます。

### 2.5.1 2種類のセル

Notebookでは、通常のテキストドキュメントとPythonのコードの両方を混ぜて書くことができます。

テキストドキュメントのほうは「マークダウンセル」といいます。マークダウンセルでは、「マークダウン形式（markdown）」を使います。マークダウン形式は、見出しの先頭に「#」記号を付けたり、箇条書きに「-」記号を使うことができます。オープンソースのドキュメント形式（拡張子が「.md」）によく使われる形式です。

もう1つが「コードセル」です。PythonのコードをVisual Studio Codeのエディタ上で動かせるもので、本書では主にコードセルを使っていきます。

### 2.5.2 コードセルの実行

まずは、サンプルコードでコードセルの実行について見ていきましょう。本書のサンプルコードをVisual Studio Codeで開いて、適当なNotebookファイル（拡張子が「*.ipynb」ファイル）を開きます。ここでは、第3章のサンプルコードである「0301.ipynb」ファイルをエディタで開いています（図2-37）。

05 Notebook の使い方　　31

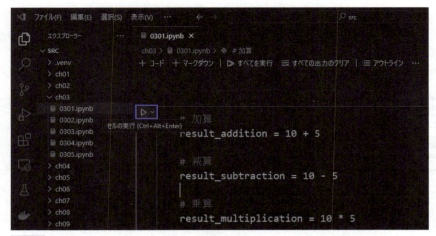

図2-37 セルの実行

　Pythonコードが書いてあるコードセルを選択状態かマウスでポイントすると、セルの左上に「▷」記号が表示されます。これが［セルの実行］アイコンです。このアイコンをクリックすると、コードセルに書かれているPythonコードを実行することができます。

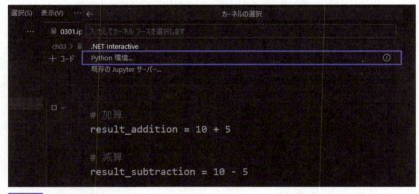

図2-38 ［Python環境］を選択

　初めて［セルの実行］アイコンをクリックしたときには、「カーネルソース」を選択する必要があります。カーネルソースというのは、コードセルを実行するための実行エンジンのことを指します。ここではPythonを動かしたいので、［Python環境］を選択してください（図2-38）。

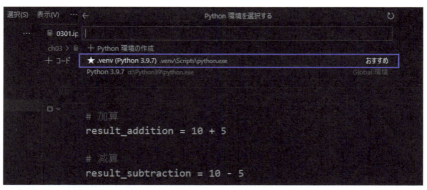

図2-39 .venv環境を選択

[Python環境]を選択したあとに、実行するPythonを選びます。ここでは先に作成した仮想環境を選択します。.venvフォルダーに保存されているPythonのことです（図2-39）。.vnev環境を指定した後に「ipykernelパッケージが必要です」というメッセージが表示された場合は、[インストール]で進めてください（図2-40）。

図2-40 「ipykernelパッケージが必要です」というメッセージが表示されたら[インストール]をクリック

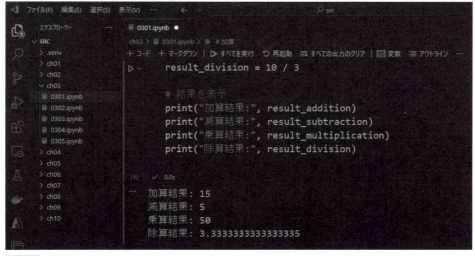

図2-41 セルの実行結果

うまくコードセルにあるPythonコードが実行されると、コードセルの直後に結果が出力されます（図2-41）。これが「セルの出力」です。本書では既に書かれているPythonコードを実行するだけでなく、変数や各種のコードを修正しながらPythonプログラムを動かしていきます。

### 2.5.3　Notebookファイルの追加

本書では主にサンプルコードを修正していきますが、ざっとNotebookの使い方について解説をしておきましょう。

Visual Studio Codeに新しいNotebookファイルを追加してみましょう。エクスプローラーで作成したいフォルダーを選択して、［新しいファイル］アイコンをクリックします（図2-42）。

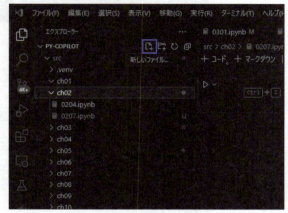

図2-42　［新しいファイル］アイコンをクリック

エクスプローラーでファイル名が入力できるようになるので、ファイル名を入力します。Notebookの場合は、拡張子を「*.ipynb」にしておきます。ここでは「sample.ipynb」というファイルを作成しています（図2-43）。

図2-43　*.ipynb ファイルを作成

これで空のNotebookのファイルが作成できます（図2-44）。自由にコードセルやマークダウンセルを使って活用してください。

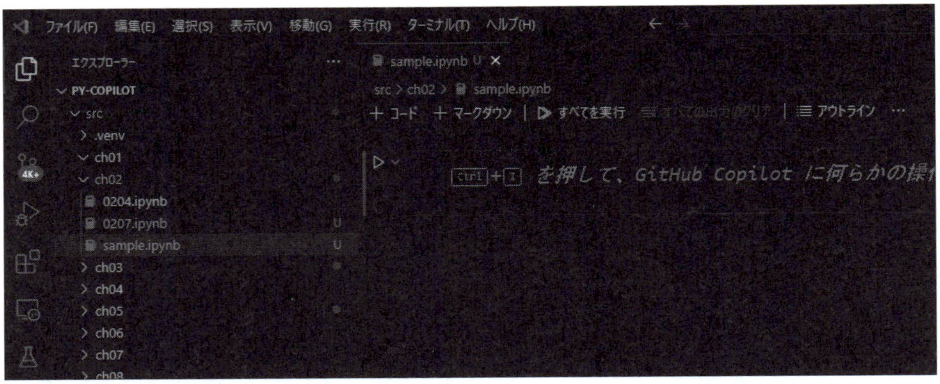

図 2-44 空ファイルの作成

Notebookファイルはコマンドパレット* を使っても作成できます。Ctrl + Shift + P キーでコマンドパレットを表示して、「create notebook」で検索してください。[新しいJupyter Notebook] を選択すると、新しいNotbookを作成することができます。空のNotebookを作成したときは、保存するときにどのフォルダーに保存するのかを選択してください。

## 2.5.4　コードセルの追加

Notebookが作成できたら、新しいコードセルを追加してみましょう。セルの下か上にマウスカーソルを置くと、[＋コード] と [＋マークダウン] の表示がでます。この [＋コード] をクリックすると（図2-45）、新しいコードセルを追加できます（図2-46）。

図 2-45 コードセルを追加

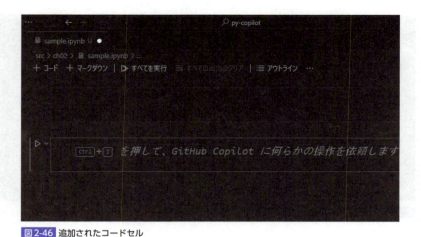

図2-46 追加されたコードセル

　1つのNotebookには、複数のコードセルと複数のマークダウンセルを含めることができます。複数のコードセルは1つのPythonファイルとして扱われるので、変数などが共有されます。

### 2.5.5　コードセルの実行

　本書のサンプルコードを動かすだけでなく、自分でPythonコードをコードセルに書いてみましょう。コードセルに、最初の「Hello, world!」を表示させるコードを打ち込みます（コード2-3、図2-47）。

コード2-3　「Hello, world!」のコード
```
print("Hello, World!")
```

図2-47 「Hello, world!」のコードを書く

　コードを実行するために、コードセルの左上にある「▷」記号をクリックします。プログラムがうまく動くと、コードセルの出力に「Hello, World!」が表示されます（図2-48）。

```
print("Hello, World!")
[2] ✓ 0.0s
... Hello, World!
```

図2-48 セルの実行

Pythonコードが間違っていた場合はどうなるでしょうか？コードを間違えて括弧がない状態にしてみます（図2-49）。

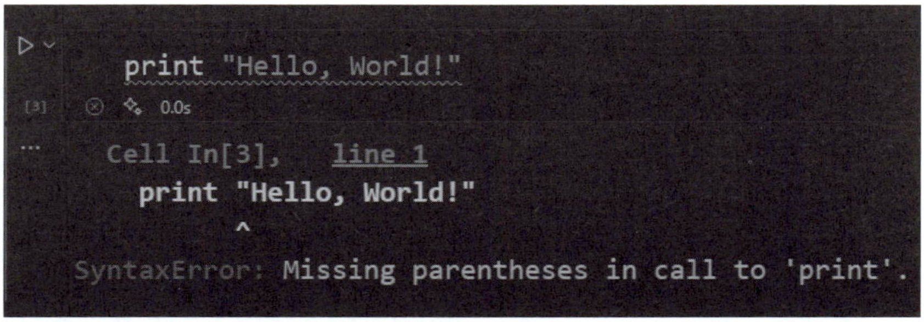

```
print "Hello, World!"
[3] ⊗ 0.0s
... Cell In[3], line 1
    print "Hello, World!"
          ^
SyntaxError: Missing parentheses in call to 'print'.
```

図2-49 実行エラーの場合

プログラム実行時にエラーが発生したときは、エラーメッセージが表示されます。ここでは「SyntaxError」と表示されています。SyntaxErrorは文法エラーのことです。

エラーの場所も「^」記号で示されているので、どうやら「print」の後に何かがないので文法エラーになっているようです。これを先ほどの括弧ありに戻すと、正常に「Hello, world!」が表示されるようになります。

図2-50 コードセルの削除

間違ってコードセルを追加してしまった場合や、いらなくなったコードセルは右上

のごみ箱のアイコンで削除ができます（図2-50）。Notebookの内容を整理するときに利用してください。

## 2.5.6　マークダウンの追加

　もう1つのセルであるマークダウンセルの使い方を覚えていきましょう。マークダウンセルでは、コードセルと違ってPythonコードを実行することはできません。通常のテキストドキュメントとしてメモや説明を記録しておく場所です。
　セルの上か下にマウスカーソルを置いて［＋マークダウン］をクリックします（図2-51）。

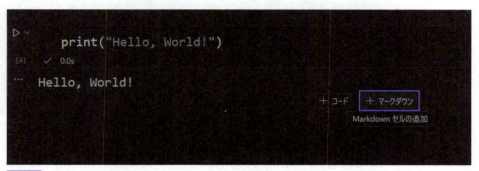

図2-51　マークダウンセルの追加

　マークダウン形式（markdown形式）は、見出しに「#」記号や箇条書きに「-」記号を書いて装飾をします。ブラウザで表示するときのHTML形式と似ていますが、もっと簡単に装飾ができる記述方法になります。

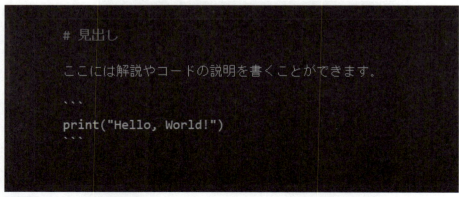

図2-52　マークダウン形式で記述

特にプログラムのコードを書くときは、「```」（3つのバッククォート）を使って囲みます（図2-52）。「```」で囲まれた部分は、Pythonコードが色付けで表示されるので、コードを読むのに便利です。

図2-53　セルの編集を停止

　ドキュメントとしてのマークダウンの編集を終えて、プレビューを表示させてみましょう。プレビューを表示するには［セルの編集を停止］をクリックします（図2-53）。

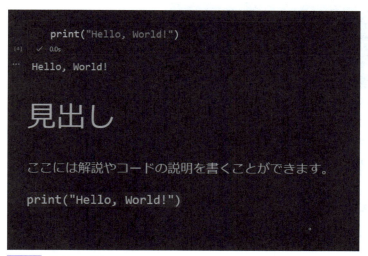

図2-54　プレビュー表示

　セルの編集を停止するとプレビュー状態になります（図2-54）。編集状態と比べると文字の大きさやPythonコードの背景の色が変化しています。
　このようにマークダウンセルはプログラムの説明やメモ書きをしておくのに便利な機能です。また、プレビュー状態からマークダウンセルの編集状態に戻すには、［セルの編集］を選択します。

## Chapter 2 06 GitHub Copilotの購入

いよいよもう1つの本題である「GitHub Copilot」の導入に入りましょう。GitHub CopilotはGitHub社が提供しているプログラムコーディングのためのAI環境です。ソースコードのバージョン管理やプロジェクト管理などを担うGitHubの機能とあわせて利用が可能です。

### 2.6.1 GitHub Copilotの状態

最初のVisual Studio CodeにGitHub Copilotが導入されている状態を確認しておきましょう。Visual Studio Codeの右下にあるステータスでGitHubのアイコンが出ていればGitHub Copilotが導入されている状態になります（図2-55）。

図2-55 GitHub Copilotのアイコン

逆にこのアイコンが表示されていないときは、これからの手順に従ってGitHub Copilotを導入してください。

### 2.6.2 GitHub Copilotの購入

GitHub Copilotは基本有償で提供されるものではありますが、1か月の試用期間が提供されています。本書を使ってはじめてGitHub Copilotを使うときは、この試用期間を利用してください。

また、学校の学生には無償のGitHub Copilotライセンスも提供されています。在籍する学校名などを登録する必要がありますが、学生の方はこの学生用のライセンスを検討してみてください。

課金についての最新情報は以下のサイトを参考にしてください。

- GitHub Copilotの課金について（図2-56）
  https://docs.github.com/ja/billing/managing-billing-for-github-copilot/about-billing-for-github-copilot

図2-56 「GitHub Copilot の課金について」のページ

　なお、GitHub Copilotの利用についてはGitHubアカウントが必要になります。これは支払をするためにGitHub経由で行うためです。GitHubアカウントについては無償で作ることができるので、以下のGitHub公式サイトにアクセスし、メールアドレス、パスワード、ユーザー名を順次設定して、アカウントを作成します。

- GitHub（図2-57）
  https://github.com/

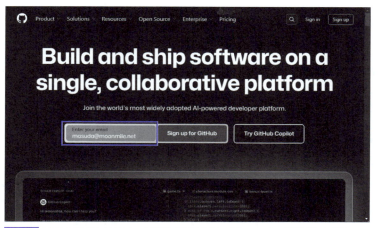

図2-57 GitHub公式サイトでメールアドレスを入力して［Sign up for GitHub］をクリック

GitHub Copilotの購入は以下のサイトから行えます。

• Take flight with GitHub Copilot（図2-58）
https://github.com/features/copilot/plans

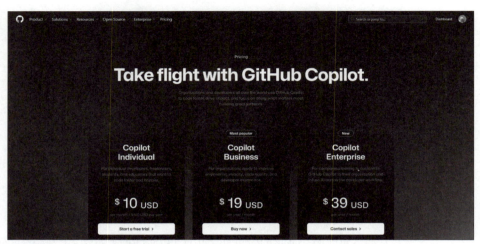

図2-58 GitHub Copilotの購入

GitHub Copilotは執筆時点（2024年11月時点）で3種類あります。

• Copilot Individual（個人用）
• Copilot Business（ビジネス用）
• Copilot Enterprise（企業用）

ビジネス用と企業用は、複数のファイルを同時に扱うITプロジェクトやセキュリティが強化されたものです。ただし、一般的な個人開発や学習用の場合は個人用の「Copilot Individual」で構いません。Visual Studio Code上でもCopilotのチャット機能を使うことにより、「@workspace」でVisual Studio Codeで開いている複数のファイルを対象に検索や調査を行うことができます。

なお、本書ではGitHub CopilotをVisual Studio Code上でしか扱いませんが、他のエディタでもGitHub Copilotを利用できます。Windowsアプリケーション開発を行うためのVisual Studio 2022やAndroid開発を行うためのAndroid Studioなどでも、GitHub Copilotが利用できます。もちろん、Python以外にもさまざまなプログラム言語を扱えるので、いろいろなコーディングの場面で利用できます。

購入が終わって、GitHub Copilotが使える状態になると、GitHubアカウントの「Your Copilot」において、利用状態や過去の請求書などを［Billing and plans］で確認ができるようになります（図2-59）。

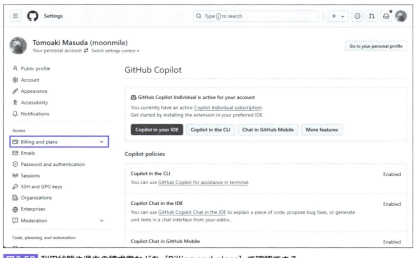

**図2-59** 利用状態や過去の請求書などを［Billing and plans］で確認できる

## 2.6.3　GitHub Copilot拡張機能の導入

　Pythonの拡張機能を入れたときと同じようにVisual Studio CodeにGitHub Copilotの拡張機能を導入しましょう。左のサイドメニューにある［拡張機能］のアイコンをクリックして、マーケットプレイスで「copilot」を検索してください。GitHub社が提供している［GitHub Copilot］を選択してインストールをします（図2-60）。

**図2-60** GitHub Copilotのインストール

この下にある［GitHub Copilot Chat］の拡張機能も同時にインストールされます。正常にインストールできたら、Visual Studio Codeの右下にあるGitHubアイコンを確認してください。

　GitHubアイコンをクリックすると、Copilotの状態が確認できます（図2-61）。

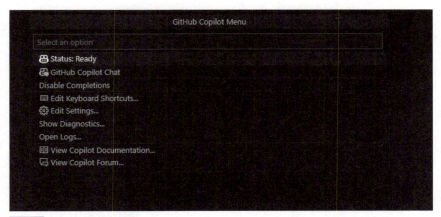

**図2-61** Copilotの状態を確認

　「Status」（状態）が「Ready」になっていれば、GitHub Copilotが使える状態になっています。

## 2.07 Copilotの使い方

　Pythonプログラミングの学習の前に、GitHub Copilotの使い方を簡単に説明しておきます。なお、以降は「GitHub Copilot」のことを「Copilot」と略して解説をしていきます。

### 2.7.1 コードセルでCopilotを使う

　Visual Studio CodeでGitHub Copilot拡張機能を有効にすると、Notebookのコードセルの表示が以下のように変わります。コードセルが空の状態のときには、「Ctrl＋Iキーを押して、GitHub Copilot に…」のメッセージが表示されるようになります（図2-62）。

図2-62 GitHub Copilotを開く

　Ctrl＋Iキーを押すと、Copilotのプロンプトが表示されます（図2-63）。このプロンプトはChatGPTなどにも使われるAIに指示するためのプロンプトです。

図2-63 Copilotのプロンプト

　プロンプトに「メッセージを表示するサンプルコードを書いて。」と打ち込んで、右側にある［送信］ボタンかEnterキーを押します（図2-64）。

図2-64 プロンプトを入力して［送信］ボタンかEnterキーを押す

　しばらくすると、Copilotが回答を返してくれます。ここではメッセージを表示する非常に簡単なPythonコードが示されています（図2-65）。

メッセージを表示するサンプルコードを書いて。
Copilot に尋ねるか、/ を入力してコマンドを使用します
同意する
破棄
message = "Hello, World!"
print(message)

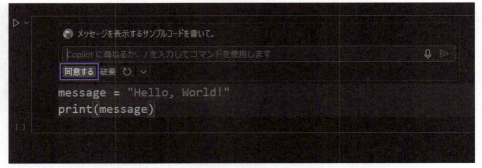

図2-65 プロンプトを実行した結果。このコードを確定するには［同意する］をクリックする

プロンプトの回答をコードセルに反映させるために、[同意する] ボタンをクリックします。すると、Copilotが提案してくれたコードがコードセルに反映されます（図2-66）。

メッセージを表示するサンプルコードを書いて。
Copilot に尋ねるか、/ を入力してコマンドを使用します
同意する
破棄
message = "Hello, World!"
print(message)

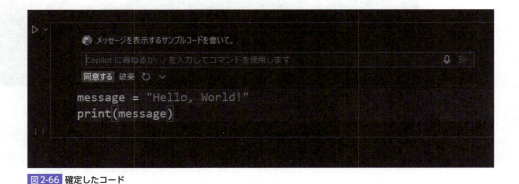

図2-66 確定したコード

このコードは自分で打ち込んだコードと同じなので、Notebookの［セルの実行］でPythonプログラムを実行できます（図2-67）。

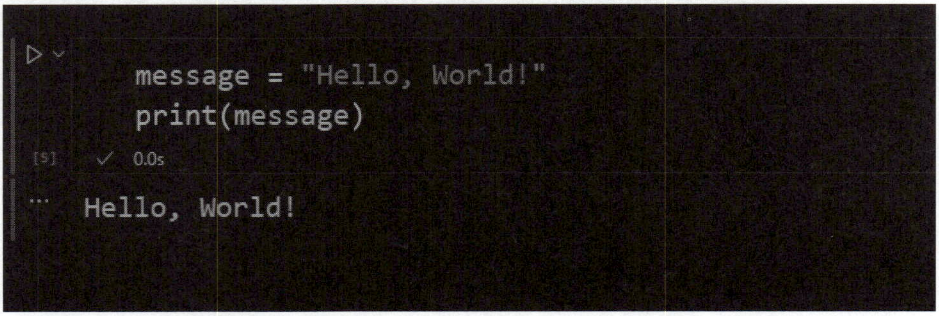

message = "Hello, World!"
print(message)
[5]
0.0s
Hello, World!

図2-67 セルを実行する

自分で打ち込んだコードと同じようにCopilotの回答のコードを動かすことができました。本書では、このようにCopilotにサンプルコードを書いてもらいながら、Pythonプログラミングを学習していきます。Copilotのサンプルコードは生成する日によって違いがでますが、あまり気にしないでください。目的のコードがうまく生成されるように何度か［再実行］ボタンをクリックするか、Copilotに指示をするプロンプトを工夫していきます。

　しかし、正しい答えが出るまで何十回も再実行を繰り返したり、複雑なプロンプトを工夫したりする必要はありません。本書では、短めのプロンプトで作成したサンプルプログラムを、自分の手で少しずつ修正しながら目的のプログラムに直していきます。コードを書く上でわからないところがあったら、再びCopilotに尋ねてサンプルコードを書いてもらったり、コードの解説をしてもらったりします。つまりCopilotとの共同作業でPythonプログラミングを学んでいきます。

## 2.7.2　コードの提案とインテリセンス機能

　Visual Studio CodeでCopilotを使うと「コードの提案（code suggestions）」が表示されるようになります。コードの提案は、Visual Studio Codeが備えるコード補完を行うためのインテリセンス機能とは異なり、書かれているコードから次に書かれると思われるコードを推測して表示してくれる機能です。簡単に言えば、Copilotが先読みをして「プログラマーはこう書きたいんじゃないかな？」というコードを提案してくれます。

**図2-68** Copilotによるコード提案の表示

　たとえば図2-68では、「message = "Hello, World!"」を書いた次の行の「print(message)」がCopilotの提案になります。たいていの場合、変数messageにメッ

セージを代入した後はprint関数などで表示をするのが普通のコーディングです。その普通の部分をCopilotが提案してくれるものです。提案を受け入れる場合、つまりコードをそのまま使う場合は、Tabキーを押してください。

　もちろん、このコード提案が絶対に正しいという訳ではなく、あまり意図しないコードの提案も出てきます。そのような場合は、そのまま自分の考えのコードを書くことで、提案されたコードが消されます。

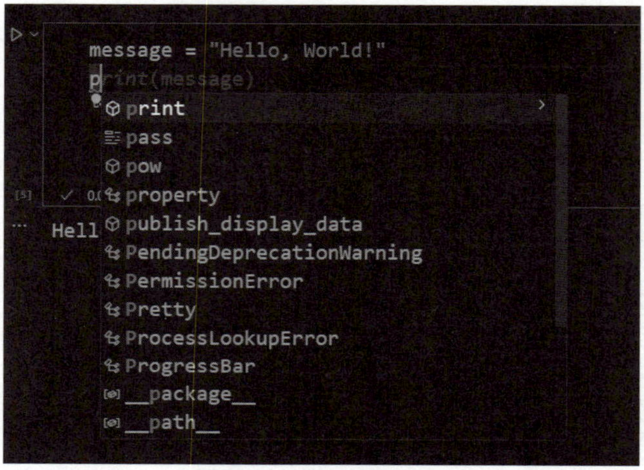

**図2-69** Visual Studio Codeによるインテリセンス機能

　これに対して、Visual Studio Codeのインテリセンス機能は、候補をリストで出してくれます。たとえば、コードセルで「p」を打ったときに、pで始まる関数や変数などの候補をリストで表示します（図2-69）。この中から目的の関数である「print」を選ぶことができます。インテリセンス機能は、Pythonの文法や変数、クラス名から作成されるので、Copilotが推測したものではありません。明確に区別することはあまりないと思いますが、ちょっと覚えておいてください。

### 2.7.3 Copilotの停止

　試しに、Copilotが停止した状態で動作を確認してみましょう。Visual Studio Codeの右下にあるCopilotのアイコンをクリックして、GitHub Copilot Menuを表示させます。Copilotが実行している状態の場合は「Status: Ready」と表示されますが、ここから［Disable Completions］を選択して、GitHub Copilotを停止させます（図2-70）。

48　　第2章　環境設定

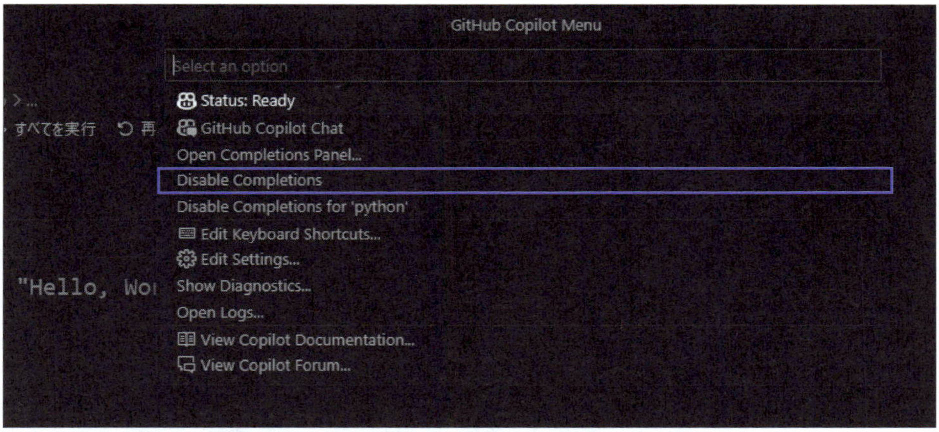

**図2-70** ［Disable Completions］を選択してGitHub Copilotを停止する

　Copilotが無効になっているときは、Visual Studio Codeによるインテリセンス機能だけが使えることがわかります。Copilotによるコードの提案は出てきません（図2-71）。

**図2-71** Copilotが無効状態

　また、右下のCopilotアイコンが停止状態になっています（図2-72）。

**図2-72** Copilotが無効状態のアイコン

07 Copilotの使い方　49

再びCopilotを動かしたいときは、Copilotアイコンをクリックして［Enable Completions］を選択してください（図2-73）。

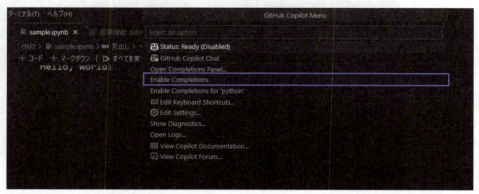

図2-73 ［Enable Completions］の選択

### 2.7.4 複雑なプロンプト

いくつかのGitHub Copilotの機能を見ておきましょう。Copilotのプロンプトは1行しか表示されていませんが、ChatGPTなどのプロンプトと同じように長めの文章を書いて指示を出すことができます（図2-74）。

図2-74 複雑なプロンプト

ここでは「CSVファイルを読み込んで、合計値を計算するコードを書いて。」というプロンプトを打ち込みました。そうすると、単純なサンプルコードではなく、少しだけ高機能なPythonコードが出力されます（図2-75）。本書では先にいくともっと複雑なコードを出せるようになります。

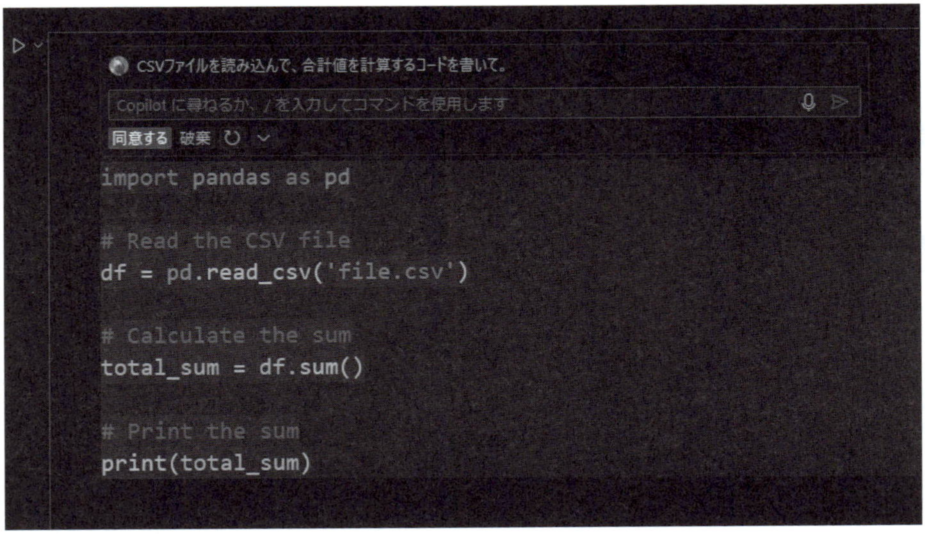

**図2-75** Copilotが生成したコード

## 2.7.5 コードの修正

Copilotが生成したコードをそのまま活用できるとは限りません。読み込むファイル名を修正したり、動作環境にあわせて参照するパスなどを修正したりする必要が出てきます。この場合も、Copilotのコードの提案やVisual Studio Codeのインテリセンス機能が役に立ちます。

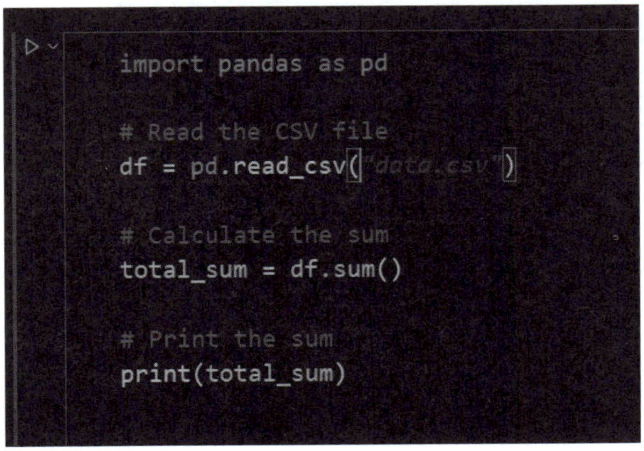

**図2-76** 生成したコードの修正

Copilotに書いてもらったコードをコードセルで修正して実行します（図2-76）。このときにも、Copilotはプロンプトに対してだけでなく、コーディングをしている途中であってもサポートをしてくれます。

## 2.7.6 コードの説明

　GitHub Copilotはコードを提案するだけではなく、既存のコードに対して説明文となるコメントを付加する機能もあります。プログラムコードにはコメントが付いていることが多いのですが、たまにコメントがないプログラムがあります。また、詳しいコメントが付いていても、オープンソースなどでは英語で書かれていて、理解が難しいものもあるでしょう。

　このような場合、コードの一部を選択して、Copilotにコードの説明をしてもらうことができます。

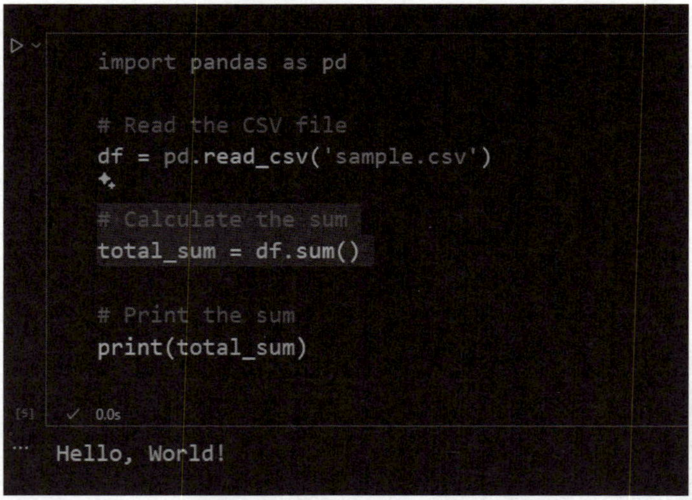

```python
import pandas as pd

# Read the CSV file
df = pd.read_csv('sample.csv')

# Calculate the sum
total_sum = df.sum()

# Print the sum
print(total_sum)
```

```
Hello, World!
```

図2-77 コードを選択

　よくわからない部分を選択して（図2-77）、Ctrl＋/キーを押してプロンプトを表示します。

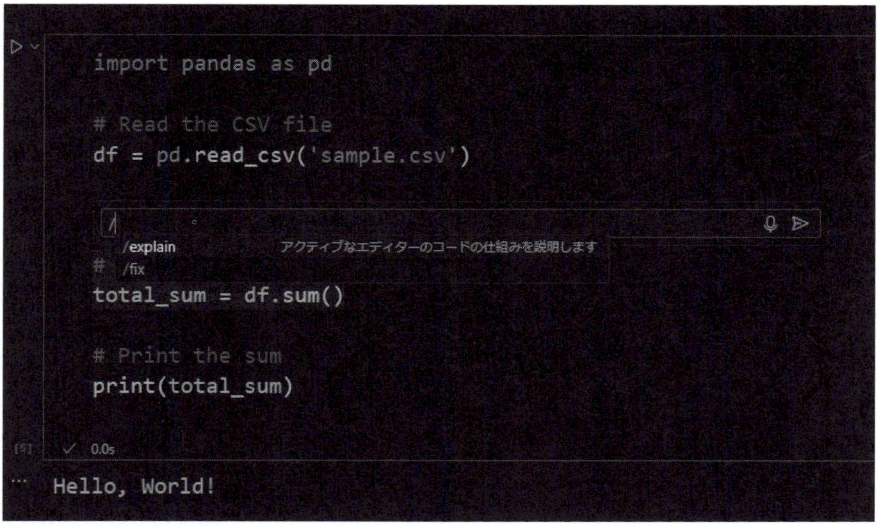

**図2-78** コマンド入力

　プロンプトで／（スラッシュ）キーを押すと、Copilotに直接伝えられるコマンドの候補が表示されます（図2-78）。ここではコードの説明をしてもらうので、「/explain」と打ち込みます（図2-79）。

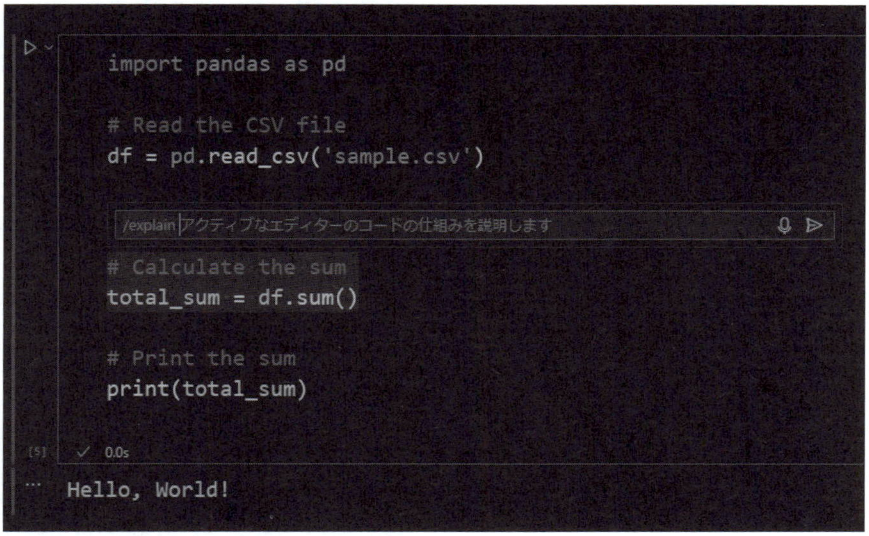

**図2-79** /explainコマンド

　しばらくすると、Copilotがコードを解釈して説明をしてくれます（図2-80）。説明文が長くなっている場合は、［チャットを表示する］をクリックしてみてください。

07 Copilotの使い方　**53**

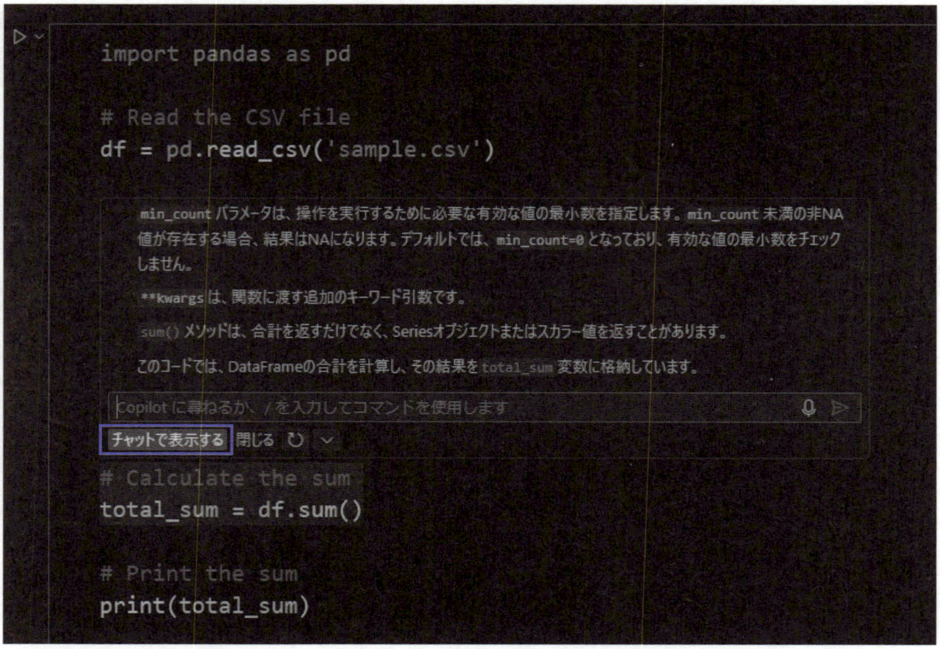

import pandas as pd
# Read the CSV file
df = pd.read_csv('sample.csv')
min_count パラメータは、操作を実行するために必要な有効な値の最小数を指定します。min_count 未満の非NA値が存在する場合、結果はNAになります。デフォルトでは、min_count=0 となっており、有効な値の最小数をチェックしません。
**kwargs は、関数に渡す追加のキーワード引数です。
sum() メソッドは、合計を返すだけでなく、Seriesオブジェクトまたはスカラー値を返すことがあります。
このコードでは、DataFrameの合計を計算し、その結果を total_sum 変数に格納しています。
Copilot に尋ねるか、/ を入力してコマンドを使用します
チャットで表示する
閉じる
# Calculate the sum
total_sum = df.sum()
# Print the sum
print(total_sum)
図2-80 Copilotによる解説

［チャットを表示する］をクリックすると、Visual Studio Codeの左側の領域にCopilotのチャットが開かれて、説明が表示されます（図2-81）。このチャットを使って、コードのわからない部分に対してさらに説明を求めることができます。コードに関することだけでなく、Pythonの関数の説明やライブラリの使い方などを尋ねることもできるので試してみてください。

ファイル(F) 編集(E) 選択(S) 表示(V) 移動(G) 実行(R)
チャット
利な方法です。
moonmile
/explain
GitHub Copilot
3 参照 使用済み
このコードは、DataFrameオブジェクトの sum() メソッドを使用して、データフレームの合計を計算しています。df はDataFrameオブジェクトであり、total_sum は計算結果を格納するための変数です。
sum() メソッドは、指定された軸（デフォルトは0）に沿って値の合計を計算します。axis パラメータは、計算を適用する軸を指定するために使用されます。DataFrameの場合、axis=0 は列ごとの合計を計算することを意味します。
+ コード
図2-81 チャットでの表示

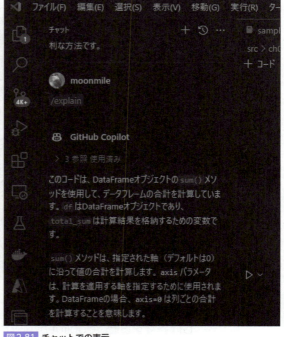

Chapter

# 3

# CopilotでPython文法を覚える

　この章では、Pythonの基本的な文法をCopilotのサジェスト機能を使って学びます。

　Pythonコードの書き方がわからない状態でも、まずはCopilotにサンプルコードを示してもらいます。いままでは、書籍のコードをタイピングしたり、Webサイトのコードをコピーして練習したと思いますが、ここではVisual Studio Codeに直接コードを書いてもらうところからスタートします。

# Chapter 3
## 01 四則演算子を使ってみる

　まずは四則演算子について見ていきます。Pythonでは+、-、*、/、%などの記号を使って計算できます。次に、ifステートメントやforステートメント、whileステートメントなどの制御文について見ていきます。Pythonではインデント（字下げ）が重要な役割を果たします。また、リストや辞書といったデータ構造も学びます。リストは[ ]で囲んだ順序付きのデータの集まりです。辞書は{ }で囲んだキーと値のペアの集まりです。最後に、関数やクラスといったプログラムの構成要素について学びます。関数はdefキーワードで定義し、クラスはclass文で定義します。これらの知識を身につけることで、Pythonのプログラミングがより楽しくなります。

### 3.1.1　四則演算子

　「コードセルの追加」を行ってPythonコードを書ける状態にして、この中でCtrl + Iキーを押してGitHub Copilot Chatに次のプロンプトを打ち込んでみましょう（プロンプト3-1）。

▼プロンプト3-1

> 四則演算のサンプルコードを書いて。

　しばらくすると、GitHub Copilotによってサンプルコードが表示されます。中味を確認して［同意］ボタンをクリックして、コードを反映させてください。
　書き出されるサンプルコードは読者の環境によって変わってくると思われます。ここでは筆者がタイピングしたときのサンプルコードを見ていきましょう（コード3-1）。

コード3-1　プロンプト3-1で書き出されるコード　(ch03/0301.ipynb)

```
# 四則演算をするコード

# 加算
result_addition = 10 + 5 ──①

# 減算
```

第3章　CopilotでPython文法を覚える

```
result_subtraction = 10 - 5 ——②

# 乗算
result_multiplication = 10 * 5 ——③

# 除算
result_division = 10 / 3 ——④

# 結果を表示
print("加算結果:", result_addition) ——⑤
print("減算結果:", result_subtraction)
print("乗算結果:", result_multiplication)
print("除算結果:", result_division)
```

　コードを実行するときは、左上にある三角の［セルの実行］ボタンをクリックするか、Ctrl + Alt + Enter キーを押してください。

**コード3-1の実行結果**

```
加算結果: 15
減算結果: 5
乗算結果: 50
除算結果: 3.3333333333333335
```

　コードを実行した結果が表示されます。このコードは、加算、減算、乗算、除算の四則演算を行っています。まず、変数xとyにそれぞれ10と5という値を代入しています。次に、xとyの和を計算してprint関数で表示しています。同様に、xとyの差、積、商も計算してprint関数で表示しています。print関数は、引数として与えられた値を画面に出力する関数です。

① 加算をして変数 result_addition に代入する
② 減算をして変数 result_subtraction に代入する
③ 乗算をして変数 result_multiplication に代入する
④ 除算をして変数 result_division に代入する
⑤ コンソールにそれぞれの結果をprint関数で出力する

　変数（result_addition など）は自動で設定され、数値の計算は整数から実数へ自動で拡張されます。除算を見ると、3.33で「3」が続いた後に「5」が来ています。こ

01 四則演算子を使ってみる　　**57**

れは、実数で計算するときにコンピュータで丸め誤差が起こるからです。整数だけの計算では大丈夫ですが、小数点ありの実数で計算するときは気をつけましょう。

除算結果を整数で得たい場合には次のように//演算子を使います。また、余りを計算するときは％演算子を使います。

新しく「コードセルの追加」を行って、//演算子と％演算子の動作を確認してみましょう。Copilotのプロンプトに「//演算子と％演算子のサンプルを書いて」とタイピングしてもよいし、先の四則演算子のコードを真似しながらコードを書いても構いません。

コード3-2　整数の除算

```
# 除算
division = 10 // 3    ——①
remainder = 10 % 3    ——②
print("除算結果:", result_division)    ——③
print("余り結果:", result_remainder)
```

① //演算子の結果を変数divisionに代入する
② ％演算子の結果を変数remainderに代入する
③ それぞれの計算結果をコンソールに表示する

コード3-2の実行結果

```
除算結果: 3
余り結果: 1
```

## 3.1.2　比較演算子

次に比較演算子（「>」や「==」など）を使って結果を見ていきましょう。Copilotのプロンプトに以下を記述します。

▼プロンプト3-2

> 比較演算子のサンプルコードを書いて。

==演算子や!=演算子などを使ったサンプルコードを作成してもらえます。このコードも実際に［セルの実行］ボタンをクリックして、動かして確かめることができます。

**コード3-3　プロンプト3-2で書き出されるコード**

```python
# 等しいかどうかを比較する
a = 10 ──①
b = 5
is_equal = a == b ──②
print("等しいかどうか:", is_equal) ──③

# 等しくないかどうかを比較する
is_not_equal = a != b ──④
print("等しくないかどうか:", is_not_equal)

# 大なりを比較する
is_greater = a > b ──⑤
print("大なり:", is_greater)

# 大なりイコールを比較する
is_greater_equal = a >= b ──⑥
print("大なりイコール:", is_greater_equal)

# 小なりを比較する
is_less = a < b ──⑦
print("小なり:", is_less)

# 小なりイコールを比較する
is_less_equal = a <= b ──⑧
print("小なりイコール:", is_less_equal)
```

① 変数aと変数bに値を代入しておく

② ==演算子を使い変数aと変数bを比較する。比較結果を変数is_equalに代入する

③ 比較結果をコンソールに出力する

④ !=演算子で比較する

⑤ ＞演算子で比較する

⑥ ＞=演算子で比較する

⑦ ＜演算子で比較する

⑧ ＜=演算子で比較する

01 四則演算子を使ってみる　　59

［セルの実行］ボタンをクリックして実行した結果が以下になります。

```
コード3-3の実行結果
等しいかどうか: False
等しくないかどうか: True
大なり: True
大なりイコール: True
小なり: False
小なりイコール: False
```

　プログラムを実行すると「True」あるいは「False」が表示されます。これらは文章として書かれているので、print関数が変数is_greaterあるいはis_equalを表示するときに自動的に変換しているものです。日本語では「True」を「真」、「False」を「偽」と言います。

　数学では両方の値が等しいことを示すときに「=」（イコール）を使いますが、Pythonでは「==」（イコール記号が2つ）を使います。イコールが1つの場合は代入（値を変数に入れること）を意味するので注意が必要です。

　2つの変数が等しくないことを示すのに数学では「≠」記号を使いますが、Pythonでは「!=」となります。このように、Pythonでは比較演算子では2つの文字を組み合わせることもあります。

▼表3-1　比較演算子

| 数学 | Python | 意味 |
| --- | --- | --- |
| = | == | 両辺が等しい |
| ≠ | != | 両方が等しくない |
| > | > | 左辺が大きい |
| ≧ | >= | 左辺が大きい、あるいは等しい |
| < | < | 右辺が大きい |
| ≦ | <= | 右辺が大きい、あるいは等しい |

　Pythonでは「True」や「False」のような論理値を特別なキーワードとして扱っていますが、これは値としてはどのように扱われているのでしょうか。ちょっと確かめてみましょう。コードセルを追加して、次のコード3-4をタイピングしください。

コード3-4　論理値と数値の比較
```
x = True ──①
print("論理結果: ", x == True) ──②
print("論理結果: ", x == 1) ──③
```

#### コード3-4の実行結果
```
論理結果: True
論理結果: True
```

　具体的に変数xに「True」の論理値を入れた上で、論理値としての「True」や数値の「1」と比較してみましょう。数値の「1」を使ったときでも比較した結果はTrueになります。つまり、Pythonでの論理値「True」は数値の「1」と同じであることがわかります。ちなみに論理値「False」は数値の「0」と同じになります。

　ただし、数値と論理値を混在してしまうとプログラムがややこしくなるので、きちんと区別するために「True」や「False」を使う方が無難です。

### 3.1.3　ビット演算子

　Pythonでは数値や文字列だけでなく「ビット単位」での計算が可能です。ビット演算子は、通常の数学の世界では扱いませんが、コンピュータでIoTのセンサーの値を扱ったり、機械学習でデータの圧縮を行ったりするときによく使われます。

　「1ビット」は、ちょうど電気のスイッチのオンとオフにあたります。オンの場合にはビットが立った状態で「1」、オフのときはビットが降りた状態で「0」を示しています。

　では、実際にCopilotのプロンプトを使い、ビット演算子のサンプルコードを書いてもらいましょう。

▼プロンプト3-3

> ビット演算子のサンプルコードを書いて

　コードが生成されると、次のようなサンプルコードが書き出されます。

#### コード3-5　プロンプト3-3で書き出されるビット演算子（最初のサジェスト）のコード

```python
# ビット演算子を使用して変数を操作する
# ビット反転演算子
is_equal = ~is_equal  ──★
is_greater = ~is_greater

print("is_equal:", is_equal)
print("is_greater:", is_greater)
```

01 四則演算子を使ってみる　61

```
# 左シフト演算子
result = 10
result = result << 1
print("result:", result)

# 右シフト演算子
result = result >> 1
print("result:", result)
```

　このままサンプルコードを利用してもいいのですが、今回はちょっとコードを修正しておきましょう。最初の★の部分で、変数is_equalを使いビット計算をしているようですが、この初期値（あらかじめ変数に入っている値）がわかりません。実際には、コード3-3に書いてある比較演算子の変数is_equalを流用しているのですが、この部分で具体的な値を入れておきます。

 コード3-6　コード3-5を修正したビット演算子のコード

```
# 初期値
is_equal = 0 ──①
is_greater = -1 ──②

# ビット演算子を使用して変数を操作する
# ビット反転演算子
is_equal = ~is_equal ──③
is_greater = ~is_greater

print("is_equal:", is_equal) ──④
print("is_greater:", is_greater)

# 左シフト演算子
result = 10 ──⑤
result = result << 1 ──⑥
print("result:", result)

# 右シフト演算子
result = result >> 1 ──⑦
print("result:", result)
```

①変数is_equalに初期値「0」を代入する
②変素is_greaterに初期値「-1」を代入する

③「˜」演算子（ビット反転演算子）を使い、計算する

④変数is_equalと変数is_greaterを表示する

⑤変数resultに、初期値「10」を代入する

⑥「<<」演算子（左シフト演算子）で、1ビットだけ左シフトし、結果を表示する

⑦「>>」演算子（右シフト演算子）で、1ビットだけ右シフトし、結果を表示する

コードを実行すると次の結果が得られます。

```
コード3-6の実行結果
is_equal: -1 ——①
is_greater: 0 ——②
result: 20 ——③
result: 10 ——④
```

① ビット反転では、元の「0」の値では、ビットが全て下りた（オフになった）状態である。ビット反転すると全て立った（オンになった）状態になる。全てのビットが立った状態（0xFFなど）を数値で表すと「-1」となる。

② 逆に、元の「-1」の値では、ビットが全て立った（オンになった）状態である。ビット反転すると全て下りた状態（オフになった）状態になるので、これは数値での「0」となる。

③ 左ビットシフトでは、全体のビットを左にずらすことができる。ここでは1ビットずらすため、つまり値が2倍になるに等しい。つまり、元の「10」の値が、左ビットシフトされ（2倍され）、「20」となる。

④ 逆に右ビットシフトでは、全体のビットを右にずらすことができる。ここでは1ビットずつ右へずらすため、値が1/2になるに等しい。つまり、③で計算した「20」の値が1/2にされて「10」に戻る。

ビットシフト演算子（<<演算子や>>演算子）は、実際には16進数の表記（0xFFなど）で扱うことが多いです。ここではコードが簡単になるように通常の整数の値を使ってサンプルコードが示されています。

通常のプログラムではビット演算子を使うことは稀なのですが、センサーの値や機械学習のコード、画像編集などではよく使われる演算子です。

01 四則演算子を使ってみる　63

## 02 制御文を使ってみる

もちろん、数値計算ができるだけがPythonの特徴ではありません。計算の値に従ってプログラムがどう動くのかを書くのが制御文の役目です。制御文は、プログラムの実行フローを制御するための構文で、特定の条件に応じてコードの一部を実行したり、繰り返し処理を行ったりすることができます。以下に主要な制御文を説明していきましょう。

### 3.2.1 条件分岐

四則演算子のときと同じように、「コードセルの追加」を行ってPythonコードを書ける状態にして、この中でCtrl + Iキーを押してGitHub Copilot Chatに次のプロンプトを打ち込んでみましょう。

▼プロンプト3-4

> 条件分岐のサンプルコードを書いて。

しばらくすると、GitHub Copilotによってサンプルコードが表示されます。中味を確認して「同意」ボタンをクリックして、コードを反映させてください。

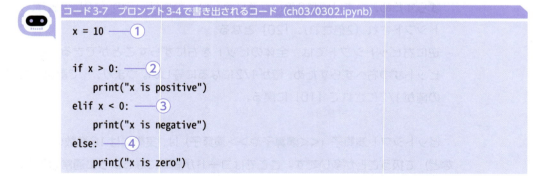

コード3-7　プロンプト3-4で書き出されるコード（ch03/0302.ipynb）

```
x = 10 ──①

if x > 0: ──②
    print("x is positive")
elif x < 0: ──③
    print("x is negative")
else: ──④
    print("x is zero")
```

コードを解説する前にひとまず実行してみましょう。コードを実行するときは左上にある三角の［セルの実行］ボタンをクリックするか、Ctrl + Alt + Enterキーを押してください。

#### コード3-7の実行結果
```
x is positive
```

　変数の値に従って、「x is positive」というメッセージが表示されました。コードの詳細を見ていきましょう。

① **変数xに数値「10」を割り当てる。**
② **ifステートメントで条件が真の場合に実行されるブロックを設定する。**
③ **最初の「if」の条件が偽で、この条件が真の場合に「elif」を実行する。**
④ **すべての条件が偽であるとき、「else」を実行する。**

　制御文では「真（True）」と「偽（False）」で条件を満たしているか否かを調べます。このサンプルコードでは、変数xの値が「10」となるため、②で書いた最初のifステートメントの条件「x > 0」を満たして、「print("x is positive")」が実行されています。

　実行される部分は、ifステートメントの次の行にインデントが付けられています。C言語のようなほかのプログラム言語では括弧（{}）が使われることが多いのですが、Pythonではインデント（空白やタブ）を使って表します。

　Pythonの「インデント」について、Copilotを使って解説してもらいましょう。

▼プロンプト3-5

> Pythonのインデントについて解説して。

#### コード3-8　プロンプト3-5に対して得られたCopilotの回答

**インデントの基本ルール**

1. **インデントの深さ:**
- 一般的には、1レベルのインデントとして4つのスペースを使用します。ただし、スペースとタブを混在させてはいけません。PEP 8というPythonのスタイルガイドでも、4つのスペースを推奨しています。
- すべての行で同じ深さのインデントを使う必要があります。

2. **インデントが必要な場所:**
- 制御文（if, for, while, try など）や、関数定義、クラス定義の次に続くコードはインデントされる必要があります。
- インデントされた部分は、制御文や関数の「内部」を表します。

詳しいインデントの使い方については本書で少しずつ解説していきましょう。いまのところは、ifステートメントを書くときには、条件に見合ったコードを記述するためにインデントを揃えておくことが重要ということを覚えておけば十分です。そして、インデントを付けるときにはifステートメントやelseステートメントの最後にあるコロン（「:」）を忘れないようにしてください。

サンプルコードをifとelseだけを使った簡単なものに書き換えてみます。

コード3-9　コード3-7を書き換えたコード（ch03/0302.ipynb）

```
x = 10
if x > 0:
    print("x is positive")
else:
    print("x is negative")
```

このコードを実行してみます。

コード3-9の実行結果

```
x is positive
```

実行した結果は先のコードと変わらないので、変数xの値を「-10」に書き換えて実行してみましょう。

コード3-10　コード3-9を書き換えたコード（ch03/0302.ipynb）

```
x = -10
if x > 0:
    print("x is positive")
else:
    print("x is negative")
```

このコードを実行してみます。

コード3-10の実行結果

```
x is negative
```

今度はelseの次の行が実行されました。これは、変数xの値が「0より大きいのか？」それとも「それ以外なのか？」を調べるためにifとelseを使った例です。

もっと簡単な例にコードを書き直してみましょう。

**コード3-11　コード3-10を書き換えたコード**（ch03/0302.ipynb）

```
x = -10
if x > 0:
    print("x is positive")
```

これはifだけを残したときのコードです。この場合はどうなるでしょうか？

**コード3-11の実行結果**

実行をすると何も表示されません。ifの次の行は実行されないため、何も表示されないのです。

では最後の行にもう1つのprint関数を追加してみましょう。

**コード3-12　コード3-11を書き換えたコード**（ch03/0302.ipynb）

```
x = -10
if x > 0:
    print("x is positive")
print("completed")
```

プログラムを実行してみてください。

**コード3-12の実行結果**

```
completed
```

最後の行の「print("completed")」が実行されています。今度は、「print("completed")」にインデントを付けて実行してみましょう。

**コード3-13　コード3-12を書き換えたコード**（ch03/0302.ipynb）

```
x = -10
if x > 0:
    print("x is positive")
    print("completed")
```

実行すると、何も表示されなくなります。

**コード3-13の実行結果**

最後に変数xの値を「x = 10」のように元に戻して実行してみましょう。

コード3-14　コード3-13を書き換えたコード（ch03/0302.ipynb）

```
x = 10
if x > 0:
    print("x is positive")
    print("completed")
```

プログラムを実行すると2行表示されるようになります。

コード3-14の実行結果

```
x is positive
completed
```

　長々と試してみましたが、このようにPythonではインデントが重要な役割を果たしています。これから説明する繰り返し処理や関数の作成などでもインデントが重要です。

　括弧のような特殊な文字がでてこないのでちょっと見慣れないかもしれませんが、一般的なプログラム言語では処理の範囲をわかりやすくするためにインデントを付けるのが普通です。Pythonでは、このようにインデントを使って処理の範囲が明らかになるような仕組みが備わっているのです。

　プログラムの学習方法もCopilotに書いてもらったPythonのコードをもとに、少しずつ変えて実行を繰り返していきます。一気に書き換えてしまうと文法エラーでどこを直せばよいかわからなくなってしまうので、最初のうちは少しずつ書き換えては、プログラムを実行して動作を確認してみるのがコツです。

## 3.2.2　繰り返し処理

　同じパターンで、Copilotの繰り返し処理のサンプルを書いてもらって学習を続けてきましょう。

▼プロンプト3-6

> 繰り返し処理のサンプルコードを書いて。

　繰り返し処理を行うためにはforステートメントとwhileステートメントがあります。筆者のCopilotではforステートメントのサンプルコードが表示されました。

**コード3-15 プロンプト3-6で書き出されるコード（ch03/0302.ipynb）**

```
x = 10 ——①
for i in range(x): ——②
    print(i) ——③
```

「range(x)」の意味がよくわかりませんが、ひとまず実行してみましょう。

**コード3-15の実行結果**

```
0
1
2
3
4
5
6
7
8
9
```

プログラムコードを実行すると、「0」から「9」までの値が順番に表示されています。出力される部分は「print(i)」で記述されていますから、「0」から「9」までで10行表示されていることがわかります。

① 変数xに10を代入する
② forステートメントで繰り返し処理をしている。range(x) は何を示すのか？
③ 変数iをprint関数で表示している

おそらく、①と③は容易にわかると思うのですが、②の「range(x)」が理解できないでしょう。既に理解している読者もいるかもしれませんが、ここは「理解できない」としておきましょう。

このように「range(x)」のようにわからない部分がでてきたら、そのままCopilotに質問してみましょう。プロンプトはVisual Studio Codeの左側に表示されている「チャット」を使います。

▼プロンプト3-7

range(x)とは何ですか？

02 制御文を使ってみる　69

Copilotでは、前後の文脈（この場合はプログラムコード）を解釈してくれるので、forステートメントで書かれている「range(x)」のことであると理解してくれます。

**コード3-16　プロンプト3-7に対して得られたCopilotの回答**

range(x) は、0 から x-1 までの整数のシーケンスを生成する Python の組み込み関数です。
x が 10 の場合、range(x) は 0 から 9 までの整数を生成します。

どうやら、range関数は0からx-1までの値を返してくれる組み込み関数のようです。ひとまず、10回繰り返すときには「range(10)」、1000回繰り返したいときには「range(1000)」のように指定すれば良いようです。

range関数については、ほかの使い方もできます。筆者がChatGPTのプロンプトを使って「range(x)とは何ですか？」と質問したときに回答されたコードを示しておきます。

**コード3-17　ChatGPTが生成した2つの引数を渡すコード例**

```python
for i in range(2, 5):
    print(i)
```

**コード3-17の実行結果**

```
2
3
4
```

**コード3-18　ChatGPTが生成した3つの引数を渡すコード例**

```python
for i in range(1, 10, 2):
    print(i)
```

**コード3-18の実行結果**

```
1
3
5
7
9
```

range関数の引数（関数に渡す値のこと）は1つとは限りません。2つの引数を渡すときは、最初の値と最後の値を指定できます。「range(2, 5)」としたときには、「2」から「4」までの3つの連続した値となっています。最大値は「5」ではなくて、1つ小さい「4」となっているところが「range(5)」と似ています。

とびとびの値にしたいときには3つの引数を渡す「range(1, 10, 2)」のようにします。3つめの引数に「2」を渡すことによって、「1」から「9」までの1つ飛びの値が5つ返ってきています。

　このrange関数の動きも、文法として覚えるよりもコードを動かしてみたほうがわかりやすいでしょう。たいていの場合は、連続した数値が必要になるので「range(x)」のように1つだけの引数を使って「0からx-1までのx個の繰り返しができる」と覚えておきます。正確にはrange関数は「イテレータ」というものを返しますが、今はあまり気にしなくてよいです。

　繰り返し処理をするforステートメントに渡す範囲は、配列（array）を使うこともできます。先の「繰り返し処理のサンプルコードを書いて。」というプロンプトには、もう1つの書き方が出てきます。

**コード3-19　プロンプト3-6で書き出されるもう1つのコード（ch03/0302.ipynb）**

```python
# Define an array
numbers = [1, 2, 3, 4, 5]

# Iterate over the array using a for loop
for num in numbers:
    print(num)
```

　forステートメントの繰返し範囲に、range関数ではなくて「numbers」という変数が使われています。ひとまず、コードを実行してみましょう。

**コード3-19の実行結果**

```
1
2
3
4
5
```

　変数に設定した数字の並びがそのまま表示されています。「1, 2, 3, 4, 5」の数値の並びを括弧（[]）で括ると「リスト」というものになります。

　Pythonにおいて、「配列（array）」と「リスト（list）」は、データを格納し操作するためのものですが、主に「リスト（list）」のほうを使っていきます。リストについては、後で詳しく説明します。

　ここでは、リストを使ってときのforステートメントの動きを確認するために、コードを少し書き換えてみましょう

02 制御文を使ってみる

コード3-20　コード3-19を書き換えたコード（ch03/0302.ipynb）

```python
# Define an array
numbers = [3, 4, 5]

# Iterate over the array using a for loop
for num in numbers:
    print(num)
```

コード3-20の実行結果

```
3
4
5
```

　リストを少し縮めて、「3,4,5」の3つの数字だけにしました。「print(num)」で表示をしているところで、変数numを使っていますが、リストの数字がそのまま渡されていることが確認できます。

　リストのnumbersの部分を数値ではなく、文字列（masudaなど）に書き換えてみましょう。文字列は前後に「"」（ダブルクォート）を付けて、数値とは区別します。

コード3-21　コード3-20を書き換えたコード（ch03/0302.ipynb）

```python
# Define an array
numbers = ["masuda", "yamada", "tanaka"]

# Iterate over the array using a for loop
for num in numbers:
    print(num)
```

コード3-21の実行結果

```
masuda
yamada
tanaka
```

　プログラムを実行すると3つの文字列が順番に表示されていますね。forステートメントでリストを扱うと、数値だけではなく文字列も扱えることが解ります。文字列の場合には変数の「num」を書き換えたほうがよいと思いますが、ここでは修正が簡単になるようにそのまま使っています。

実はPythonの繰り返し処理には、forステートメントのほかにwhileステートメントがあります。繰り返し処理のサンプルをCopilotに書いてもらったときにはforステートメントしかなかったので、あらためてwhileステートメントの書き方について尋ねてみましょう。

▼プロンプト3-8

> while文のサンプルコードを書いて。

コード3-22　プロンプト3-8で書き出されるコード（ch03/0302.ipynb）

```
x = 10

while x > 0:    ──①
    print(x)    ──②
    x -= 1      ──③
```

forステートメントと同じように変数xを使ったサンプルコードが出力されています。これもそのままプログラムを実行してみます。

コード3-22の実行結果

```
10
9
8
7
6
5
4
3
2
1
```

プログラムを実行すると「10」から「1」までの数値が表示されています。全部で10個あります。

① 変数xが0より大きい場合に繰り返す
② 変数xをprint関数で表示する
③ 変数xから1を引く

02 制御文を使ってみる

最初が10で1つずつ値を引き算して0より大きい値まで、つまりは1になるまで繰り返し処理を行います。値を引いているので、ちょっとややこしいのですが、これを次のように書き換えてみましょう。

コード3-23　コード3-22を書き換えたコード（ch03/0302.ipynb）

```
x = 0 ──①

while x < 10: ──①
    print(x)
    x += 1 ──②
```

① 変数xの最初の値を「0」にする
② whileステートメントへの条件を10より小さい数（10未満）にする
③ 変数xの値を1ずつ足す

これを実行すると次のようになります。

コード3-23の実行結果

```
0
1
2
3
4
5
6
7
8
9
```

　「0」から「9」までの数値が順番に表示されます。数字の数はぜんぶで10個あります。これはちょうど、forステートメントとrange関数で作ったときの結果と似ています。
　手作業で書き換えてもいいのですが、Copilotにforステートメントを使って書き換えてもらってみましょう。書き換えたいコードを選択した状態でCtrl＋Iキーでプロンプトを出して、Copilotに指示をしていきます。

▼プロンプト3-9

for文に書き換えて

コード3-24　プロンプト3-9によって書き換えられたコード

```
for x in range(10):
    print(x)
```

念のため、コードを実行してwhileステートメントのものと同じであることを確認しておきましょう。

コード3-24の実行結果

```
0
1
2
3
4
5
6
7
8
9
```

whileステートメントとforステートメントが同じように実行されることがわかります。このように、わかりづらいコードはCopilotを使って書き換えてもらうこともできます。自分にとってできるだけわかりやすいコードに書き直すことで、コードの間違いが減っていきますし、Pythonの学習も進みます。

逆にforステートメントのコードをwhileステートメントで書き直すこともできるので試してみてください。

## 03 リストと辞書の使い方を学ぶ

数値を扱うだけではPythonのプログラムは成立しません。Pythonで計算する膨大なデータは、1つ1つの異なる変数として扱っているわけではなく、複数個のデータを共通の名前で扱えるようにしたデータ構造を用いています。よく使われるデータ構造として、リスト構造と辞書構造の2つを覚えていきましょう。

## 3.3.1 データ構造

まずは、Pythonのデータ構造についてCopilotに尋ねてみましょう。

▼プロンプト3-10

> Pythonのデータ構造は？

コード3-25　プロンプト3-10に対して得られたCopilotの回答

Pythonには、さまざまなデータを効率的に管理し操作するためのデータ構造がいくつか用意されています。これらのデータ構造は、組み込み型として提供されており、異なるユースケースに応じて柔軟に使い分けることができます。

主なデータ構造
1. リスト（List）

- 概要：Pythonで最も一般的に使われるデータ構造で、任意の型の要素を格納できる可変長のシーケンス。
- 特徴：
  ・順序付けされている（要素の順番が保存される）。
  ・要素の追加、削除、変更が可能。
  ・同じリスト内に異なる型の要素を格納可能。

～～～　以下略　～～～

　AIに尋ねたときには、いろいろな回答が得られると思いますが、それぞれについて「○○のサンプルコードを書いて」とCopilotに頼むと、具体的なサンプルコードを書いてくれます。Pythonにはリスト（List）や辞書（Dictionary）のほかにも、「タプル（Tuple）」や「セット（Set）」などのデータ構造があります。リストや辞書以外のほかのデータ構造については、本書の後半でいくつか出てくると思いますので、そのときにCopilotを使って調べていきましょう。

　ここでは、Pythonでプログラムを書くうえで必須となってくるリストと辞書について詳しく見ていきます。

## 3.3.2 リスト構造

リスト構造のサンプルコードについては、最初にCopilotに提示してもらいましょう。

▼プロンプト3-11

> リストのサンプルコードを書いて。

**コード3-26　プロンプト3-11で書き出されるコード（ch03/0303.ipynb）**

```python
# Create an array
my_array = [1, 2, 3, 4, 5]

# Accessing elements in the array
print(my_array[0])  # Output: 1
print(my_array[2])  # Output: 3

# Modifying elements in the array
my_array[1] = 10
print(my_array)  # Output: [1, 10, 3, 4, 5]

# Adding elements to the array
my_array.append(6)
print(my_array)  # Output: [1, 10, 3, 4, 5, 6]

# Removing elements from the array
my_array.remove(3)
print(my_array)  # Output: [1, 10, 4, 5, 6]

# Length of the array
print(len(my_array))  # Output: 5
```

そのままプログラムを実行してみます。

**コード3-26の実行結果**

```
1
3
[1, 10, 3, 4, 5]
[1, 10, 3, 4, 5, 6]
[1, 10, 4, 5, 6]
5
```

CopilotにPythonのリスト構造について尋ねると、サンプルコードに「array」や「my_array」といった単語や変数名が使われます。Pythonの場合、配列（array）とリスト（list）は正確には区別されていて、主にリストとしての[1, 2, 3, 4, 5]のような括弧（[]）を使ったものが利用されます。なので、正確には配列とリストとは別のものになるのですが、ここでは理解が簡単になるように、配列もリストも同じようにPythonのリスト（list）として扱うことにしておきます。

　試しにプロンプトで「配列のサンプルコードを書いて」と頼んだ場合でも、「リストのサンプルコードを書いて」と同じようなコードが出力されます。内部では配列とリストを同じものと扱っているのかもしれません。

　Copilotが作成したサンプルコードではリストの使い方が1つにまとめられています。そのままでは、実行結果との対応が見づらいので、サンプルコードを1つずつ分解しながら解説していきます。

コード3-27　コード3-26の最初の部分　(ch03/0303.ipynb)

```
# Create an array
my_array = [1, 2, 3, 4, 5]　──①

# Accessing elements in the array
print(my_array[0])  # Output: 1　──②
print(my_array[2])  # Output: 3　──③
```

コード3-27の実行結果

```
1　──④
3　──⑤
```

①　変数my_arrayにリストを設定する
②　添え字（インデックス）が「0」の要素を出力して、結果は④となる
③　添え字（インデックス）が「2」の要素を出力して、結果は⑤となる

　リストの作成は、条件分岐のところで解説したように括弧（[]）を使って数値や文字列を並べます。繰り返し処理のforステートメントやwhileステートメントではリストの要素について、すべての要素を扱うことになりますが、ここでは添え字（インデックス）を指定して1つの要素だけを取り出します。

要素を数えるときに普通の数え方は1から始めて1、2、3、4のようになりますが、プログラム言語では0から始めて0、1、2、3のように数えていきます。これを「0始まり」と言います。0番目が最初の要素になるので、my_arrayのリストの最初の要素の「1」が取り出されて、④のように「1」が出力されます。

　コードにある③のように、添え字に「2」を指定した場合には、3番目の要素を出力することになります。リストの数え方が0始まりになるため、0、1、2と数えて最初から3番めになるということです。ちょうど1つだけずれていることを覚えておきましょう。

　この「0始まり」について、最初のうちは戸惑うことが多いと思います。しかし、プログラミング言語を利用していく中で普通に使われる1からの数え方ではなくて、「0始まり」のほうが都合がよい場面がいくつかでてきます。

**コード3-28　コード3-26の2番目の部分 （ch03/0303.ipynb）**

```python
# Modifying elements in the array
my_array[1] = 10 ——①
print(my_array)  # Output: [1, 10, 3, 4, 5] ——②
```

**コード3-28の実行結果**

```
[1, 10, 3, 4, 5] ——③
```

① 添え字が「1」の要素（先頭から2番目の要素）の値を「10」に変更する
② 変数my_arrayの内容を出力して、③の結果を得る

　リストの内容は添え字を指定すると、値を変更できます。要素の内容を直接書き換えているサンプルコードになります。print関数でリストを出力させると、②のように括弧付きですべての要素を並べてくれます。この括弧付きの書き方はPythonのリストの書き方と同じ形式になります。print関数で出力したリストがそのままプログラムコードにコピー＆ペーストできるので便利ですね。

　出力される③を見てみると、2番目の要素が「10」に変わっていることがわかります。最初は「2」だったものが「10」に書き換えられているということです。これを「値の更新」あるいは「要素の更新」と言います。リストの特定の要素を書き換えたいときによく使います。

03 リストと辞書の使い方を学ぶ　　79

今度はリストの最後に「6」という値を追加するサンプルコードです。

コード3-29　コード3-26の3番目の部分　(ch03/0303.ipynb)
```
# Adding elements to the array
my_array.append(6)　──①
print(my_array)  # Output: [1, 10, 3, 4, 5, 6]　──②
```

コード3-29の実行結果
```
[1, 10, 3, 4, 5, 6]　──③
```

①リストの最後に「6」という値を追加する
②変数my_arrayの内容を出力して、③の結果を得る

　順番に並んでいるリストの最後に要素を追加したいときによく使います。値を追加するときは、①のようにappendメソッドを使います。リストとなる変数my_arrayに対する操作を行うので、ピリオド（「.」）でつなげて「my_array.append(値)」のように書きます。Pythonでは、このように変数やリストに対して何かの操作をするときには、間にピリオドを使ってつなげています。変数やリストをまとめて「オブジェクト」と呼ぶことが多いのですが、本書では説明を簡単にするために「変数」という言い方をしておきましょう。

　リストの最後に要素を追加するので、③のように最後が「6」で終わっています。「6」の前にある「1,10,3,4,5」は、先に2番目の要素（添え字が「1」の要素）が「10」に書き替えたものを使っているからです。

　次のサンプルコードはちょっと難しめです。

コード3-30　コード3-26の4番目の部分　(ch03/0303.ipynb)
```
# Removing elements from the array
my_array.remove(3)　──①
print(my_array)  # Output: [1, 10, 4, 5, 6]　──②
```

コード3-30実行結果
```
[1, 10, 4, 5, 6]　──③
```

①値が「3」となっている要素をリストから削除する
②変数my_arrayの内容を出力して、③の結果を得る

「remove」というメソッドが使われているので、何かを削除（remove）することは明らかそうですが、この「3」は何を示しているのでしょうか？添え字の「3」なのか、それともリストの中にある「3」という要素なのか？わかりづらいところですね。

Pythonの文法や教科書を読めば「remove」が「値を探して削除している」ことが理解できるのですが、ここではCopilotが出してくれたコードを使って動作を探っていきましょう。

**コード3-31　removeメソッドに「10」という値を渡してみる（ch03/0303.ipynb）**

```
# Removing elements from the array
my_array.remove(10)　──①
print(my_array)　──②
```

**コード3-31の実行結果**

```
[1, 3, 4, 5, 6]　──③
```

① removeメソッドに「10」を渡して実行する
② my_arrayの結果は③のようになる

removeメソッドに「10」という値を渡してみましょう。「3」の場合は、それが添え字なのか値なのかがわかりづらいのですが、「10」ならば添え字の10なのか、値の10なのかが確認しやすくなります。変数my_arrayの要素の数は6個なので、添え字の10であるならば11番目の要素を削除しようとして変なことになりそうです。逆に値の10を探して削除するのであれば、先にappendメソッドを使って追加した「10」という要素が削除されそうですね。

結果の③を見てみるとわかる通り、「10」という要素が削除されています。つまりremoveメソッドは、引数（メソッドの渡す値のこと）で指定した値を削除するメソッドということが確認できました。

指定した値を削除できることはわかったので、ちょっと実験をしてみましょう。

「my_array.remove(100)」のようにリストに存在しない値を渡したときはどうなるでしょうか？

**コード3-32　removeメソッドに「100」という値を渡してみる（ch03/0303.ipynb）**

```
# Removing elements from the array
my_array.remove(100)　──①
print(my_array)　──②
```

03 リストと辞書の使い方を学ぶ

```
コード3-32の実行結果
ValueError                Traceback (most recent call last) ──③
Cell In[5], line 17
     14 print(my_array)  # Output: [1, 10, 3, 4, 5, 6]
     16 # Removing elements from the array
---> 17 my_array.remove(100)
     18 print(my_array)  # Output: [1, 10, 4, 5, 6]
     20 # Length of the array

ValueError: list.remove(x): x not in list"
```

①removeメソッドに「100」を渡して実行する
②my_arrayの結果は③のようになる

　実はリストに存在しない値をremoveメソッドに渡すと、③のようにエラー（ValueError）が発生します。これを「例外発生」という言い方をするのですが、例外処理についてはもう少し先で解説しましょう。例外が発生するとプログラムはうまく動きません。

　つまり、removeメソッドを使うときには、削除しようとしている要素がリストに存在しているのかをチェックしないといけないということです。削除するときに気を付けないといけなそうですね。

　では、removeメソッドに渡す「100」の値を「3」に直して、引き続きサンプルコードの動作を確認していきます。

コード3-33　コード3-26の最後の部分（ch03/0303.ipynb）
```
# Length of the array
print(len(my_array))  # Output: 5 ──①
```

コード3-33の実行結果
```
5 ──②
```

①変数my_arrayの要素数を出力する
②結果が「5」となる

　リストの要素数を確認するためには、①のようにlen関数を使います。ここだけ少し特殊なのですが、「len(変数名)」のように使うと覚えてください。ここで、変数

my_arrayの中身は「[1,10,4,5,6]」となっているので、要素の数は②のように5つになります。

要素の数を出力するときに、①では直接print関数を使っていますが、次のようにlen関数の結果をいったん変数に入れて出力させることもできます。

コード3-34　コード3-33の書き直し（ch03/0303.ipynb）

```python
# Length of the array
length = len(my_array)  ──①
print(length)  # Output: 5  ──②
```

① len関数の結果を変数lengthに代入する
② 変数lengthの内容をprint関数で出力する

「print(len(my_array))」という関数を入れ子にした書き方を、①と②のように2行に分けて書いています。Copilotのサンプルコードや Webなどで検索したコードではこのように入れ子なったものが多いと思いますが、よくわからない場合はこのように2つに分解するとわかりやすくなります。

少し面倒かもしれませんが、学習の最初のうちは関数やメソッドの結果が確認しやすくなります。関数を実行した後にいったん変数に代入すると、あとから動作確認がしやすいのです。

Copilotが提示してくれたリストのサンプルコードはこれで終わりですが、いくつか疑問がでてくるでしょう。たとえば、リストから要素の値を指定して削除することはremove関数でできるようになりましたが、ならば「要素の添え字を指定して削除する」場合はどうするのでしょうか？「マークダウン」のセルを追加して、Copilotにプロンプトを打ち込んでみましょう。

▼プロンプト3-12

リストから添え字を指定して削除するには？

コード3-35　プロンプト3-10に対して得られたCopilotの回答

リストから添え字を指定して要素を削除するには、`del`キーワードを使用します。以下は例です。

```python
del my_array[2]
```

03 リストと辞書の使い方を学ぶ　83

この例では、`my_array`リストのインデックス2の要素が削除されます。削除後のリストは次のようになります。

```python
[1, 10, 5, 6]
```

なお、`del`キーワードを使用すると、指定した添え字の要素が削除され、リストの長さが1つ減少します。

Visual Studio Codeのマークダウンのセルを使うと、説明を含んだコードをCopilotが出力してくれます。回答はマークダウンのフォーマット形式が使われるので、コード部分は3つのバッククォート（「```」）で囲まれています。どうやら、リストに対しては「delキーワード」というものを使うようです。

今度は「コードセル」を使って、自分でコードを入力してみましょう。入力すると言いましたが、Copilotのサポートがあるので、それほどタイピングに苦労はしません。自動的にコードやコメントの候補を出してくれます。

**コード3-36　入力するコード（ch03/0303.ipynb）**

```python
# Create an array
my_array = [1, 2, 3, 4, 5]          ——①
print(my_array)  # Output: [1, 2, 3, 4, 5]   ——②
del my_array[2]          ——③
print(my_array)  # Output: [1, 2, 4, 5]   ——④
```

**コード3-36の実行結果**

```
[1, 2, 3, 4, 5]   ——⑤
[1, 2, 4, 5]   ——⑥
```

① あらためて変数my_arrayにリストを設定する
② 初期状態の変数my_arrayを出力する。出力結果は⑤となる
③ 添え字「2」の要素を削除する
④ 削除後の変数my_arrayを出力する。出力結果は⑥となる

delキーワードを使い、my_arrayから指定の添え字の要素を削除しています。「my_array[2]」という書き方となるので、添え字が2である要素、つまり3番目の要

84　第3章　CopilotでPython文法を覚える

素がリストから削除されることになります。3番目の要素は「3」という値の要素です。コードを実行してみると⑥のように「3」が消えているリストが作成されています。

　Pythonのリストを操作するためには、ほかにも要素を指定位置に挿入するためのinsertメソッドやリストを結合するためのextendメソッドなどがあります。本書では詳しく解説はしませんが、「リストから添え字を指定して削除するには？」などとCopilotに尋ねたように、「リストの指定位置に値を挿入するには？」や「リストのinsertメソッドの使い方のサンプルコードを書いて」のようなプロンプトを使って調べてみてください。

### 3.3.3　辞書構造

　辞書構造のサンプルコードについても、Copilotに提示してもらいましょう。

▼プロンプト3-13

辞書のサンプルコードを書いて。

コード3-37　プロンプト3-11で書き出されるコード（ch03/0303.ipynb）

```python
# Create a dictionary
my_dict = {'Name': 'Alice', 'Age': 25, 'Gender': 'F'}

# Accessing elements in the dictionary
print(my_dict['Name'])  # Output: 'Alice'
print(my_dict['Age'])  # Output: 25

# Modifying elements in the dictionary
my_dict['Age'] = 30
print(my_dict)  # Output: {'Name': 'Alice', 'Age': 30, 'Gender': 'F'}

# Adding elements to the dictionary
my_dict['City'] = 'New York'
print(my_dict)  # Output: {'Name': 'Alice', 'Age': 30, 'Gender': 'F', 'City': 'New ➡
York'}

# Removing elements from the dictionary
del my_dict['Gender']
print(my_dict)  # Output: {'Name': 'Alice', 'Age': 30, 'City': 'New York'}
```

03 リストと辞書の使い方を学ぶ

```
# Length of the dictionary
print(len(my_dict))  # Output: 3
```

そのままプログラムを実行してみます。

コード3-37の実行結果
```
Alice
25
{'Name': 'Alice', 'Age': 30, 'Gender': 'F'}
{'Name': 'Alice', 'Age': 30, 'Gender': 'F', 'City': 'New York'}
{'Name': 'Alice', 'Age': 30, 'City': 'New York'}
3
```

　辞書（dictionary）構造は、括弧「{}」をひとまとまりにして、キーと値をコロン（「:」）で結び付けたものです。コードを見ると「'Name': 'Alice'」という形になっていて、「'Name'」がキーで、「'Alice'」が値です。「NameというキーにAliceという文字列が割り当てられている」という意味になります。

　キーには文字列を使うため、「'Name'」や「"Name"」という形でシングルクォート（「'」）かダブルクォート（「"」）で囲みます。どちらもPythonでは文字列となるので、どっちの書き方を使っても構いません。

　値には「'Name': 'Alice'」のように「'Alice'」という文字列を割り当てたり、「'Age': 30」のように「30」という数値を割り当てたりできます。このキーと値のセットを「キーバリュー（Key-Value）」と呼びます。

　リスト構造と同じようにCopilotが作成したサンプルコードではリストの使い方が1つにまとめられています。そのままでは実行結果との対応が見づらいので、サンプルコードを1つずつ分解しながら解説していきましょう。

コード3-38　コード3-37の最初の部分（ch03/0303.ipynb）
```
# Create a dictionary
my_dict = {'Name': 'Alice', 'Age': 25, 'Gender': 'F'}   ──①

# Accessing elements in the dictionary
print(my_dict['Name'])  # Output: 'Alice'   ──②
print(my_dict['Age'])   # Output: 25   ──③
```

### コード3-38の実行結果
```
Alice ──④
25 ──⑤
```

① 変数my_dictに辞書構造を設定する
② 変数my_dictのキー「Name」から値を取り出して出力して、④を得る
③ 変数my_dictのキー「Age」から値を取り出して出力して、⑤を得る

　辞書を作るためには、①のようにキーと値のセットを括弧「{}」で囲みます。「Name」キーを指定して、値を取るためにはリスト構造と同じように括弧「[]」にキー名を指定します。リストの場合は添え字として数値を使いました。辞書は文字列を指定するという違いがあるので、うまく区別ができます。「変数名[数値]」の場合はリスト、「変数名[文字列]」の場合は辞書ということです。

### コード3-39　コード3-37の2番目の部分　(ch03/0303.ipynb)
```python
# Modifying elements in the dictionary
my_dict['Age'] = 30      ──①
print(my_dict)    ──②
```

### コード3-39の実行結果
```
{'Name': 'Alice', 'Age': 30, 'Gender': 'F'}    ──③
```

① キー名「Age」の値を「30」に設定する
② 変数my_dictの内容をprint関数で出力して、③を得る

　コードの2番目は、要素の値を変更するものです。リストでは添え字を使いましたが、辞書では文字列を指定します。書き方はリストのときと同じように、イコール（「=」）で値を設定します。print関数を使うと、③のようにPythonの辞書構造と同じような出力が得られます。この場合はAgeキーの値を変わっていることがわかりますね。

### コード3-40　コード3-37の3番目の部分　(ch03/0303.ipynb)
```python
# Adding elements to the dictionary
my_dict['City'] = 'New York'    ──①
print(my_dict)     ──②
```

03 リストと辞書の使い方を学ぶ

| コード3-40の実行結果 |
|---|
| {'Name': 'Alice', 'Age': 30, 'Gender': 'F', 'City': 'New York'} ──③ |

①キー名「City」の値を「New York」に設定する。
②変数my_dictの内容をprint関数で出力して、③を得る

　コードの3番目は、新しいキーと値を変数my_dictの辞書に追加するものです。リスト構造の場合にはappendメソッドを使いましたが、辞書の場合は追加したいキー名を指定して値を設定します。これは新しく辞書にキーと値を入るときと全く同じです。
　つまり、辞書の場合にはキーを指定したときに、すでに辞書でキーが使われればキーに対応する値を更新し、辞書にキーがなければ新規に追加するという動きになっています。
　リストのときと同じように、削除のサンプルコードも見てみましょう。

| コード3-41　コード3-37の4番目の部分　(ch03/0303.ipynb) |
|---|
| ```
# Removing elements from the dictionary
del my_dict['Gender']   ──①
print(my_dict)   ──②
``` |

| コード3-41の実行結果 |
|---|
| {'Name': 'Alice', 'Age': 30, 'City': 'New York'} ──③ |

①辞書から「Gender」がキーの値を削除する
②変数my_dictの内容を出力して、③を得る

　リスト構造では削除するときにremoveメソッドを使っていましたが、辞書の場合はdelキーワードを使います。delキーワードはリスト構造では添え字を使って削除するときの方法だったので、ちょうど辞書構造の場合もそれに対応することになりますね。リストでは数字となる添え字（インデックス）だったものが、辞書の文字列であるキー名となるわけです。
　最後は辞書の大きさを調べるコードです。

| コード3-42　コード3-37の最後の部分　(ch03/0303.ipynb) |
|---|
| ```
# Length of the dictionary
print(len(my_dict))   ──①
``` |

```
コード3-42の実行結果
3 ――② 
```

① 辞書である変数my_dictの長さを出力して、②を得る

辞書の大きさを知るためには、len関数を使います。使い方はリスト構造のときと同じで「len(変数)」となります。

ひと通り辞書構造のメソッドや関数を試してみたところ、ほとんどがリスト構造のものと同じ形で使えることがわかります。特にdelキーワードや長さのlen関数ではうまくリスト構造と辞書構造で共通のものが使うことができるので、感覚的に同じ形でコーディングができそうです。

リスト構造のときと同じように、辞書構造でもこれが全てのメソッドではありません。正しくはPythonの文法書などを読む必要があるのですが、ここでは学習のための最小限のメソッドがキーワードに留めておきましょう。

ただ、ちょっと気になるのはリスト構造で使ったremoveメソッドのように「値を指定して要素を削除する」というメソッドは辞書構造にあるのでしょうか？これをCopilotに尋ねてみましょう。

▼プロンプト3-14

辞書で値を指定して削除するメソッドはありますか？

コード3-43　プロンプト3-14に対して得られたCopilotの回答

はい、Pythonの辞書には値を指定して削除するためのメソッドがあります。`dict`オブジェクトの`pop()`メソッドを使用することで、指定した値に対応するキーと値を辞書から削除することができます。

以下は`pop()`メソッドの使用例です。

```python
my_dict = {'Name': 'Alice', 'Age': 25, 'Gender': 'F'}

# 値が'F'に対応するキーと値を削除
my_dict.pop('Gender')

print(my_dict)
```

```
```

出力:
```
{'Name': 'Alice', 'Age': 25}
```

`pop()`メソッドは指定した値に対応するキーと値を削除し、削除された値を返します。もし指定した値が辞書に存在しない場合は、`KeyError`が発生しますので、存在を確認してから使用することが重要です。

　Copilotの回答ではpopメソッドを使うとよいようです。リスト構造のremoveメソッドと名前は違いますが、同じ操作ができそうですね。

　このようにちょっとわからない文法であっても、「ひょっとしたら、こんなメソッドはあるのではないだろうか？」とCopilotに尋ねてみるのも1つの方法です。リスト構造のいろいろなメソッドから辞書構造のメソッドを推測できるのですが、同じ名前のメソッドではなくて異なる名前でも同じ動作をするメソッドが定義されていることがあります。利用目的に応じてCopilotに尋ねてみるとよいです。

---

**Chapter 3**

## 04 関数の利用方法を学ぶ

　既にいくつかの関数（len関数やprint関数など）が出てきていますが、ここでPythonの関数の使い方を学んでいきましょう。普通の学習書ならば「Pythonの関数の作り方」を学ぶところですが、本書では先に関数の使い方を学んでいきます。Pythonには既にさまざまなライブラリや関数が用意されているので、それらの既存のライブラリや関数の使い方を早く覚えて、手早くPythonを活用していこうという主旨です。

### 3.4.1 関数の呼び出し方

　いつものように、関数の呼び出し方についてCopilotにサンプルコードを書いてもらいます。

▼プロンプト3-15

関数のサンプルコードを書いて。

コード3-44　プロンプト3-15で書き出されるコード（ch03/0304.ipynb）

```
def greet(name):　──①
    print(f"Hello, {name}!")　──②

greet("Alice")　──③
greet("Bob")　──④
```

　Copilotを使ったサンプルコードはランダムに作成されるために、必ずしも本書と同じものが生成されるとは限りません。ここでは筆者が出力させたgreet関数（あいさつ関数）を使って解説をしていきます。

①関数の定義を「def」キーワードを使って書く
②インデントを付けて関数の内容を書く。ここでは「Hello ○○!」と表示させている
③greet関数を「Alice」で呼び出している
④greet関数を「Bob」で呼び出している

　Copilotに関数の使い方の説明を求めましたが、最初に簡単な関数を書いてくれています。どうやら、関数を作るためにはdefキーワードを使えばよいようです。関数の内容はインデントが付いて記述されています。この書き方は、既にifステートメントやforステートメントで見かけたものです。Pythonの場合は、こんな風に何か処理を行うときのコードにはインデントを付けるルールがありました。
　関数の終わりはどうやって判別しているのでしょうか？どうやら、インデントを元に戻した時に関数の内容が終わるように見えますね。
　関数を呼び出すときは、リストや辞書の長さを返すlen関数などと同じように、関数名の後に括弧「()」を付けて呼び出します。関数に渡す値を「引数」と言います。この引数に③や④のように「Alice」や「Bob」のような文字列を渡しています。

コード3-44の実行結果

```
Hello, Alice!　──⑤
Hello, Bob!　──⑥
```

04 関数の利用方法を学ぶ　　91

③で呼び出した結果として、⑤のように「Hello, Alice!」が出力されます。同じように、④でgreet関数を呼び出した結果として、⑥の「Hello, Bob!」になります。

コード3-45　コード3-44の関数の定義部分

```
def greet(name):   ──①
    print(f"Hello, {name}!")   ──②
```

関数の定義部分をもうちょっと詳しく見ていきましょう。①では関数の引数に「name」という変数を付けていました。この変数nameは、どこで使われているかというと、②のprint関数の部分で使われています。「f"Hello, {name}!"」のような形で、変数が括弧「{}」で括られた形になっています。さらに、表示しようとする文字列の前に、「f」というアルファベットが付けられています。これは何を示しているのでしょうか？

コード3-46　コード3-44の書き直し（ch03/0304.ipynb）

```
def greet(name):   ──①
    print("Hello, {name}!")   ──②

greet("Alice")   ──③
greet("Bob")   ──④
```

ちょっと②の部分を変更して実行し直してみましょう。変更箇所は②の「f」を取ってしまって「"Hello, {name}!"」にしたところです。

コード3-46の実行結果

```
Hello, {name}!
Hello, {name}!
```

実行結果をみると一目瞭然ですね。せっかくgreet関数に渡した「Alice」や「Bob」という文字列が消えてしまって、両方とも「Hello, {name}!」という出力になってしまいました。これはまずいです。

どうやら、「{name}」の部分がうまく変数nameの中身（「Alice」や「Bob」）に切り替わるように「f」という記号が付けられているようです。念のためにCopilotに「f」の意味を尋ねてみましょう。

▼プロンプト3-16

文字列の前にあるfは何ですか？

**コード3-47　プロンプト3-16から得られるCopilotの回答**

> fは、Pythonのf-string（フォーマット済み文字列リテラル）のプレフィックスです。f-stringは、文字列内で変数や式を埋め込むための便利な方法です。f-stringを使用すると、変数や式を中括弧{}で囲んで文字列内に埋め込むことができます。例えば、`f"Hello, {name}!"`というコードでは、`name`という変数の値が文字列内に埋め込まれます。f-stringを使用することで、変数の値を簡単に文字列に組み込むことができます。

予想した通りに、文字列をフォーマットするための記号のようです。ひとまず、変数を文字列の中に含めたい場合は「{name}」のように括弧「{}」でくくっておけばよさそうです。

Copilotにもう1つ関数のサンプルコードを出してもらいましょう。

▼プロンプト3-17

引数が複数ある関数のサンプルコードを書いて。

**コード3-48　プロンプト3-17で書き出されるコード**（ch03/0304.ipynb）

```
def greet(name, greeting="Hello"):  ――①
    print(f"{greeting}, {name}!")  ――②

greet("Alice")  ――③
greet("Bob", "Hi")  ――④
```

greet関数のちょっと違うバージョンが作成されたようなので、これをそのまま実行してみましょう。

**コード3-48の実行結果**

```
Hello, Alice!  ――⑤
Hi, Bob!  ――⑥
```

① greet関数を定義する。2つの引数（nameとgreeting）を持つ
② print関数でメッセージを出力する。フォーマットは「f"{greeting}, {name}!"」とする
③ 1つの引数でgreet関数を呼び出す。出力結果⑤を得る
④ 2つの引数でgreet関数を呼び出す。出力結果⑥を得る

2つの引数を持つgreet関数ですが、2つめのgreetingという引数には「greeting="Hello"」

というように「Hello」という文字列があらかじめ設定されています。このgreet関数の呼び出し方は、③と④のように2種類あります。

1つの引数（「Alice」だけ）で呼び出したときには、「Hello, Alice!」のように「Hello」が補われてメッセージが出力されています。2つの引数（「Bob」と「Hi」）で呼び出したときには、両方の文字列が使われていて「Hi, Bob!」のようになっています。

実は、この「greeting="Hello"」のようにあらかじめ引数に値を入れておく方法を「デフォルト引数」と言います。デフォルト引数についてCopilotに尋ねてみましょう。

▼プロンプト3-18

> デフォルト引数とは何ですか？

コード3-49　プロンプト3-18から得られるCopilotの回答

> このコードは、関数呼び出しを簡素化し、特定の場合において明示的な引数の渡しを減らすことで、コードをより読みやすくすることができます。
> 関数のデフォルト引数を使用することCopilotの回答で、関数のパラメータに引数が指定されなかった場合に使用される値を設定することができます。これにより、引数を省略してデフォルトの値を使用することで、より柔軟な関数呼び出しが可能となります。
> デフォルト引数は、通常、必須の引数の後に関数の宣言で指定されます。関数が呼び出される際に、引数が指定された場合はその値が使用されます。引数が指定されなかった場合は、関数の宣言で指定されたデフォルト値が代わりに使用されます。
>
> 〜〜〜　以下略　〜〜〜

Copilotの回答はこの後も長々と続きますが、要するにあらかじめ引数に値を入れておける便利なテクニックです。このデフォルト引数を利用しているためにgreet関数では、「greet("Alice")」と「greet("Bob", "Hi")」のように2種類の呼び出し方ができるようになっています。

### 3.4.2　数値を渡す関数

関数にいくつかの引数を渡すことができたので、今度は数値を渡すような関数を作ってみましょう。Pythonで科学計算をするときに、文字列よりもたくさんの数値を扱うことが多いでしょう。

94　第3章　CopilotでPython文法を覚える

Copilotのプロンプトに「数値を渡す関数」というキーワードを入れてサンプルコードを作ってもらいます。

▼プロンプト3-19

> 数値を渡す関数のサンプルコードを作って。

実に簡単なものですが、「square_number」という関数を作ってくれます。

コード3-50　プロンプト3-19で書き出されるコード（ch03/0304.ipynb）

```python
def square_number(num):
    return num ** 2

print(square_number(2))
```

プログラムを実行してみましょう。

コード3-50の実行結果

```
4
```

square_number関数に渡す数値（「2」の部分）をいろいろと変えて実行してみてください。すると「2」の場合は「4」、「3」の場合は「9」、「4」の場合は「16」という結果が表示されます。

コード3-51　square_number関数の実行

```python
print(square_number(2))
print(square_number(3))
print(square_number(4))
```

コード3-51の実行結果

```
4
9
16
```

どうやら、square_number関数は渡した数値の2乗を返してくれる関数のようです。コードの中身を見ると「num ** 2」とあり、「**」の部分が乗数の計算になります。

リストの長さを返したlen関数のように、square_number関数はそのままprint関数で計算した数値を出力しています。これをsquare_number関数の「戻り値」と言います。関数の戻り値を設定するためには、関数の内容の最後の行に「return 変数」

のように書きます。

　Copilotが返してくれたサンプルコードは1つしか引数がなかったので、「2つの引数を渡す」関数を作ってもらいましょう。プロンプトにキーワードを入れて実行してみます。

▼プロンプト3-20

> 2つの数値を渡す関数のサンプルコードを作って。

これも非常に簡単な関数ですが、2つの数値を渡して計算をしている関数になります。

コード3-52　プロンプト3-20で書き出されるコード　(ch03/0304.ipynb)

```
def add_numbers(num1, num2):  ——①
    return num1 + num2  ——②

print(add_numbers(2, 3))  ——③
```

コード3-52の実行結果

```
5  ——④
```

① 2つの引数を持つ「add_numbers」関数を定義する
② 2つに引数（num1とnum2）を足した結果を「return」で返す
③ 計算結果をprintステートメントで出力して、④を得る

　単純に2つの数値の足し算をするだけの関数ですが、基本的なところはこれで十分です。複雑な計算をしなければいけない関数となると、引数をたくさん使うことになるでしょうが、基本は同じように関数を定義して引数に名前を付けることになります。
　ちょっと特殊な例として、「複数の数値を渡す関数」を作ってもらいましょう。

▼プロンプト3-21

> 複数の数値を渡す関数のサンプルコードを作って。

「sum_numbers」という関数がCopilotから提案されます。

コード3-53　プロンプト3-21で書き出されるコード　(ch03/0304.ipynb)

```
def sumコード3-53_numbers(*args):
    total = sum(args)
    return total
```

```
result = sum_numbers(1, 2, 3, 4, 5)
print(result)  # Output: 15
```

sum_numbers関数の引数にある「*args」がちょっとよくわからないところですが、そのまま実行してみましょう。

コード3-53の実行結果
```
15
```

手で計算してみるとわかるのですが、1+2+3+4+5の結果が「15」になります。どうやら「*args」の部分は、sum_numbers関数に渡した「すべての引数」を示しているようです。

これをそのままsum関数に渡しています。

コード3-54　コード3-53の関数の定義部分　(ch03/0304.ipynb)
```
def sum_numbers(*args):      ── ①
    total = sum(args)         ── ②
    return total              ── ③
```

① sum_numbers関数を定義する。すべての引数は「args」に入る
② 引数argsの中身をそのままsum関数に渡して計算する。計算した結果は変数totalに代入される
③ 計算結果の変数totalの値をreturnキーワードで戻り値として返す

sum_numbers関数の引数をそのままsum関数に渡すところがわかりにくいところですが、ここでは「こういう書き方がPythonではできる」ということにしておきましょう。実はこのような形で数値に引数をまるごと扱うことはあまりありません。数値の合計値（sum関数）を使いたいときは、後で書くようにリストを使います。

## 3.4.3　戻り値を持つ関数

関数を使うときには、print関数のように何かを処理するだけの関数と、sum関数のように何かを計算して計算結果を返す関数の2種類があります。計算結果を返すような関数は、returnキーワードを使って戻り値を設定していました。これをもう一度Copilotで確認しておきましょう。

▼プロンプト3-22

> 戻り値を返す関数のサンプルコードを作って。

ここでは2つの数値を掛け算して結果を返す関数がCopilotから出力されています。

コード3-55　プロンプト3-22で書き出されるコード（ch03/0304.ipynb）

```
def multiply_numbers(num1, num2):
    return num1 * num2 ——①


result = multiply_numbers(3, 4) ——②
print(result)  # Output: 12 ——③
```

コード3-55の実行結果

```
12 ——④
```

①変数num1と変数num2の掛け算の結果を戻り値にする
②multiply_numbers関数に2つの数値（3と4）を渡して計算して、結果を変数resultに代入する
③変数resultをprint関数で出力して、④を得る

戻り値で使われるreturnキーワードのところで、掛け算を行っているのでちょっとだけコードが複雑になっています。ここの部分をわかりやするために、次のように2行に分けてみましょう。

コード3-56　コード3-55の変更

```
def multiply_numbers(num1, num2):
    value = num1 * num2 ——①
    return value ——②
```

①変数num1と変数num2の掛け算の結果を変数valueに代入する
②変数valueの値をreturnキーワードで戻り値にする

2つのmultiply_numbers関数の動作はまったく同じになります。最初のmultiply_numbers関数のほうが1行だけで短くて済むのですが、最初のうちはちょっとわかりにくい感じです。そういう場合は、1つ変数を増やして計算をちょっとずつ進めるようにしたほうがコードを解読しやすくなります。

もちろん、読者がPythonのコードを自由に操ることができるようになっていれば、

どちらで書いても構いません。読者のコーディングスタイルに合わせてください。

関数の戻り値についてはPythonではもうちょっと複雑なことができます。C言語などのプログラム言語では「戻り値」といえば1つだけ返すことが普通なのですが、Pythonの場合は複数の値を返すことができます。

これは「タプル（tuple）」という仕組みを利用した書き方です。科学計算のライブラリでよく使われるので、ここで紹介をしておきましょう。

▼プロンプト3-23

> 複数の値を返す関数のサンプルコードを書いて。

「複数の値を返す」というキーワードを入れると「タプル」を使った関数を作ってくれます。すでに「タプル」という用語を知っていれば、「タプルを返す関数のサンプルコード」という問い合わせでもかまいません。

コード3-57　プロンプト3-23で書き出されるコード（ch03/0304.ipynb）

```python
def calculate_statistics(numbers):
    total = sum(numbers)
    average = total / len(numbers)
    maximum = max(numbers)
    minimum = min(numbers)
    return total, average, maximum, minimum


numbers = [1, 2, 3, 4, 5]
total, average, maximum, minimum = calculate_statistics(numbers)

print("Total:", total)
print("Average:", average)
print("Maximum:", maximum)
print("Minimum:", minimum)
```

ちょっと長めのコードが出力されますが、そのまま実行してみましょう。

コード3-57の実行結果

```
Total: 15
Average: 3.0
Maximum: 5
Minimum: 1
```

計算結果として、合計（Total）、平均（Average）、最大値（Maximum）、最小値（Minimum）という4つの値を得ています。calculate_statistics関数はどういう仕組みで4つの値を計算しているのかを、calculate_statistics関数の定義部分と、calculate_statistics関数の利用部分を分けて詳しく見ていきましょう。

**コード3-58　calculate_statistics関数の定義部分**

```
def calculate_statistics(numbers):　──①
    total = sum(numbers)　──②
    average = total / len(numbers)
    maximum = max(numbers)
    minimum = min(numbers)
    return total, average, maximum, minimum　──③
```

① calculate_statistics関数は1つの引数numbersを受け取る。これはリストである
② sum関数、len関数、max関数、min関数を使って、合計値、平均、最大値、最小値を計算する
③ 4つの変数（total、average、maximum, minimum）を並べてタプルを作成する。タプルをreturnキーワードで返す

calculate_statistics関数内で計算している部分は想像がつくと思いますが、③の戻り値を返しているところがちょっと奇妙に見えるかもしれません。そのような場合は、2行に分解してわかりやすくしてみましょう。

**コード3-59　コード3-58の変更**

```
def calculate_statistics(numbers):
    total = sum(numbers)
    average = total / len(numbers)
    maximum = max(numbers)
    minimum = min(numbers)
    value = (total, average, maximum, minimum)　──①
    return value　──②
```

先のmultiply_numbers関数のときと同じようにreturnキーワードの部分を2行に分けています。

① 4つの値を持つタプルを作成し、変数valueに割り当てる
② 変数valueのタプルをreturnキーワードで戻り値にする

タプルの書き方を見ると、前後に括弧「()」が付いています。これが本来のタプルの書き方で、先のreturnキーワードに直接指定している場合には括弧が省略されているのです。もちろん、変数valueに代入するときにも、括弧「()」を省略することができます。

コード3-60　括弧を省略した場合の書き方

```
value = total, average, maximum, minimum
return value
```

どの書き方でも同じ結果を得られるので、読者の好きな書き方をしてかまいません。最初のうちはタプルの書き方に慣れないと思うので、括弧「()」を付けたほうがタプルを使っていることが明確になっていいでしょう。

次にcalculate_statistics関数を利用する部分を見ていきます。

コード3-61　calculate_statistics関数の利用

```
numbers = [1, 2, 3, 4, 5]  ──①
total, average, maximum, minimum = calculate_statistics(numbers)  ──②
```

①リストである変数numbersを定義する
②calculate_statistics関数にリストを渡して計算する。計算結果は4つの値を持つタプルで受け取る

リストの定義の仕方は先に出てきたとおりです。括弧「[]」の中に数値や文字列を並べてリストを作ります。calculate_statistics関数はタプルを返すので、これを受け取る変数を定義する必要があります。1つの戻り値のときは変数を1つ定義すればいいのですが、複数の値の場合はどうするのでしょうか？

つまり②のように、変数を増やしてタプルとして受け取るのです。このようにすると、自動的に4つの変数（total、average、maximum、minimum）に割り当てられます。この変数名はcalculate_statistics関数の中でも使われていますが、実体は別のものになるので注意してください。

calculate_statistics関数の中で使われている変数と、外側で使われている変数とを区別するために別の名前に変えてみましょう。

コード3-62　変数名を変える

```
def calculate_statistics(numbers):
    total = sum(numbers)
    average = total / len(numbers)
```

04 関数の利用方法を学ぶ　101

```
        maximum = max(numbers)
        minimum = min(numbers)
        return total, average, maximum, minimum

numbers = [1, 2, 3, 4, 5]
sum, ave, max, min = calculate_statistics(numbers) ——①

print("Total:", sum) ——②
print("Average:", ave)
print("Maximum:", max)
print("Minimum:", min)
```

①利用している変数名をsum、ave、max、minに変更する
②出力するときの変数名を変えておく

　このようにするとcalculate_statistics関数の中と外では、異なる変数が使われることがはっきりします。もちろん、プログラムコードを動かしても結果は同じです。
　さて、①の行でcalculate_statistics関数からタプルを受け取っていますが、これも2行に書き換えることができます。

**コード3-63　コード3-62の変更**
```
result = calculate_statistics(numbers) ——①
( sum, ave, max, min ) = result ——②
```

①calculate_statistics関数の戻り値を変数resultで受け取る
②変数resultの中身はタプルなので、4つの変数に分解する

　このようにcalculate_statistics関数で計算をしている部分と、返ってきた値をタプルとして分解している部分を分けて書くとコードの動きがわかりやすくなります。Copilotが提案するサンプルコードがわかりにくい場合は、こんな風に自分でコードを書き換えて理解しやすいように書き直してみましょう。よくわからないまま動かしていると、もしどこかに間違いがあっても気づきにくいものです。コードの間違いを直したり、プログラムの動きを修正したりするためにも、Copilotが提案してきたPythonのコードをうまく修正できる技術が必要になります。

### 3.4.4 合計値を計算する関数

　Python関数にはさまざまな関数やツールが用意されていますが、目的の関数がない場合は自分で関数を作らなければなりません。インターネットで目的に沿ったライブラリを探し回ることも必要ではありますが、目的をうまくCopilotに伝えられれば既にCopilotが学習しているデータなどから拾い出してくれます。

　既に関数の説明時にリストを使っていますが、あらためてCopilotにリストの合計値を返す関数を作ってもらいます。「引数をリストにすること」と「合計値を計算すること」をCopilotに伝えられればうまくいきます。また、一回で正しいコードが生成できなくても、細かい部分を直しながらコーディングしてください。

▼プロンプト3-24

> リストを使って合計値を計算する関数を作って。

Copilotに作成してもらったコードが次になります。

**コード3-64　プロンプト3-24で書き出されるコード（ch03/0304.ipynb）**

```python
def calculate_sum(numbers):      # ①
    total = sum(numbers)         # ②
    return total                 # ③


numbers = [1, 2, 3, 4, 5]        # ④
result = calculate_sum(numbers)  # ⑤
print(result)                    # ⑥
```

ひとまずできあがったコードをそのまま動かしてみましょう。

**コード3-64の実行結果**

```
15
```

① 関数の名前を「calculate_sum」にして作成する
② sum関数を使って合計値を計算する
③ 計算した値を戻り値に設定する
④ リストを変数numbersで作成する
⑤ calculate_sum関数に変数numbersを渡して計算する
⑥ 結果を表示する

Copilotに作ってもらった関数は必ず動作を確認しておきましょう。この程度の行数であれば見た目でわかるような気もしますが、もっと複雑な関数になってくるとうまく意図がCopilotに伝わっていない可能性も出てきます。そのような場合は、動作確認のためのテストが必須となってきます。

　動作テストに関しては、「第10章　テストコードを書く」で詳しく説明します。

## Chapter 3 — 05　クラスの利用方法を学ぶ

　Pythonのプログラミングでは関数のほかにクラスもよく使われます。俗にいう「オブジェクト指向」として使われるクラスですが、本書ではもっと簡単にデータやメソッドの集まりとしてのクラス構造を扱っていきましょう。

　最初はクラスの構造を詳細に把握しようとはせずに、クラスの作成やクラスが定義しているメソッドの利用法などを知っておくようにします。

### 3.5.1　簡単なクラス構造

　関数の解説と同じようにCopilotを使ってクラスのサンプルコードを書いてもらいます。読者の環境やタイミングによって（できあがるサンプルコードはランダムとなるので）、ひとまず筆者がプロンプトで聞いたときのサンプルコードを使っていきます。

▼プロンプト3-25

クラスのサンプルコードを作って。

コード3-65　プロンプト3-25で書き出されるコード（ch03/0305.ipynb）

```python
class Car:
    def __init__(self, make, model, year):
        self.make = make
        self.model = model
        self.year = year

    def start_engine(self):
```

```
        print("Engine started.")

    def stop_engine(self):
        print("Engine stopped.")

    def drive(self, distance):
        print(f"The car drove {distance} miles.")

# Usage example:
my_car = Car("Toyota", "Camry", 2022)
my_car.start_engine()
my_car.drive(50)
my_car.stop_engine()
```

できあがったコードをそのまま実行してみましょう。

**コード3-65の実行結果**
```
Engine started.
The car drove 50 miles.
Engine stopped.
```

全体的に「Car」というクラスを作成しておいて、3つのメソッド（start_engine、drive、stop_engine）を動かしているところは想像ができると思います。実行結果を見ると3つのメッセージが表示されているので、それぞれのメソッドにprint関数を使われていることがわかります。

では、Carクラスの定義部分を見てみましょう。

**コード3-66　Carクラスの定義部分**
```
class Car: ──①
    def __init__(self, make, model, year): ──②
        self.make = make ──③
        self.model = model
        self.year = year

    def start_engine(self): ──④
        print("Engine started.") ──⑤

    def stop_engine(self): ──⑥
        print("Engine stopped.")
```

```
        def drive(self, distance):          ⑦
            print(f"The car drove {distance} miles.")
```

①Carクラスの定義の開始する
②コンストラクタを定義する。3つの引数を設定する。
③Carクラス内で利用するプライベートの変数（make、model、year）を設定する
④Carクラスのstart_engineメソッドを定義する
⑤start_engineを実行するとprint関数でメッセージを表示する
⑥stop_engineメソッドを定義する
⑦driveメッセージを定義する

　本書では、print関数やlen関数のようにどこでも利用できる関数のことを「関数」、ここで定義するようなクラス内で定義する関数のことを「メソッド」と呼んでいきます。英語では関数（function）とメソッド（method）となります。

　クラスを定義するときには、①のように「class」キーワードを使います。関数の内容を定義するときと同じように最後にコロン（「:」）を付けて、インデントを付けて内容を書いていきます。

　クラスの最初には「__init__」という特別なメソッドがあります。このメソッドを「コンストラクタ」と言います。クラスを作成するときに呼び出されるメソッドになります。クラスを作成するときに「Car( … )」のような書き方しますが、そのときに使われます。

コード3-67　コンストラクタ
```
        def __init__(self, make, model, year):    ②
            self.make = make          ③
            self.model = model
            self.year = year
```

　②の部分を見ると「self」という見慣れない引数が使われています。これは他の3つの引数（make、model、year）とは違い、クラス自身を表す特別な引数です。Pythonではクラスのメソッドを作るときに、必ず最初に引数selfを設定しておきます。

　③の部分を見ると、「self.make」と「make」の2つの書き方がされていますが、この違いは何でしょうか？「make」のほうは、__init__メソッドの引数に設定されている「make」のことです。「self.make」のほうは、クラス内に定義されている内部

の変数のことです。「インスタンス変数」と呼ぶこともあります。ここではどちらも「make」という名前が使われていますが、異なる名前を付けても大丈夫です。

**コード3-68　一般的なメソッド**
```
    def start_engine(self): ──④
        print("Engine started.") ──⑤
```

クラスの通常のメソッドにも、④のように「self」という引数を付けておきます。関数の定義と同じように、メソッドの内容は⑤のようにインデントを付けておきます。

今度はクラスを利用するときの様子を見ていきましょう。

**コード3-69　クラスの利用**
```
# Usage example:
my_car = Car("Toyota", "Camry", 2022) ──①
my_car.start_engine() ──②
my_car.drive(50)
my_car.stop_engine()
```

① クラスからオブジェクトを作成して、変数my_carに代入する
② Carクラスのstart_engineメソッドを呼び出す

クラスからオブジェクトを作成するときには、①のように初期値を設定して呼び出します。ここではCarクラスのコンストラクタで定義している3つの引数（make、model、year）に値が渡されます。これは他の関数やメソッドと同じように扱えます。

Carクラスからオブジェクトを作成した後は、②のようにピリオド（「.」）を使って、変数名からメソッドを呼び出すことができます。

## 3.5.2　インスタンス変数について

クラス構造についてはCarクラスでだいたいわかったと思いますが、実際には「インスタンス変数」や「インスタンスメソッド」について、まだ使い方がよくわからないでしょう。読者がすでにオブジェクト指向のプログラミング言語を使ったことがあるならば、よく聞いた用語かもしれませんが、最初に学習するプログラミング言語の場合にはかなり戸惑うところが多いと思います。

そういうときは、直接Copilotに尋ねてみましょう。よくわからないインスタンス変数に関係するするサンプルコードを書いてもらいます。

▼プロンプト3-26

> インスタンス変数の利用についてサンプルコードを書いて。

今度は「Person」クラスの例が返ってきました。

コード3-70 プロンプト3-26で書き出されるコード (ch03/0305.ipynb)

```
class Person:　──①
    def __init__(self, name, age):　──②
        self.name = name　──③
        self.age = age

    def greet(self):　──④
        print(f"Hello, my name is {self.name} and I am {self.age} years old.")　──⑤

person1 = Person("Alice", 25)　──⑥
person2 = Person("Bob", 30)　──⑦

person1.greet()　──⑧
person2.greet()
```

いつも通り、まずはそのまま実行してみましょう。

コード3-70の実行結果

```
Hello, my name is Alice and I am 25 years old.　──⑨
Hello, my name is Bob and I am 30 years old.
```

① Personクラスを定義する
② 2つの引数（name、age）を持つコンストラクタを定義する
③ インスタンス変数（self.name、self.age）に値を保存する
④ クラスのgreetメソッドを定義する
⑤ print関数でメッセージを出力する。メッセージ出力では「self.name」や「self.age」を利用する
⑥ Personクラスから「Alice」という名前（name）を持つオブジェクトを作成して、変数person1に代入する
⑦ 同じようにPersonクラスから「Bob」という名前（name）を持つオブジェクトを作成して、変数person2に代入する
⑧ person1とperson2のgreetメソッドを呼び出して、メッセージ出力の⑨を得る

Personというクラスから、2つのオブジェクト（person1とperson2）を⑥と⑦で作成しています。名前（name）と年齢（age）はそれぞれ異なるので、これを保存しておく場所が必要になります。これがインスタンス変数になります。

　Pythonの場合は、インスタンス変数を定義する場所はありません。③のように「sef.name」や「self.age」に値を設定したときにインスタンス変数が作られます。普通の関数では、関数の内部で使われた変数は関数が終わったときにはなくなってしまいます。しかし、クラスのメソッドではインスタンス変数に値を保存しておくことが可能になっています。このため、いくつかの値（数値や文字列、リストや辞書など）をまとめて扱うときにクラスを使うと便利です。

### 3.5.3　クラスとリストの組み合わせ

　インスタンス変数については、たくさんのクラス（オブジェクト）を使ったときに威力を発揮します。筆者が詳しくサンプルコードを書いてもいいのですが、ここもCopilotに頼んでみましょう。

▼プロンプト3-27

> インスタンス変数とリストの組み合わせのサンプルコードを書いて。

　Copilotが作ったサンプルコードは、ショッピングカート（ShoppingCart）とカートに入っているアイテム（Item）の組み合わせになります。

**コード3-71　プロンプト3-27で書き出されるコード（ch03/0305.ipynb）**

```python
class ShoppingCart:
    def __init__(self):
        self.items = []

    def add_item(self, item):
        self.items.append(item)

    def remove_item(self, item):
        self.items.remove(item)

    def get_total_items(self):
        return len(self.items)
```

```python
    def get_item_names(self):
        return [item.name for item in self.items]

class Item:
    def __init__(self, name, price):
        self.name = name
        self.price = price

# Create instances of Item
item1 = Item("Apple", 1.0)
item2 = Item("Banana", 0.5)
item3 = Item("Orange", 0.75)

# Create an instance of ShoppingCart
cart = ShoppingCart()

# Add items to the shopping cart
cart.add_item(item1)
cart.add_item(item2)
cart.add_item(item3)

# Remove an item from the shopping cart
cart.remove_item(item2)

# Get the total number of items in the shopping cart
total_items = cart.get_total_items()
print("Total items in the shopping cart:", total_items)

# Get the names of the items in the shopping cart
item_names = cart.get_item_names()
print("Item names in the shopping cart:", item_names)
```

コードを動かすと、次の結果を得ることができます。

コード3-71の実行結果

```
Total items in the shopping cart: 2
Item names in the shopping cart: ['Apple', 'Orange']
```

Copilotのサンプルコードが長くなったので、今回はクラスを利用する方からコードを解説していきます。

第3章 CopilotでPython文法を覚える

**コード3-72　ショッピングカートの利用**

```python
# Create instances of Item
item1 = Item("Apple", 1.0)      ①
item2 = Item("Banana", 0.5)
item3 = Item("Orange", 0.75)

# Create an instance of ShoppingCart
cart = ShoppingCart()      ②

# Add items to the shopping cart
cart.add_item(item1)      ③
cart.add_item(item2)
cart.add_item(item3)

# Remove an item from the shopping cart
cart.remove_item(item2)      ④

# Get the total number of items in the shopping cart
total_items = cart.get_total_items()      ⑤
print("Total items in the shopping cart:", total_items)

# Get the names of the items in the shopping cart
item_names = cart.get_item_names()      ⑥
print("Item names in the shopping cart:", item_names)
```

① カートに入れるための3つのアイテム（item1、item2、item3）を作成する
② ショッピングカート（cart）を作成する
③ カートにアイテムをadd_item関数で追加する
④ カートから、1つのアイテム（item2）を取り除く
⑤ カートの中にあるアイテムの数をget_total_items関数で取得する
⑥ カートの中にあるアイテムの名前をcart.get_item_names関数で取得する

　ショッピングカートの使い方はこれで概ねわかると思います。メソッド名には「add_item」や「remove_item」のように操作がしやすい名前が付けられているので、クラスの詳細がわからなくてもメソッドが使えるように工夫されています。
　クラスのメソッドが思った通りに動いているかどうかは、このように実際にコードを動かしてみるとわかりやすいです。クラスには操作が簡単なものから、複雑に絡み

05 クラスの利用方法を学ぶ　111

合ったものがあります。そのような場合には、まずはわかりやすいメソッドを使って簡単な操作から始めてみるのがお勧めです。簡単な操作から始めて、だんだんと複雑な操作を試していきます。

　ショッピングカートの操作方法がわかったところで、実際のショッピングカートクラス（ShoppingCart）のコードを見ていきましょう。

**コード3-73　ショッピングカートのクラス**

```python
class ShoppingCart:            ──①
    def __init__(self):        ──②
        self.items = []        ──③

    def add_item(self, item):  ──④
        self.items.append(item)

    def remove_item(self, item): ──⑤
        self.items.remove(item)

    def get_total_items(self): ──⑥
        return len(self.items)

    def get_item_names(self):  ──⑦
        return [item.name for item in self.items] ──⑧

class Item:                    ──⑨
    def __init__(self, name, price): ──⑩
        self.name = name
        self.price = price
```

①ShoppingCartクラスを定義する
②コンストラクタを定義する
③インスタンス変数itemsを空リストで初期化する
④add_itemメソッドでカートにアイテムを追加する
⑤remove_itemメソッドでカートからアイテムを削除する
⑥get_total_itemsメソッドでlen関数を使い、アイテムの数を返す
⑦get_item_namesでアイテムの名前を返す
⑧アイテムの名前は括弧（[]）にforステートメントを使って作成する
⑨アイテムクラス（Item）を作成する

⑩ アイテムは、名前（name）と価格（price）だけの単純なクラスになる

ShoppingCartクラスには、インスタンス変数として「items」というリストを持っています。リストを初期化するときは③のように括弧「[]」を使うと便利です。1つの要素を持たないリストを「空リスト」と言います。ショッピングカートを作ったばかりのときには、カートに何も入っていない状態にしておきたいので、コンストラクタで空リストを設定しておきます。

リストへの追加や削除は、④と⑤のように「self.items」に対してappedメソッドやremoveメソッドを呼び出します。これはリスト構造のときに覚えたメソッドですね。リスト内にある要素の数を数えたいときは⑥のようにlen関数を使います。

さてちょっと不思議な書き方になっているのは、⑧のところでしょう。

**コード3-74　get_item_namesメソッド**

```
    def get_item_names(self):        ――⑦
        return [item.name for item in self.items]  ――⑧
```

コードの説明が欲しいときは、わからない部分を選択した状態でCtrl＋Iキーで Copilotのプロンプトを開いて、「/explain」で説明を書いてもらいましょう。スラッシュ（「/」）で始まるプロンプトはCopilotに渡す特殊なコマンドです。シンプルにCopilotに指示を出したいときに便利です。

▼プロンプト3-28

```
/explain
```

**コード3-75　プロンプト3-28から得られるCopilotの回答**

提供されたコードは、get_item_namesというメソッドの定義です。このメソッドは、self.itemsというリスト内の各アイテムの名前を取得して返します。

具体的には、リスト内包表記を使用しています。リスト内包表記は、リストの要素を繰り返し処理して新しいリストを作成するための便利な方法です。この場合、self.itemsリスト内の各アイテムに対して、item.nameを取得して新しいリストに追加しています。

つまり、self.itemsリスト内の各アイテムは、name属性を持っている必要があります。このコードは、各アイテムの名前を取得して新しいリストとして返すため、get_item_namesメソッドの戻り値はリストです。

> このコードは、オブジェクト指向プログラミングの概念を使用しています。selfは、メソッドが属しているクラスのインスタンス自体を指します。self.itemsは、そのインスタンスのitems属性を参照しています。
>
> 〜〜〜　以下略　〜〜〜

括弧（「[]」）を使って直接リストを作る書き方を「リスト内包表記」といいます。繰り返し処理のforステートメントを使った使い方で、次のような書き方になります。

コード3-76　リスト内包表記

```
[ ＜追加する内容＞ for ＜要素＞ in ＜元のリスト＞ ]
```

元のリストから新しいリストを素早く作るときの書き方です。forステートメントで記述した「for 要素 in リスト」の書き方と似ています。通常のforステートメントでは繰り返すときの処理を次のインデントから書いていきましたが、リスト内包表記ではforの前に追加したい要素を記述していきます。

ショッピングカートのget_item_namesメソッドの処理では商品の名前（name）だけが必要なので、「item.name」をforステートメントの前に書いています。

Copilotにサンプルコードを作ってもらったときに、クラスの記述や関数の作り方についてわからない場所があったら、Copilotのプロンプトで「/explain」を使って聞いてみてください。対象となるコードを説明する特殊なコマンドとなるものです。

これはCopilotのサンプルコードだけでなく、既存のプログラムコードでも利用ができます。実際にプログラムコードを書いたときや、既存の仕事や勉強用のコードを調べたいときに使ってみてください。

　これまでは数値や文字列などの変数をコードに埋め込んでいましたが、実際は変数の値を変えることが多いでしょう。これを想定して、コンソールから入力をしたり、コンソールに出力したりする方法を学びましょう。

# Chapter 4
## 01 数値や文字列を入力する

　使えそうなPythonの文法を学んだところで、実際に動くプログラムを書いてみましょう。これまでのプログラムも動くには動くのですが、ちょっとした足し算や引き算、あいさつができる位のプログラムしか作りませんでした。こんなものでは役に立ちそうにありません。

　あいさつ（greet）を返すにしても名前はプログラムに書いたもの（変数）を使っているし、数値もコードに書いてある変数を使うので、同じ答えしか返さず、たいした計算はできそうもありません。何かのツールを作るには、ユーザーが数値や名前を入れる必要がでてきます。

### 4.1.1　コンソールから入力する

　ユーザーがプログラムに何かを入力したり、プログラムが何かを計算してユーザーに出力したりするところを、「コンソール」と言います。第2章でもでてきましたが、PowerShellもコンソールです。コンソールではプログラムを起動してから値を入力して、何かの結果を画面に表示することができます。

　コンソールでは、いわゆる「テキスト」と呼ばれるアルファベットや数値しか表示できません。折れ線グラフのような「グラフィック」は表示できません。いえ、正確には最近はコンソールにもグラフィックを表示できるものもあるのですが、たいていのコンソールはアルファベットや数値のようなテキストだけを扱います。

　では、Copilotのプロンプトに次のように打ち込んでみましょう（プロンプト4-1）。

▼プロンプト4-1

> コンソールから入力するサンプルを書いて。

コード4-1　プロンプト4-1で書き出されるコード　（ch04/0401.ipynb）

```
number = int(input("Enter a number: "))  ──①
string = input("Enter a string: ")  ──②

print("Number:", number)  ──③
print("String:", string)  ──④
```

出力されたコードを見ると、コンソールへの入力がinput関数と想像できます（コード4-1）。print関数はいつも使っている数値や文字列を出力するための関数です。

① 「Enter a number:」を表示して、数値を受け取る。int関数で数値に変換する
② 「Enter a string:」を表して、テキストを受け取る
③ 変数numberを表示する
④ 変数stringを表示する

そのままプログラムを実行してみましょう。

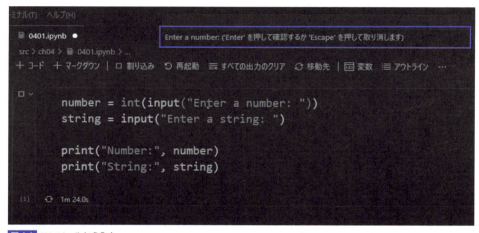

図4-1 コンソールから入力

本来はコンソールの入力はPowerShellなどから行うのですが、Visual Studio CodeのNotebookで実行したときには、画面の上部に入力するためのテキストボックスが表示されます（図4-1）。ちょっと見づらいところですが、見落とさないようにしてください。このテキストボックスに、数値「50」と文字列「masuda」を順番に入力します。

**コード4-1の実行結果**
```
Number: 50    ──⑤
String: masuda ──⑥
```

⑤ 変数numberの表示が表示される
⑥ 変数stringの内容が表示される

01 数値や文字列を入力する　117

変数numberが「年齢」、変数stringが「名前」と考えれば、年齢を計算したりあいさつに名前を入れたりできそうです。まあ、これだけではプログラムとは言えませんが、ひとまず数値やテキストの入力ができるようになりました。

### 4.1.2　数値入力に文字列を入れてエラー

int関数は文字列を数値に変換する関数です。この部分はいったんinput関数で一時的に変数に受け取ってから、その変数を数値に変換するという二段階に変えることができます。

コード4-2　修正したコード
```
text = input("Enter a number: ") ――①
number = int(text) ――②
string = input("Enter a string: ")

print("Number:", number)
print("String:", string)
```

①「Enter a number:」と表示して文字列を受け取る。変数textに代入する
②変数textをint関数で数値に変換して、変数numberに代入する

実行すると先のコードと同じ結果が得られます。

コード4-2の実行結果
```
Number: 50
String: masuda
```

さて、「Enter a number:」の入力で「50」という数値を入力していましたが、これを「tomoaki」という文字列を入れたときはどうなるでしょうか？セルを実行して「Enter a number:」に「tomoaki」と入れてみましょう。

実行結果のエラー
```
ValueError                    Traceback (most recent call last)
Cell In[4], line 2
      1 text = input("Enter a number: ")
----> 2 number = int(text)
      3 string = input("Enter a string: ")
      5 print("Number:", number)
```

第4章　ターミナルで入出力

```
ValueError: invalid literal for int() with base 10: 'tomoaki'
```

セルを実行したときにエラーが表示されます。矢印（「---->」）の部分を見ると、2行目の「number = int(text)」のところで実行エラーが出ていることがわかります。

最後の行のエラーメッセージを見ると、数値に変換しようとしたが文字列だったのでエラーになった、ということが書いてあります。

再び、「Enter a number:」に「50」や「100」などに数値を入れてみてください。今度はエラーが出ません。

### 4.1.3　数値変換エラーに対処する

このように、Pythonでは数値と文字列をうまく区別しないと、プログラムでエラーが出てしまいます。プログラムが「Enter a number:」と表示しているのだから、ユーザーが数値以外を入力するわけがないという訳にはいきません。わざとプログラムをエラーにしようとしているときもあるでしょうが、間違って文字列を入れてしまったときもあるでしょう。

そういうときには、どうしたらいいでしょうか？素直にCopilotに尋ねてみましょう。

▼プロンプト4-2

> int関数でエラーにならないように作って。

コード4-3　プロンプト4-2で書き出されるコード（ch04/0401.ipynb）

```
try: ──①
    number = int(text) ──②
    print("Number:", number) ──③
except ValueError: ──④
    print("Error: The provided text cannot be converted to an integer.") ──⑤
```

新しい構文がでてきました。tryステートメントで実行エラーを処理する書き方です。

① tryステートメントで例外を受け取る
② 変数textをint関数で変数numberに代入する

③print関数で変数numberを出力する
④例外ValueErrorが発生したときに処理をする
⑤例外発生時にエラーメッセージを表示する

②のint関数で例外（実行エラー）が発生したときに、④のexceptステートメントにジャンプする仕組みがPythonに備わっています。さて、このままでは数値しか扱えないので、先のプログラムの「Enter a number:」と「Enter a string:」のコードを追加しておきます。

**コード4-4　修正したコード**
```
try:
    text = input("Enter a number: ")
    number = int(text)
    string = input("Enter a string: ")
    print("Number:", number)
    print("String:", string)
except ValueError:
    print("Error: The provided text cannot be converted to an integer.")
```

コードを修正したら、数値と文字列を入力してみます。最初は実行エラーが出ないように「50」と「masuda」を入力してみます。

**コード4-4の実行結果（「50」と「masuda」の入力時）**
```
Number: 50
String: masuda
```

これは問題がなさそうです。次に先ほどエラーが出た「tomoaki」と「masuda」と入力してみましょう。

**コード4-4実行結果（「tomoaki」と「masuda」の入力時）**
```
Error: The provided text cannot be converted to an integer.
```

「tomoaki」と入力した後にエラーメッセージが表示されます。エラーメッセージではありますが、さっきの例外（ValueError）とは異なり、プログラムを書いた通りの意図したエラーメッセージが出ています。つまり、プログラムがうまく動いて、うまく制御されている状態ということです。

## 4.1.4 文字列と数値を一度に入力する

input関数を使ってユーザーが入力した数値や文字列を扱うことができました。これで自由にプログラムに値を与えていけそうです。

しかし、1つの変数に1つの入力プロンプト（コンソールでの入力）が出るのはちょっと面倒くさいです。文字列と数値ぐらいの2つの入力ならば、いっぺんに入力したいところです。

たとえば「masuda 50」のように入力できたほうが便利そうですよね。これはどう書けばいいのでしょうか？ Copilotに頼んでみましょう（プロンプト4-3）。

▼プロンプト4-3

> 名前と年齢をスペース区切りで入力するサンプルを作って。

コード4-5がCopilotの回答になります。

**コード4-5　プロンプト4-3で書き出されるコード（ch04/0401.ipynb）**

```
name, age = input("名前と年齢を入力してください（スペースで区切ってください）: ")➡
.split() ——①
age = int(age) ——②

print("名前:", name) ——③
print("年齢:", age) ——④
```

① input関数を文字列で受け取り、split関数で分割する。変数nameと変数ageに分割される
② 変数ageをint関数で数値に変換する
③ 変数nameを表示する
④ 変数ageを表示する

input関数でユーザーから入力された文字列をsplit関数でスペース（空白文字）区切りで分割します。①の部分がちょっとややこしいですが、書き直すとコード4-6のようになります。

**コード4-6　修正したコード**

```
text = input("名前と年齢を入力してください（スペースで区切ってください）: ")
name, age = text.split()
age = int(age)
```

```
print("名前:", name)
print("年齢:", age)
```

　input関数で入力した文字列を変数textに代入します。この変数textをsplit関数で分割して、変数nameと変数ageに割り当てています。

　修正していない②の部分がちょっと奇妙に見えます。最初の変数ageには文字列が入っているのですが、int関数を呼び出した後の変数ageには数値が入っています。Pythonの変数には文字列や変数のどちらでも代入することができるので、このように同じ変数を使いまわすことができます。

　プログラムを書くときには、変数に数値が入っているか文字列が入っているのか迷わないように別々の変数名を用意したほうがよいのですが、ここは大目にみておきましょう。今後長いプログラムを書くときは覚えておいてください。

　セルを実行して入力プロンプトに「masuda 50」と入力すると、次のような結果になります。

**コード4-6の実行結果**

```
名前: masuda
年齢: 50
```

　では、実行したときに「masuda tomoaki」のように入力したときはどうなるでしょうか？

**実行結果のエラー**

```
ValueError                          Traceback (most recent call last)
Cell In[9], line 3
    1 text = input("名前と年齢を入力してください (スペースで区切ってください) : ")
    2 name, age = text.split()
----> 3 age = int(age)
    5 print("名前:", name)
    6 print("年齢:", age)

ValueError: invalid literal for int() with base 10: 'tomoaki'
```

　残念ながら前回のコードと同じように例外（ValueError）が発生してしまいますね。矢印の部分をみると、int関数でエラーになっています。この部分は、先にコードをtryステートメントで直したときと同じように修正するとうまく動くようになります。この修正は読者の課題としますので、次に進みましょう。

## 4.1.5 連続してデータを入力する

名前（name）と年齢（age）を入力できたところで、今度は複数名の名前と年齢を連続して入力できるようにしてみましょう。たくさんのデータを扱うときには、複数行にデータを入れておくと便利なので、よくこの方法が使われます。

Copilotのプロンプトに次のように入力してコードを書いてもらいましょう（プロンプト4-4）。

▼プロンプト4-4

> 連続して名前と年齢を入力できるコードを書いて。

読者の環境ごとに違ったコードが出ると思いますが、筆者がCopilotを使って書いてもらったコードを示しておきましょう（コード4-7）。

コード4-7　プロンプト4-4で書き出されるコード（ch04/0401.ipynb）

```python
# Initialize an empty list to store the names and ages
people = []

# Read multiple names and ages
while True:
    # Read the input for name and age
    input_str = input("Enter name and age (separated by a space), or 'done' to finish: ")

    # Check if the user wants to finish entering names and ages
    if input_str.lower() == 'done':
        break

    # Split the input string into name and age
    name, age = input_str.split()

    # Convert age to integer
    age = int(age)

    # Add the name and age to the list
    people.append((name, age))

# Print the names and ages
```

```
for name, age in people:
    print("Name:", name)
    print("Age:", age)
```

なかなか長めのコードが出力されました。1つ1つコードを解説する前に、実際に動かしてみましょう。入力プロンプトに「masuda 50」のように複数の名前と年齢の設定を入れていきます。入力プロンプトを終わらせるためには「done」を入力します。

コード4-7の実行結果
```
Name: masuda
Age: 50
Name: tomoaki
Age: 40
Name: yamada
Age: 30
```

名前（name）と年齢（age）が複数表示されています。表示しているところは、リストpeopleを使っています。では、コードの内容を確認していきましょう。まずは、コード4-7の最初と最後の部分を見てみます（コード4-8）。

コード4-8　コード4-7の最初と最後の部分（ch04/0401.ipynb）
```
# Initialize an empty list to store the names and ages
people = []  ──①

～～～省略～～～

# Print the names and ages
for name, age in people:  ──②
    print("Name:", name)  ──③
    print("Age:", age)
```

① 変数peopleを空リストで初期化する
② forステートメントでpeopleのリストから1つの要素ずつ取り出す。取り出した値は変数nameと変数ageに代入する
③ 変数nameと変数ageを表示する

第2章で解説したリスト構造とforステートメントの使い方がそのままでてきています。第2章ではリストの要素は1つの数値や文字列でしたが、実は②のように文字列のnameと数値のageを1つの要素にしてリストに追加することができます。この追加してある要素が「タプル」です。

　では、このタプルをどうやって作っているのでしょうか？繰り返し処理をしているwhileステートメントを見ていきましょう（コード4-9）。

**コード4-9　コード4-7の中心部分　(ch04/0401.ipynb)**

```
# Read multiple names and ages
while True: ──①
    # Read the input for name and age
    input_str = input("Enter name and age (separated by a space), or 'done' to ➡
finish: ") ──②

    # Check if the user wants to finish entering names and ages
    if input_str.lower() == 'done': ──③
        break

    # Split the input string into name and age
    name, age = input_str.split() ──④

    # Convert age to integer
    age = int(age) ──⑤

    # Add the name and age to the list
    people.append((name, age)) ──⑥
```

① whileステートメントで繰り返し処理を行う。終了条件に「True」を指定して、無限に繰り返しを行うようにする

② ユーザーから入力した文字列を変数input_strに代入する

③ 変数input_strをlowerメソッドで小文字に変換して「done」と比較する。同じであればbreakステートメントで繰り返し処理を終了する

④ 変数input_strメソッドをsplitメソッドで変数nameと変数ageに分割する

⑤ 変数ageをint関数で文字列から数値に変換する

⑥ リストpeopleにappendメソッドを使い、変数nameと変数ageのタプルを追加する

01 数値や文字列を入力する　125

ユーザーが入力するプロンプトで「done」が入力されるまで、whileステートメントで繰り返し処理を実行します。普通はwhileステートメントでは終了条件（変数の値がなんとか以上とかなんとか以下とか）を指定するのですが、ここでは③のifステートメントの条件が満たされるまで処理を繰り返します。これを「無限に繰り返す」といいます。この無限に繰り返す処理では、よく「while True:」のように書くことがあります。

　終了条件というのは、条件を満たしている間が真（True）となる書き方となるので、「while True:」のようにTrueを直接書くことで、常に条件を満たしている、つまり無限に繰り返すという書き方になります。これはよく使われる書き方です。

　whileステートメントで無限に繰り返すことができますが、どうやって繰り返しを止めるのでしょうか？これは③のようにifステートメントで終了するときの条件を指定しておいて、条件を満たした時にbreakステートメントで繰り返し処理を終了します。これを「繰り返し処理を抜ける」あるいは「繰り返しを終える」といいます。「while Ture:」のように無限に繰り返している場合は、ifステートメントとbreakステートメントで繰り返しを抜けるようにしておきます。

　その後に、④で入力された文字列（input_str）を変数nameと変数ageに分割して、⑥でリストpeopleに追加します。リストに追加するときにはタプルを使っています「(name, age)」の部分がタプルを作成している部分で、「people.append(…)」がリストpeopleにappendメソッドを使って追加している部分です。この部分は括弧が二重になってわかりにくいですね。

　タプルの部分を書き直すと次のようになります（コード4-10）。

コード4-10　タプルを変数に入れる
```
# Add the name and age to the list
t = (name, age)
people.append(t)
```

　いったん、変数nameと変数ageをタプルの変数tにまとめておきます。その後でappendメソッドでリストpeopleにタプルtを追加します。

　このようにわかりにくい部分は、一時的に変数を使って書き換えてみてください。

# Chapter 4
## 02 数値や文字列を出力する

　数値や文字列をコンソールから入力できるようになったので、今度は数値や文字列をコンソールへ出力してみましょう。コンソールへの文字を表示することを「コンソールへ出力」と言います。

　今まではprint関数で変数を出力していただけですが、もうちょっと書式を考えて出力してみましょう。

### 4.2.1　数値をいろいろな方法で出力する

　変数を出力するためにprint関数を使うところは変わりません。これまでと変わっているのはformatメソッドを使うところです。Copilotに次のように頼んでみましょう。

▼プロンプト4-5

> 数値をいろいろな方法で出力して。

　Copilotの回答はさまざまとなるので、筆者の環境での回答を示しておきます。

コード4-11　プロンプト4-5で書き出されるコード（ch04/0402.ipynb）

```python
x = 1000
y = 20
z = 1000000

# 通常の表示
print(x)
print(y)
print(z)

# 数値を右揃えにする
print("{:>10}".format(x))
print("{:>10}".format(y))
print("{:>10}".format(z))

# 数値を3桁でカンマ区切りにする
```

```
print("{:,}".format(x))
print("{:,}".format(y))
print("{:,}".format(z))

# 数値を3桁でカンマ区切りで右揃えにする
print("{:>10,}".format(x))
print("{:>10,}".format(y))
print("{:>10,}".format(z))

# 円記号をつける
print(" ¥{:>10,}".format(x))
print(" ¥{:>10,}".format(y))
print(" ¥{:>10,}".format(z))
```

print関数とformatメソッドが使われています。formatメソッドは、「"{:>10}".format(x)」のように文字列の中に括弧が含まれている奇妙なテキストになっているのが特徴的ですね。いくつかのコメントがついていますが、まずはそのまま実行してみましょう。

コード4-11 実行結果

```
1000
20
1000000
      1000
        20
   1000000
1,000
20
1,000,000
     1,000
        20
 1,000,000
¥      1,000
¥         20
¥  1,000,000
```

どうやら数値を表示するときに、右揃えをしたり左揃えをしたりする表示方法のようです。カンマ（「,」）で区切られているところをみると、金額を表示するときの例みたいですね。

## 4.2.2 右揃えとカンマ区切り

このままではちょっとわかりづらいので、数行ずつコードを見ていきましょう。

**コード4-12　コード4-11の先頭部分（ch04/0402.ipynb）**
```
x = 1000
y = 20
z = 1000000
```

コード4-11の先頭部分では、3つの変数（x、y、z）に数値を入れておきます。この3つの変数についてprint関数とformatメソッドを使って表示を変えていきます。

**コード4-13　コード4-11の2番目の部分（ch04/0402.ipynb）**
```
# 通常の表示
print(x)
print(y)
print(z)
```

**コード4-13の実行結果**
```
1000
20
1000000
```

コード4-11の2番目の部分はprint関数だけを使った例です。これは今までも使っていました。print関数は変数が数値であっても文字列であっても、そのまま表示してくれる便利な関数です。実はリストやタプルの場合もprint関数を使って表示ができます。これは後で試してみましょう。

**コード4-14　コード4-11の3番目の部分（ch04/0402.ipynb）**
```
# 数値を右揃えにする
print("{:>10}".format(x))
print("{:>10}".format(y))
print("{:>10}".format(z))
```

**コード4-14の実行結果**
```
      1000
        20
   1000000
```

コード4-11の3番目の部分では、print関数に「"{:>10}"」という文字列（「"」で囲まれた部分が文字列です）があって、それに対してformatメソッドを実行しています。「.format(x)」の「x」の部分は変数xのことです。慣れないとちょっと書き方が難しいと思いますが、「文字列.format(変数)」の形で数値がフォーマットできます。「フォーマット」というのは、数値や文字列をなんらかの形式に合わせて（右揃えやカンマ区切りなど）作成することです。この例では、コメントにある通り数値を右揃えに「フォーマット」しています。

さて、どのように数値がフォーマットされているでしょうか。3つの数値を見ると、1桁目の「0」の位置が揃っています。これが右揃えになります。print関数だけを使った場合の結果と見比べると、その違いがわかります。print関数の場合は数値の先頭が揃っています。これが左揃えです。

つまりprint関数は、通常の状態では左揃えにするのです。ですが、数値、とくに金額を比較したい場合は、1桁目が揃っているほうがいいですよね。このため数値を右揃えにするのです。

「"{:>10}"」の正確な意味はここではちょっとわからないですが、ひとまず、「"{:>10}"」は数値を右揃えできると覚えておきましょう。

コード4-15　コード4-11の4番目の部分　(ch04/0402.ipynb)

```
# 数値を3桁でカンマ区切りにする
print("{:,}".format(x))
print("{:,}".format(y))
print("{:,}".format(z))
```

コード4-15の実行結果

```
1,000
20
1,000,000
```

コード4-11の4番目の部分は、コメントの通り「数値を3桁でカンマ区切り」するためのフォーマットの仕方です。print関数の呼び出しやformatメソッドの使い方は変わりませんが、フォーマットの文字列部分が「"{:,}"」のように変わっています。

右揃えの場合には「"{:>10}"」だったので、括弧「{}」の部分が共通しています。実行結果を見てみると、カンマ区切りの数値（あるいは金額）が先頭に合わせて左揃えになっています。金額なのに左揃えになっているのは変な感じですが、どうやら「"{:,}"」と指定しただけでは左揃えになってしまうようです。けれどもカンマの表示だ

けはうまくいっています。

**コード 4-16　コード 4-11 の 5 番目の部分**　(ch04/0402.ipynb)

```python
# 数値を3桁でカンマ区切りで右揃えにする
print("{:>10,}".format(x))
print("{:>10,}".format(y))
print("{:>10,}".format(z))
```

**コード 4-16 の実行結果**

```
     1,000
        20
 1,000,000
```

どうやら、「カンマ区切り」かつ「右揃え」の場合のフォーマットもCopilotが出してくれています。コード4-11の5番目のフォーマットの部分は「"{:>10,}"」となっています。金額を表示する場合はこのような書式を使うのがよいでしょう。

想像するに「>」記号が右揃えで、「,」がカンマ区切りになるようです。「10」の部分は、いわゆる桁数（カンマ区切りも含めて）です。フォーマットされた実行結果を数えてみるとわかるのですが、結果は「10」桁に揃えられています。

そうなると、「"{:>10,}"」にある括弧「{}」の部分の役割は何でしょうか？

**コード 4-17　コード 4-11 の最後の部分**　(ch04/0402.ipynb)

```python
# 円記号をつける
print(" ¥{:>10,}".format(x))
print(" ¥{:>10,}".format(y))
print(" ¥{:>10,}".format(z))
```

**コード 4-17 の実行結果**

```
 ¥     1,000
 ¥        20
 ¥ 1,000,000
```

コード4-11の最後の部分は、金額の先頭に「¥」（円記号）を表示させるフォーマットです。フォーマットを見ると、「" ¥{:>10,}"」のように括弧「{}」の前に「¥」が飛び出しています。つまり、formatメソッドの引数（ここでは変数xなど）は、括弧「{}」の中に数値や文字列を入れる方法となっていて、その前（たぶん後ろにも）好きな文字を入れることができるのでしょう。

試しに、フォーマットの部分を「"合計{:>10,}円"」のように書き換えてみましょう（コード4-18）。

**コード4-18　書き換えたコード**
```
# 円記号をつける
print("合計{:>10,}円".format(x))
print("合計{:>10,}円".format(y))
print("合計{:>10,}円".format(z))
```

**コード4-18の実行結果**
```
合計     1,000円
合計        20円
合計 1,000,000円
```

予想通り、「合計 xxx 円」という形で表示ができるようになりました。

### 4.2.3 実数をいろいろな方法で出力する

　Copilotが回答するサンプルコードは［再実行］ボタンをクリックすると、いろいろなサンプルコードが出力されます。同じプロンプトでも違ったコードを返されるので、学習するときにも何回か試してみてください。

▼プロンプト4-6

> 数値をいろいろな方法で出力して。

　数値を表示する方法には、金額のように小数点がない「整数」の場合と、以下のように小数点のある「実数」の場合があります。小数点ありの場合は、「小数点以下2桁まで表示する」のように、表示するときの小数点以下の桁数を指定することができます。

**コード4-19　プロンプト4-6で書き出されるコード（ch04/0402.ipynb）**
```
# 数値を色々な方法で表示する
a = 1234.5678
b = 9876.5432

# 通常の表示
print(a)
print(b)
```

```python
# 小数点以下2桁まで表示する
print("{:.2f}".format(a))
print("{:.2f}".format(b))

# 整数部を表示
print("{:d}".format(int(a)))
print("{:d}".format(int(b)))

# 数値を3桁でカンマ区切りにする
print("{:,}".format(a))
print("{:,}".format(b))

# 数値を3桁でカンマ区切りで小数点以下2桁まで表示する
print("{:,.2f}".format(a))
print("{:,.2f}".format(b))

# 数値をパーセント表示する
print("{:.2%}".format(a / 10000))
print("{:.2%}".format(b / 10000))
```

**コード4-19の実行結果**

```
1234.5678
9876.5432
1234.57
9876.54
1234
9876
1,234.5678
9,876.5432
1,234.57
9,876.54
12.35%
98.77%
```

　このサンプルコードも長めであるので、カンマ区切りのときと同じように分割して
コードを見ていきましょう。

02 数値や文字列を出力する　　133

**コード4-20　コード4-19の先頭部分**　(ch04/0402.ipynb)

```
# 数値を色々な方法で表示する
a = 1234.5678
b = 9876.5432

# 通常の表示
print(a)
print(b)
```

**コード4-20の実行結果**

```
1234.5678
9876.5432
```

　最初は実数をそのままprint関数で表示しています。小数点以下4桁まで表示されていますが、通常ではここまでの精度で桁数が必要になることはないでしょう。

　コード4-19の2番目の部分では、小数点以下の桁数を指定して表示しています。

**コード4-21　コード4-19の2番目の部分**　(ch04/0402.ipynb)

```
# 小数点以下2桁まで表示する
print("{:.2f}".format(a))
print("{:.2f}".format(b))
```

**コード4-21の実行結果**

```
1234.57
9876.54
```

　フォーマットで「"{:.2f}"」と指定すると、小数点以下2桁までの表示になります。「.」（ピリオド）で小数点を表して「.2」で小数点以下の桁数を示しています。最後の「f」は実数を表示するための装飾子です。実数を意味する「float」の頭文字をとっています。

　ちょっと注意してほしいのは、変数aの「1234.5678」の表示が「1234.57」となっているところです。小数点以下2桁で切り捨てるならば「1234.56」となるところですが、小数点以下3桁目が四捨五入されて「1234.57」となっています。

**コード4-22　コード4-19の3番目の部分**　(ch04/0402.ipynb)

```
# 整数部を表示
print("{:d}".format(int(a)))
print("{:d}".format(int(b)))
```

第4章　ターミナルで入出力

#### コード4-22の実行結果
```
1234
9876
```

　実数の場合、小数点よりも前の部分を「整数部」、小数点以下の部分を「小数部」と呼びます。コード4-19の3番目の部分では、実数をint関数で整数に直してから、「"{:d}"」で数値として表示しています。

　int関数は文字列を数値に直すこともできますが、小数点付きの実数から整数部分を取り出すこともできます。フォーマットで使われている「d」は整数の印になります。実はこの場合は、フォーマットで「{:d}」としなくても、「{}」のように括弧だけでも十分です。

　注意したいのは、小数点以下2桁表示のときの表示と比べて、変数aの値が「1234.5678」のところが「1234」と表示されているところです。小数点以下1桁目を四捨五入するならば「1235」となりそうなものですが、表示は「1234」となっていて、小数点以下が切り捨てになっています。

　つまり、int関数は小数点以下を切り捨てて、整数だけを取り出す関数ということになるのです。

#### コード4-23　コード4-19の4番目の部分（ch04/0402.ipynb）
```python
# 数値を3桁でカンマ区切りにする
print("{:,}".format(a))
print("{:,}".format(b))
```

#### コード4-23の実行結果
```
1,234.5678
9,876.5432
```

　小数点付きの実数の場合にも、金額表示のときと同じようにカンマ区切りにすることができます。

#### コード4-24　コード4-19の5番目の部分（ch04/0402.ipynb）
```python
# 数値を3桁でカンマ区切りで小数点以下2桁まで表示する
print("{:,.2f}".format(a))
print("{:,.2f}".format(b))
```

#### コード4-24の実行結果
```
1,234.57
9,876.54
```

カンマ「,」と小数点「.」が判別しづらいところですが、金額表示のように3桁ごとにカンマが付けられています。小数点以下2桁の表示は、アメリカドルでセントまで表示するときによく使われる表現です。

さて、このカンマと小数点の表現ですが、フォーマットの位置は固定なのでしょうか？つまり、カンマと小数点の位置を逆にして、小数点の位置を指定してからカンマを指定することはできるだろうか？ということです。

正確にはPythonの文法書を読んだほうがいいとは思いますが、ここでは実際に試してみましょう。手っ取り早いので。

コード4-25　修正したコード　(ch04/0402.ipynb)

```
# これは指定できる？
print("{:.2f,}".format(a))
print("{:.2f,}".format(b))
```

コード4-25を実行した結果のエラー

```
ValueError                                Traceback (most recent call last)
Cell In[12], line 2
      1 # これは指定できる？
----> 2 print("{:.2f,}".format(a))
      3 print("{:.2f,}".format(b))

ValueError: Invalid format specifier
```

セル実行をすると、実行エラー（ValueError）が発生します。フォーマットエラーなので、カンマと小数点の指定位置は決まっているようですね。

コード4-26　コード4-19の最後の部分　(ch04/0402.ipynb)

```
# 数値をパーセント表示する
print("{:.2%}".format(a / 10000))
print("{:.2%}".format(b / 10000))
```

コード4-26の実行結果

```
12.35%
98.77%
```

最後に実数をパーセント表示する方法が示されています。変数aと変数bを10000で割って、小数点以下2桁で表示しています。

変数aは「1234.5678」なので、10000で割ると「0.12345678」です。これを

「%」（パーセント）表示するので「12.345678」となり、小数点以下2桁にするので「12.35」と小数点以下3桁が四捨五入されています。

100倍して末尾に「%」記号を付けてもいいのですが、「"{:.2%}"」のように「f」や「d」の代わりに「%」を書けるフォーマットが用意されています。

## 4.2.4 文字列をいろいろな方法で出力する

整数や実数がうまく表示できるようになったので、今度は文字列の表示の仕方を覚えていきましょう。基本的に文字列はそのまま print 関数で表示できるので、あまり加工をする必要はありませんが、数値を表示したときと同じように右揃えや文字数制限などを使うことが多いです。

▼プロンプト4-7

文字列をいろいろな方法で出力して。

Copilotに文字列の表示方法を尋ねてみると、いくつかのサンプルコードが表示されます。今回は、そのサンプルコードに説明がしやすいように少し手を加えてあります。

コード4-27　プロンプト4-7で書き出されるコード（ch04/0402.ipynb）

```python
name1 = "Masuda Tomoaki"
name2 = "Yamada Taro"
name3 = "Sato Jiro"

# 通常の表示
print(name1)
print(name2)
print(name3)

# 先頭に "名前:" をつける
print("名前:{}".format(name1))
print("名前:{}".format(name2))
print("名前:{}".format(name3))

# 右揃えで表示する
print("{:>20}".format(name1))
print("{:>20}".format(name2))
```

02 数値や文字列を出力する　　137

```python
print("{:>20}".format(name3))

# 先頭の5文字だけを表示する
print("'{:.5}'".format(name1))
print("'{:.5}'".format(name2))
print("'{:.5}'".format(name3))

name1 = "Masuda Tomoaki"
name2 = "Yamada Taro    "
name3 = "Sato Jiro      "

# 前後の空白を削除する
print(name1.strip())
print(name2.strip())
print(name3.strip())

# 前後にシングルクォートをつける
print("'{}'".format(name1.strip()))
print("'{}'".format(name2.strip()))
print("'{}'".format(name3.strip()))

# 空白を '*' で埋める
print(name1.replace(" ", "*"))
print(name2.replace(" ", "*"))
print(name3.replace(" ", "*"))
```

セルの実行をした結果が、次のようになります。

**コード4-27の実行結果**
```
Masuda Tomoaki
Yamada Taro
Sato Jiro
名前:Masuda Tomoaki
名前:Yamada Taro
名前:Sato Jiro
        Masuda Tomoaki
           Yamada Taro
             Sato Jiro
'Masud'
'Yamad'
```

```
'Sato     '
Masuda Tomoaki
Yamada Taro
Sato Jiro
'Masuda Tomoaki'
'Yamada Taro'
'Sato Jiro'
Masuda*Tomoaki
Yamada*Taro***
Sato*Jiro*****
```

これまでと同じように、フォーマットの違いについて少しずつ解説していきましょう。

**コード4-28　コード4-27の先頭部分（ch04/0402.ipynb）**

```python
name1 = "Masuda Tomoaki"
name2 = "Yamada Taro    "
name3 = "Sato Jiro      "

# 通常の表示
print(name1)
print(name2)
print(name3)
```

**コード4-28の実行結果**

```
Masuda Tomoaki
Yamada Taro
Sato Jiro
```

ここまでは通常のprint関数の使い方です。

**コード4-29　コード4-27の2番目の部分（ch04/0402.ipynb）**

```python
# 先頭に "名前:" をつける
print("名前:{}".format(name1))
print("名前:{}".format(name2))
print("名前:{}".format(name3))
```

```
コード4-29の実行結果
名前:Masuda Tomoaki
名前:Yamada Taro
名前:Sato Jiro
```

　コード4-27の2番目の部分は、金額の先頭に「¥」記号を付けたと同じように、表示するときに「名前:」を先頭に付けてみた例です（コード4-29）。「"名前:{}"」のように、書式を指定する括弧「{}」の中身が空なことがわかります。今まで、小数点を付けたりカンマを付けたりしてフォーマットしていたのですが、単純に変数を表示するだけならば括弧「{}」だけで十分なのです。この括弧「{}」のことを「プレースホルダー」と言ったりします。変数を表示するために予約した場所という意味です。

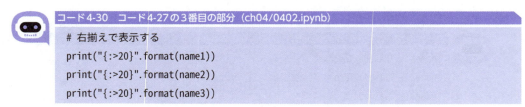

コード4-30　コード4-27の3番目の部分　(ch04/0402.ipynb)
```
# 右揃えで表示する
print("{:>20}".format(name1))
print("{:>20}".format(name2))
print("{:>20}".format(name3))
```

```
コード4-30の実行結果
     Masuda Tomoaki
         Yamada Taro
           Sato Jiro
```

　文字列を右揃えにするときは、数値のときと同じように「"{:>20}"」と指定します（コード4-30）。「>」記号を使って右揃えになることを示し、「20」で桁数を指定します。表示するときに右端が揃うようになります。

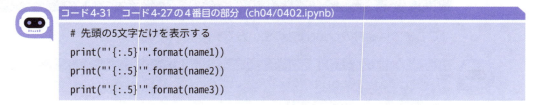

コード4-31　コード4-27の4番目の部分　(ch04/0402.ipynb)
```
# 先頭の5文字だけを表示する
print("'{:.5}'".format(name1))
print("'{:.5}'".format(name2))
print("'{:.5}'".format(name3))
```

```
コード4-31の実行結果
'Masud'
'Yamad'
'Sato '
```

長い文字列を表示する場合には、指定した長さ分だけを表示できると便利です。文字列の場合は、「.」（ピリオド）を使って表示する桁数を指定します（コード4-31）。実数の場合は、小数点以下の桁数を指定したフォーマットです。ここでは5文字になっていることがわかるように、前後に「'」（シングルクォート）を表示させています。

　さて、ここで問題です。変数name1などはサンプルのために全てアルファベットになっていますが、ひらがなや漢字の場合はどうなるのでしょうか？先頭の5文字を取るのですから、ひらがなや漢字の場合でも5文字のような気もするし、なんとなくそうでない気もするし、ちょっと不安ですよね。これも実際に試してみましょう。

コード4-32　ひらがなで確かめる
```
name1 = "あいうえおかきくけこ"
print("'{:.5}'".format(name1))
```

コード4-32の実行結果
```
'あいうえお'
```

　セルを実行すると、先頭の「あいうえお」の5文字が表示されるようになりました。どうやら、バイト単位ではなくて、文字単位でフォーマットされるようです。「バイト単位」というのは、コンピュータで扱うデータの長さのことです。実は、アルファベットは1バイト、ひらがなや漢字は2バイトで扱うことが多いのですが（UTF-8の場合は3バイトです）、文字列を扱うときにはこの「バイト単位」と「文字単位」が少しややこしいことになっています。少なくとも、formatメソッドで使うフォーマットでは文字単位でよいということが判別しました。

コード4-33　絵文字を使う
```
name1 = "😺🐶😺🐶😺🐶😺🐶😺🐶😺🐶"
print("'{:.5}'".format(name1))
```

コード4-33の実行結果
```
'😺🐶😺🐶😺'
```

　ちょっと変わったところでは、Pythonでは絵文字を扱うことができるので、このような表示をすることができます。これも絵文字が5文字分表示されています。
　文字列の空白の削除については少しコードをまとめて解説します（コード4-34）。

**コード4-34　コード4-27の文字列の空白削除の部分（ch04/0402.ipynb）**

```
name1 = "Masuda Tomoaki"
name2 = "Yamada Taro    "
name3 = "Sato Jiro      "

# 前後の空白を削除する
print(name1.strip())        ——①
print(name2.strip())
print(name3.strip())

# 前後にシングルクォートをつける
print("'{}'".format(name1.strip()))    ——②
print("'{}'".format(name2.strip()))
print("'{}'".format(name3.strip()))

# 空白を '*' で埋める
print(name1.replace(" ", "*"))    ——③
print(name2.replace(" ", "*"))
print(name3.replace(" ", "*"))
```

**コード4-34の実行結果**

```
Masuda Tomoaki        ——④
Yamada Taro
Sato Jiro
'Masuda Tomoaki'      ——⑤
'Yamada Taro'
'Sato Jiro'
Masuda*Tomoaki        ——⑥
Yamada*Taro***
Sato*Jiro*****
```

　文字列の前後の空白を削除するstripメソッドが①で使われています。数値と違って、文字列を扱う場合には、10文字のデータ領域に7文字入っているというようなことがあります。これは、データベースなどの都合からあらかじめ保存しておく領域を取っておく必要があるためです。コンピュータでは数値と文字列の保存の仕方が異なるためです。

　このため、文字列のデータを扱うときに、余分な空白を削除することがよくあります。これがstripメソッドの役目です。余分な空白を削除して削ぎ落すという意味です。

①の結果が④のように表示されていますが、前後の空白は印刷ではわからない（実はモニター上でもわかりません）ので、前後に「'」（シングルクォート）のマーキングをしたのが③になります。前後の空白が削除されているのがわかりますね。また「Masuda Tomoaki」の真ん中にある空白は削除されていないことも確認してください。

⑤は空白の状態がよくわかるように「*」（アスタリスク）で表示したものです。ある文字を別の文字に変換したいときは、replaceメソッドを使います。ここでは「 」（空白）を「*」（アスタリスク）に変換してよくわかるようにしてあります。変換対象の文字列はstripメソッドをする前の文字列となるので、前後の空白が付いた状態になっています。これを⑥で確認することができます。

文字列の場合、空白文字やタブ文字などを表示したときに、確認しづらい文字がいくつかあります。このような場合には、replaceメソッドを使って目に見える文字に変換しておくと、確認がしやすくなるので試してみてください。

## 4.2.5　formatメソッドに2つの変数を渡す

これまでformatメソッドでは1つの引数しか使ってきませんでした。「引数」というのは、関数やメソッドに渡す変数のことを示します。「パラメーター」と呼んだり「引数（ひきすう）」と呼んだりします。英語で言えば「arguments」です。

では、formatで2つの引数が使えるかどうかをCopilotに尋ねてみましょう。ここでは筆者の経験上、たぶんできるだろう、と想像しているので次のような尋ね方にしてあります。

▼プロンプト4-8

> formatメソッドに2つの変数を渡して。

幸いにしてformatは2つの引数を持てるようです。Copilotが次のようなサンプルコードを出してくれました（コード4-35）。

**コード4-35　プロンプト4-8で書き出されるコード（ch04/0402.ipynb）**

```
a = 1234.5678
b = 9876.5432
# formatメソッドに2つの変数を渡す
formatted_string = "a: {:.2f}, b: {:.2f}".format(a, b) ──①
print(formatted_string) ──②
```

02 数値や文字列を出力する　143

```
コード4-35の実行結果
a: 1234.57, b: 9876.54 ──③
```

① formatメソッドに2つの引数を渡す。フォーマットにプレースホルダーが2つ書かれている
② 変数formatted_stringをprint関数で出力して、③の表示を得る

今までフォーマットに括弧「{}」が1か所しかなかったのですが、今回は2か所あります。どうやら、この括弧で示したプレースホルダーとformatメソッドの引数が対応しているようです。同じように、もう1つのCopilotの回答を示しておきましょう（コード4-36）。

```
コード4-36  プロンプト4-8で書き出されるもう1つのコード （ch04/0402.ipynb）
name = "Yamada"
age = 18
# formatメソッドに文字列と数値を渡す
formatted_string = "名前は{}，年齢は{}".format(name, age) ──①
print(formatted_string) ──②
```

```
コード4-36実行結果
名前はYamada，年齢は18 ──③
```

① 変数nameと変数ageを表示する文字列を作成する
② print関数を実行して③を得る

今度は随分簡単ですね。括弧「{}」が2か所あることがよくわかります。実は数値が文字列を表示するときに、特にフォーマットが必要なければ括弧「{}」だけでも十分なのです。

最後にプレースホルダーの括弧「{}」がformatメソッドの引数よりも多かった場合を試してみましょう（コード4-37）。

```
コード4-37  プレースホルダーが多い場合
name = "Yamada"
age = 18
# formatメソッドに文字列と数値を渡す
formatted_string = "名前は{}，年齢は{}，余分{}".format(name, age)
print(formatted_string)
```

具体的には、こんな風なプログラムがどう動くのか？を想像してみてください。プレースホルダーの括弧は3か所あるのですが、formatメソッドの引数は2つしかありません。このような場合はどうなるのでしょう？これは読者の宿題としておきましょう。

## Chapter 4
## 03 文字列から数値に変換する

　数値や文字列の表示についてひと通り使えるようになったところで、今度は文字列から数値に変換する方法を詳しく学習していきましょう。

　今までは、int関数を使って文字列を数値に変換してきましたが、ほかにももっと読み込み方があります。小数点以下を扱う実数の読み込み方や、カンマ区切りの数値データを扱うときの方法です。特に、「CSV形式」と呼ばれるカンマで数値や文字列を区切られた書式は、Pythonプログラミングではよく出てくるものです。

### 4.3.1 文字列を数値に変換するパターン

　Copilotに文字列から数値に変換するためのパターンをいくつか書いてもらいましょう。

▼プロンプト4-9

> 文字列から数値を取得するサンプルコードを書いて。

　文字列を数値に変換するパターンもたくさんあります。これもそれぞれについてコードを動かしながら解説していきましょう。

コード4-38　プロンプト4-9で書き出されるコード（ch04/0403.ipynb）

```python
s = "10000"

# 文字列で表示
print(s)
# 数値に変換して表示
x = int(s)
print(x)
```

03 文字列から数値に変換する　145

```python
s = "123.456"

# 文字列で表示
print(s)
# 数値に変換して表示
x = float(s)
print(x)

# 指数表現の場合
s = "1.23e4"
# 文字列で表示
print(s)
# 数値に変換して表示
x = float(s)
print(x)

# 16進数の場合
s = "FF"
# 文字列で表示
print(s)
# 数値に変換して表示
x = int(s, 16)
print(x)

# 金額の読み込み
s = " ￥1,000"
# 文字列で表示
print(s)
# 数値に変換して表示
x = int(s[1:].replace(",", ""))
print(x)
```

**コード4-38の実行結果**

```
10000
10000
123.456
123.456
1.23e4
```

```
12300.0
FF
255
￥1,000
1000
```

　Copilotが作成してくれたサンプルコードを見ると、文字列から数値に変換する方法にもいろいろな方法がありそうです。

## 4.3.2　整数や実数の読み込み

　文字列から数値を読み取るときに、Pythonで扱うときには整数と実数があることは既に説明しました。変数を見た感じでは整数と実数を区別することはできません。では、実際にprint関数で変数を表示すると変わってくるのでしょうか？

**コード4-39　コード4-38の先頭部分　(ch04/0402.ipynb)**

```
s = "10000"
# 文字列で表示
print(s)        ──①
# 数値に変換して表示
x = int(s)      ──②
print(x)        ──③
```

①　変数sをprint関数で表示する
②　変数sをint関数で数値に変換して、変数xに代入する
③　変数xをprint関数で表示する

**コード4-39の実行結果**

```
10000
10000
```

　文字列である変数sと数値である変数xの場合は、print関数での表示は変わりません。文字列が数字だけで書かれているのであれば、int関数を使って整数に変換すればよさそうです。

**コード4-40　コード4-38の2番目の部分**（ch04/0402.ipynb）

```
s = "123.456"
# 文字列で表示
print(s) ──①
# 数値に変換して表示
x = float(s) ──②
print(x) ──③
```

① 変数sをprint関数で表示する
② 変数sをfloat関数で数値に変換して、変数xに代入する
③ 変数xをprint関数で表示する

**コード4-40の実行結果**

```
123.456
123.456
```

小数点付きの文字列の場合は、float関数で実数に変換することができます（コード4-40）。print関数で出力するときも「123.456」のままになっています。これで実数の扱いは大丈夫そうですね。いえ、本当にそうでしょうか？

ちょっと実験をしてみましょう。float関数で変換をしていますが、int関数の場合はどうなるでしょう？

**コード4-41　int関数に変える**

```
s = "123.456"
# 文字列で表示
print(s)
# 数値に変換して表示
x = int(s) ──①
print(x)
```

① float関数のところをint関数に書き換える

**コード4-41を実行した結果のエラー**

```
ValueError                    Traceback (most recent call last)
Cell In[1], line 5
      3 print(s)
      4 # 数値に変換して表示
```

第4章　ターミナルで入出力

```
----> 5 x = int(s)
      6 print(x)

ValueError: invalid literal for int() with base 10: '123.456'
```

どうでしょう？読者の予想通りでしたか？ int関数に小数点付きの実数表現を入れたときには実行エラーになってしまいます。

もう1つ実験をしてみましょう。コードをfloat関数に書き戻して、float関数に渡す変数sの数値を変えてみましょう（コード4-42）。

**コード4-42　数値の精度を変える**
```
s = "123.01234567890123456789"  ──①
# 文字列で表示
print(s)
# 数値に変換して表示
x = float(s)
print(x)
```

①小数点以下20桁を指定する

**コード4-42の実行結果**
```
123.01234567890123456789
123.01234567890124
```

文字列をそのまま表示したときと、float関数で数値に変換後の表示を見てみましょう。数値に変換すると、小数点以下14桁までの表示になってしまうことと、小数点以下15桁目が「4」なのに1つ繰り上がって14桁目が「4」になっていますね。

ここでは詳しく説明しませんが、コンピュータでは小数点付きの実数をデータとして保存するときに、私達が普段使っている10進数とは違った形で保存されています。コンピュータが保存している2進数表現との誤差がここにでてきます。

ここで覚えて欲しいのは、Pythonで実数を扱うときに正確に表すためには、小数点以下が無限に続くわけではない、ということです。この計算は「1/3」のように、割り切れない数を扱うときも同じです。

もう1つの数値表現を見ていきましょう。科学計算ではよく使われる指数表現です（コード4-43）。教科書などでは「1.23 × 10$^4$」のように書くところですが、エディタでは数値の肩（右上）に書くことが難しいので「1.23e4」のように「e」あるいは

「E」を使って書きます。

コード4-43　コード4-38の3番目の部分　(ch04/0402.ipynb)

```
# 指数表現の場合
s = "1.23e4"        ①
# 文字列で表示
print(s)            ②
# 数値に変換して表示
x = float(s)        ③
print(x)            ④
```

① 指数表現で「1.23e4」という文字列を変数sに代入する
② 変数sをprint関数で表示する
③ 変数sをfloat関数を使い、実数の変数xに代入する
④ 変数xをprint関数で表示する

コード4-43の実行結果

```
1.23e4
12300.0
```

　指数表現で「1.23 × 10⁴」という書き方は、普通に10進数で書くと「12300」です。この違いが、②と④のprint関数の出力の違いとなっています。実数をprint関数で表示するときは自動的に「.0」が付くようです。

　では、「"1.23e4"」をint関数で変換したときはどうなるでしょうか？これは読者の宿題にしておきましょう。

　普段の生活では「0」から「9」までの数字を使った数値しか見ないと思いますが、コンピュータの世界では2進数や16進数の表現形式がよく使われます。2進数は「0」と「1」を使って表わす数値表現ですが、16進数は2進数を4つまとめた表現形式になります。16進数表現では「0」から「9」までの10個の数字と、「A」「B」「C」「D」「E」「F」の6個のアルファベットを使った16個の文字を使います。たまに小文字の「a」「b」「c」「d」「e」「f」が使われることもあります。

コード4-44　コード4-38の4番目の部分　(ch04/0402.ipynb)

```
# 16進数の場合
s = "FF"            ①
# 文字列で表示
print(s)            ②
```

```
# 数値に変換して表示
x = int(s, 16) ──③
print(x) ──④
```

①文字列の「FF」を変数sに代入する
②文字列をprint関数で表示する
③int関数を使い、変数sを16進数とみなして変換する
④変数xをprint関数で表示する

コード4-44の実行結果
```
FF ──⑤
255 ──⑥
```

ちょっとややこしいですが、⑤は変数sの中身をprint関数でそのまま表示したもので、⑥は変数xを数値として表示したものです。int関数の2つめの引数に「16」を指定して、変換するときの進数を指定できることがこれでわかりますね。進数の指定では、2進数、8進数、16進数がよく使われます。

では、2進数表現を試してみましょう（コード4-45）。

コード4-45　2進数表現を試す
```
s = "11" ──①
# 文字列で表示
print(s)
# 数値に変換して表示
x = int(s, 2) ──②
print(x)
```

①変数sに代入する文字列を「11」に変更する
②int関数で2進数表現として変換する

コード4-45の実行結果
```
11 ──③
3 ──④
```

文字列としては③で「11」となっていますが、2進数表現と考えると④の数値の「3」になります。

int関数に指定できるのは2進数、8進数、16進数だけなのでしょうか？

コード4-46　13進数は可能？
```
s = "11"
# 文字列で表示
print(s)
# 数値に変換して表示
x = int(s, 13)
print(x)
```

このように13進数は可能なのでしょうか？また、16進数以上の17進数は可能なのでしょうか？これは読者自ら実験してみてください。

最近ではPythonを使って科学計算や機械学習に使うことが多いと思いますが、先に示したように金額を扱うこともあるでしょう。

Copilotの回答の最後が「￥」記号を使った金額の変換の例です（コード4-47）。

コード4-47　コード4-38の最後の部分（ch04/0402.ipynb）
```
# 金額の読み込み
s = " ￥1,000"      ――①
# 文字列で表示
print(s)           ――②
# 数値に変換して表示
x = int(s[1:].replace(",", ""))  ――③
print(x)           ――④
```

① 先頭に「￥」記号が付いたカンマ付きの文字列を変数sに代入する
② 変数sをprint関数で表示する
③ 文字列sの内容を変換して、変数xに代入する
④ 変数xをprint関数で表示する

コード4-47の実行結果
```
￥1,000
1000
```

文字列として「￥1,000」をint関数でそのまま数値に変換することはできません。③の部分がややこしいので、いつも通り一時的な変数を使って書き直してみましょう。

**コード4-48　書き直したコード**

```
# 金額の読み込み
s = "￥1,000"
# 文字列で表示
print(s)
# 数値に変換して表示
s1 = s[1:] ——①
print(s1)
s2 = s1.replace(",", "") ——②
print(s2)
x = int(s2) ——③
print(x)
```

変数sは文字列なのですが、実はリストのように扱えます。ここで「s[1:]」という書き方は、2文字目以降の文字列（配列は0から始まるので、1が2文字目になります）を示すという意味になります。先頭を削除した文字列を変数s1に代入します。

次に②でカンマ「,」をreplace関数で削除して変数s2に代入します。

**コード4-48の実行結果**

```
￥1,000
1,000 ——④
1000 ——⑤
1000 ——⑥
```

途中経過を示したものが、④や⑤になっています。結果的に先頭の「￥」記号を取り除いて、途中のカンマ「,」を削除した結果を使ってint関数で変数xに代入しています。その結果が⑥となるのです。

先頭に「￥」記号がないときや、カンマ区切りがないときはどうなるでしょうか？これは読者が実際に試してみてください。

## 4.3.3　複数の数値を同時に扱う

ここまで数値を単独で扱ってきましたが、もっとまとめて扱う方法を見ていきましょう。データをまとめて扱うにはJSON形式やXML形式、バイナリ形式など、さまざまな方式があります。ここでは一番簡単なCSV形式から数値データを取り出す方法を考えましょう。

CSV形式というのは、データをカンマ「,」で区切って1行にまとめたものです。い

わゆるスプレッドシートやExcelなどで扱える形式で、テキストエディタでも編集ができるので将来的にも便利に扱えます。

では、Copilotのプロンプトでカンマ区切りの例について作ってもらいましょう。

▼プロンプト4-10

> カンマ区切りの文字列から数値を取り出す例を作って。

カンマ区切りについての例を作ってもらうと、筆者の場合は2つの例が回答に出てきました。

コード4-49　プロンプト4-10で書き出されるコード（ch04/0403.ipynb）

```
# カンマ区切りの文字列から数値を取り出す
s = "100,200,300"
# 文字列で表示
print(s)
# 数値に変換して表示
x, y, z = map(int, s.split(","))
print(x, y, z)


# カンマ区切りの文字列から数値を取り出す
# 数値はダブルクォーテーションで囲まれている
s = '''
"100","200","300"
'''
# 文字列で表示
print(s)
# 数値に変換して表示
x, y, z = map(str, s.split(","))
x = int(x.replace('"', ''))
y = int(y.replace('"', ''))
z = int(z.replace('"', ''))

print(x, y, z)
```

ひとまずセルの実行を行って結果を見ておきましょう。

コード4-49の実行結果

```
100,200,300
100 200 300
```

```
"100","200","300"

100 200 300
```

それぞれ3つの数値（100、200、300）がうまく取れていることがわかります。では、前半のコードを詳しく見ていきます（コード4-50）。

**コード4-50　コード4-49の前半部分（ch04/0403.ipynb）**

```
# カンマ区切りの文字列から数値を取り出す
s = "100,200,300"  ──①
# 文字列で表示
print(s)  ──②
# 数値に変換して表示
x, y, z = map(int, s.split(","))  ──③
print(x, y, z)  ──④
```

① カンマ区切りの文字列を変数sに代入しておく
② 変数sをprint関数で表示する
③ map関数とsplitメソッドを使い、変数x、変数y、変数zに代入する
④ 変数x、変数y、変数zをprint関数で表示する

**コード4-50の実行結果**
```
100,200,300  ──⑤
100 200 300  ──⑥
```

最初の文字列をそのまま表示したものが⑤になります。カンマが含まれた文字列のままになっていますね。次にカンマ区切りで3つの変数にしたものが⑥です。今までprint関数では1つの引数（フォーマットした文字列など）しか使っていませんでしたが、「print(x, y, z)」のように複数の引数を渡せることもできるようです。複数の引数をprint関数を使った場合、⑥のように空白で区切られています。

難しいのは③のところです。map関数やsplitメソッドが同時に使われているのでちょっとわかりにくいです。これをいつものように一時変数を使って分割してみましょう（コード4-51）。

03 文字列から数値に変換する

**コード4-51　分割したコード**

```python
# カンマ区切りの文字列から数値を取り出す
s = "100,200,300"
# 文字列で表示
print(s)
# 数値に変換して表示
s1 = s.split(",")      ──①
print(s1)   ──②
x, y, z = map(int, s1)   ──③
print(x, y, z)
```

**コード4-51の実行結果**

```
100,200,300
['100', '200', '300']   ──④
100 200 300
```

　カンマ区切りの文字列（変数s）をsplit関数でカンマ「,」で分割します。①で分割した変数s1をprint関数で表示したものが④になります。④の表示は、リストをprint関数で表示したものと同じになっていますね。リストをprint関数で表示すると、内容が括弧「[]」で括られてまとめて表示されるのです。

　つまり、splitメソッドは指定した文字（この場合はカンマ）で文字列を分割してリストにしてくれるのです。次に③のmap関数の部分ですが、ちょっとこれが難しいですね。さらに分割をしてみましょう（コード4-52）。

**コード4-52　さらに分割したコード**

```python
# カンマ区切りの文字列から数値を取り出す
s = "100,200,300"
# 文字列で表示
print(s)
# 数値に変換して表示
s1 = s.split(",")
print(s1)
s2 = map(int, s1)    ──①
print(s2)   ──②
x, y, z = s2    ──③
print(x, y, z)
```

①map関数の結果を変数s2に代入する

②変数s2をprint関数で表示する
③変数s2を変数x、変数y、変数zに分割する

```
コード4-52の実行結果
100,200,300
['100', '200', '300']
<map object at 0x000001DB07DA0AF0> ――④
100 200 300
```

　①のmap関数（マップ関数）は、2つめの引数にあるリストなどに対して、1つめの関数を使ってマップオブジェクトを作るものです。といっても、ここは難しくわかりにくいところなので、この部分の動作だけ簡単に言うと「変数s1のリストをint関数を使って数値に変換」しています。マップオブジェクトというものがどういうものなのかは、②のprint関数の結果が④であることでわかります。どうやら、リストのように中身が表示されるわけではなく、「<map object at 0x000001DB07DA0AF0>」というよくわからない表示になっています。ひとまず「map object」（マップオブジェクト）というものになっています。

　このマップオブジェクトからどうやって値を取り出すのかというと、③のようにタプルと同じように取り出すことができます。ただし、実際のタプルとは扱いが違うので注意してください。

　このmap関数の意図としては、リストの要素全てに対してint関数を使って数値に変換することなので、コード4-53のように要素を1つずつint関数で適用してもうまく動きます。

コード4-53　1つずつint関数を使う

```python
# カンマ区切りの文字列から数値を取り出す
s = "100,200,300"
# 文字列で表示
print(s)
# 数値に変換して表示
s1 = s.split(",")
print(s1)
x = int(s1[0])
y = int(s1[1])
z = int(s1[2])
print(x, y, z)
```

### コード4-53の実行結果

```
100,200,300
['100', '200', '300']
100 200 300
```

実際にコードを書くときには自分にとってわかりやすい方を使ってください。引き続き、もう1つの例を読み解いていきましょう（コード4-54）。

### コード4-54　コード4-49の後半部分　（ch04/0403.ipynb）

```python
# カンマ区切りの文字列から数値を取り出す
# 数値はダブルクォーテーションで囲まれている
s = '''  ──①
"100","200","300"
'''
# 文字列で表示
print(s)  ──②
# 数値に変換して表示
x, y, z = map(str, s.split(","))  ──③
x = int(x.replace('"', ''))  ──④
y = int(y.replace('"', ''))
z = int(z.replace('"', ''))

print(x, y, z)  ──⑤
```

① 数値をダブルクォートで囲って変数sに代入する
② 変数sをprint関数で表示する
③ map関数とsplitメソッド使い変数x、変数y、変数zに分割する
④ 前後のダブルクォートをreplaceメソッドで削除して、変数xなどに入れ直す
⑤ 変数x、変数y、変数zをprint関数で表示する

### コード4-54の実行結果

```
"100","200","300"

100 200 300
```

①でカンマ区切りを定義しています。Pythonでは「'''」（3つのシングルクォート）を使って複数行の文字列を定義することができます。今まで文字列を使うときに「"」（ダブルクォート）を使ってきましたが、実は「'」（シングルクォート）でも文字列を

定義できます。今回のように文字列の中にダブルクォートが入っている場合はシングルクォートを使い、逆にシングルクォートが入っている場合はダブルクォートを使うとよいでしょう。普段はどちらでも構いません。

また、3つのシングルクォートやダブルクォートを使った場合には、改行を含む複数行の文字列を定義できます。今回は1行だけですが、文章のような文字列を定義するときに便利です。

③のmap関数とsplitメソッドの組み合わせは先に説明した通りです。ちょっと変わっているのは、前回の例では「int」だったものが、今回は「str」になっているところです。前回の「int」は「int関数を適用する」という意味だったので、今回のものは「str関数を適用する」という意味でしょう。どうやら数値にするためのint関数と同じように、文字列にするためのstr関数というものがありそうです。

念のため③の部分を選択して、Copilotのプロンプトで「/explain」と打ち込んで説明をしてもらいましょう（コード4-55）。

**コード4-55　Copilotの説明**

x, y, z = map(str, s.split(",")) というコード行は、文字列 s をカンマで分割し、それぞれの部分を文字列として変換してから、変数 x, y, z に割り当てる処理を行っています。

まず、s.split(",") は、文字列 s をカンマ (,) で分割し、部分文字列のリストを生成します。例えば、s が "a,b,c" であれば、s.split(",") は ["a", "b", "c"] というリストを返します。

次に、map(str, s.split(",")) は、s.split(",") で得られたリストの各要素に対して str 関数を適用します。map 関数は、指定された関数（この場合は str）をイテラブル（この場合はリスト ["a", "b", "c"]）の各要素に適用し、その結果を含む新しいイテラブルを返します。ここでは、リストの各要素は既に文字列なので、str 関数を適用しても元の文字列がそのまま返されます。

最後に、x, y, z = map(str, s.split(",")) という形で、map 関数の結果をアンパックして、x, y, z の3つの変数にそれぞれ割り当てます。これにより、x にはリストの最初の要素、y には2番目の要素、z には3番目の要素が割り当てられます。

「リストの各要素は既に文字列なので、str 関数を適用しても元の文字列がそのまま返されます。」とあるので大丈夫そうですね。分割した文字列は ["100"] のように、前後に「"」（ダブルクォート）が入っています。これを取り除くために、④でreplaceメソッドを使っています。最後に⑤でprint関数を表示した結果は、前回のものと同じようになります。ここで表示している3つの変数は既に数値に変換されているものです。

### 4.3.4 文字列と数値が混在している場合

カンマ区切りのもうちょっと具体的な例を考えてみましょう。1行に数値と文字列のデータが混在したものを考えてみます。コード4-56は、①の行を書いたあとにCopilotの入力候補の助けを借りて書いたものです。コードを書いてはTabキーを押して、Copilotにコードを書いてもらっています。

コード4-56　数値と文字列のデータが混在した例（ch04/0403.ipynb）

```
# カンマ区切りの文字列から数値や文字列を取り出す
s = "1,Masuda,55,Tokyo"  ——①
# 文字列で表示
print(s)  ——②
( id, name, age, address ) = s.split(",")  ——③
id = int(id)  ——④
age = int(age)
print(id, name, age, address)  ——⑤
```

①カンマ区切りでデータを記述する
②いったん変数sをprint関数で出力する
③splitメソッドを使いカンマで分割する
④変数idと変数ageをint関数で数値に変換する
⑤取得した変数をprint関数で表示する

コード4-56の実行結果

```
1,Masuda,55,Tokyo  ——⑥
1 Masuda 55 Tokyo  ——⑦
```

実行結果の⑥の表示と⑦の表示を見ると、うまく分割できているようです。数値や文字列をうまく扱えるようになれば、もっとたくさんのデータが扱えるようになります。第5章ではファイルを扱って大量のデータを扱えるような学習をしていきます。

## 4.3.5 複数行のデータを処理する

しかし、その前に複数行の場合はどうすればいいでしょうか？いきなりファイルからデータを読み込む前にちょっと練習をしておきましょう。

3つのシングルクォートを使って複数行のデータを作ることができたので、コード4-57のようなカンマ区切りのデータを考えてみましょう。

**コード4-57　Copilotにデータを書いてもらう**

```python
# 複数行を処理する
s = '''
1,Masuda,55,Tokyo
2,Kimura,49,Kanagawa
3,Tanaka,35,Saitama
4,Sakamoto,22,Chiba
'''
```

このデータは最初の「1,Masuda,55,Tokyo」を打ち込んだあとに、Copilotの入力候補を使って書き出してもらったものです。いくつかのデータを作れば、Copilotはそれらしいデータを続けて書いてくれます。

さらに「# 改行で分割」というPythonのコメントを書いて、このデータに続くコードをCopilotに書いてもらいましょう（コード4-58）。

**コード4-58　続きのコードをCopilotに書いてもらう（ch04/0403.ipynb）**

```python
# 複数行を処理する
s = '''
1,Masuda,55,Tokyo
2,Kimura,49,Kanagawa
3,Tanaka,35,Saitama
4,Sakamoto,22,Chiba
'''
# 改行で分割 ──①
lines = s.split("\n")  ──②
# 行ごとに処理 ──③
for line in lines:
    # カンマで分割
    ( id, name, age, address ) = line.split(",")
    id = int(id)
    age = int(age)
    print(id, name, age, address)
```

① 「# 改行で分割」とコメントを書いて Copilot に書いてもらう

② split メソッドを使い改行（"\n"）で分割する

② 「# 行ごとに処理」とコメントを書いて Copilot に続きを書いてもらう


Ctrl ＋ I キーで Copilot のプロンプトで入力する方法もありますが、このように Python のコメントを書いてコードの続きを書いてもらう方法があります。

ただし Copilot はコードをうまく書いてくれるときもありますが、うまくいかないときもあります。コードはきちんと実行して動作するか確認することが肝心です。書いてもらったコードは正しいとは限りませんからね。

では、早速書いてもらったコードを実行してみましょう。

```
コード 4-58 の実行エラー
ValueError                       Traceback (most recent call last)
Cell In[41], line 13
     10 # 行ごとに処理
     11 for line in lines:
     12     # カンマで分割
---> 13     ( id, name, age, address ) = line.split(",")
     14     id = int(id)
     15     age = int(age)


ValueError: not enough values to unpack (expected 4, got 1)
```

残念ながら実行エラー（ValueError）が出てしまいました。どうやら、13 行目の split メソッドを実行するときにエラーになっています。

実は、変数 s に入っている文字列は、最初の行は空行になっています。空行を split メソッドでカンマ区切りで分割すると、カンマ自体がないので 1 つしかできず、13 行目にあるように 4 つの要素には足りないのでエラー、という現象です。ややこしいですね。

いくつか修正候補があるのですが、ここは Copilot に修正案を訂正してもらいましょう。コードを部分選択した状態から Copilot のプロンプトを出して（Ctrl ＋ I キーを押す）、プロンプトに「/fix」と入力します（図 4-2）。

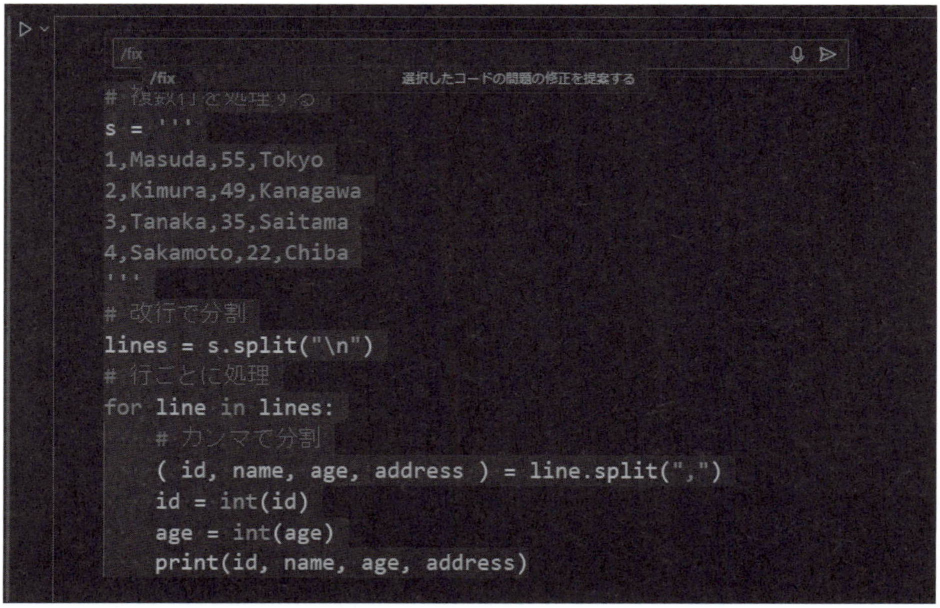

```
/fix
# 複数行を処理する
s = '''
1,Masuda,55,Tokyo
2,Kimura,49,Kanagawa
3,Tanaka,35,Saitama
4,Sakamoto,22,Chiba
'''
# 改行で分割
lines = s.split("\n")
# 行ごとに処理
for line in lines:
    # カンマで分割
    ( id, name, age, address ) = line.split(",")
    id = int(id)
    age = int(age)
    print(id, name, age, address)
```

図4-2 /fixでコードを修正する

「/fix」のプロンプトをCopilotに送信してみましょう。

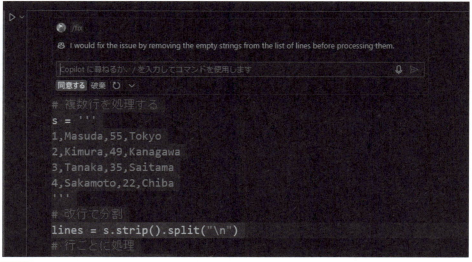

図4-3 修正候補

コード5-59 修正されたコード

```
# 複数行を処理する
```

03 文字列から数値に変換する  163

```python
s = '''
1,Masuda,55,Tokyo
2,Kimura,49,Kanagawa
3,Tanaka,35,Saitama
4,Sakamoto,22,Chiba
'''
# 改行で分割
lines = s.strip().split("\n")      ①
# 行ごとに処理
for line in lines:
    # カンマで分割
    ( id, name, age, address ) = line.split(",")
    id = int(id)
    age = int(age)
    print(id, name, age, address)
```

①の部分のコードが変わっていますね。stripメソッドは先頭の空白を削除するメソッドでした。実は、空白だけでなく、タブや改行も削除してくれる便利なメソッドだったのです。このstripメソッドのおかげでこのプログラムは正常に動きそうです。

では、セルの実行をしてみましょう。

**コード5-59の実行結果**
```
1 Masuda 55 Tokyo
2 Kimura 49 Kanagawa
3 Tanaka 35 Saitama
4 Sakamoto 22 Chiba
```

無事実行されました。Copilotの助けを借りれば、なんとか目的が達せられそうです。Copilotのプロンプトを使ったり、コメントを書いてCopilotに入力候補を表示してもらったりしながら、コードを書き進めてください。忘れてはいけないのは、Copilotが書いてくれたコードが正しく動くとは限らない、ということです。サンプルコードを出してもったときには、たいていは動くと思われますが（筆者が試しているところでは、動かないサンプルコードが出てきたことはありません）、入力候補を出してもらったときには、前後のコードを読み込んで生成をしているので、必ずしも正しく動くとは限らないのです。これを確認するためには、まずは実行して試してみること、間違っていればCopilotの手を借りながらコードを修正することが必須な作業となります。

第4章　ターミナルで入出力

　Pythonプログラムを実行すると結果が出力されます。何度もプログラムを実行して、いろいろな結果を比較したいときもあるでしょう。これらの結果を保存しておくために、ファイルアクセスを練習します。ファイルにデータを保存したり、ファイルからデータを読み込んだりすることで、いつでもプログラムを終了させることができます。

## Chapter 5
## 01 テキストファイルを読み込む

　プログラムにデータを入力するときに、いちいちターミナルから手入力するのは大変です。また、プログラムで計算した結果をターミナルに表示した後に、マウスを使ってコピペしてエディタに結果を貼り付けるのは非常に手間です。
　ソフトウェア工学としては「永続化」と言われるファイルへの書き出しや読み込みですが、Pythonでも自由に扱えるようになっておくと今後便利です。

### 5.1.1 テキストファイルを扱う

　一番簡単なテキストファイルから扱ってみましょう。コンピューター関連の本には「テキストファイル」と「バイナリファイル」との違いが詳しく書いてありますが、ファイルとして保存されている点では同じです。プログラムで読み込むときに、文章であればテキストファイル、プログラムの実行ファイルや人が読むことができないファイルをバイナリファイルと呼んでいます。
　まずは、テキストファイルの例をCopilotに書いてもらいましょう。

▼プロンプト5-1

> テキストファイルを読み込むサンプルコードを書いて。

コード5-1　プロンプト5-1で書き出されるコード（ch05/0501.ipynb）

```python
# ファイルパス

file_path = "sample.txt"

# ファイルを読み込む
with open(file_path, "r", encoding="utf-8") as file:
    content = file.read()

# 読み込んだ内容を表示する
print(content)
```

　いつも通りセルの実行をしたいところですが、このコードを実行すると次のようにエラーになります。

**コード5-1を実行した結果のエラー**

```
FileNotFoundError                         Traceback (most recent call last)
Cell In[1], line 8
      4 file_path = "sample.txt"
      6 # ファイルを読み込む
----> 8 with open(file_path, "r", encoding="utf-8") as file:
      9     content = file.read()
     11 # 読み込んだ内容を表示する

File h:\py-copilot\src\.venv\lib\site-packages\IPython\core\interactiveshell.➡
py:310, in _modified_open(file, *args, **kwargs)
    303 if file in {0, 1, 2}:
    304     raise ValueError(
    305         f"IPython won't let you open fd={file} by default "
    306         "as it is likely to crash IPython. If you know what you are doing, "
    307         "you can use builtins' open."
    308     )
--> 310 return io_open(file, *args, **kwargs)

FileNotFoundError: [Errno 2] No such file or directory: 'sample.txt'
```

今までもPythonコードを実行してエラーになったこともありましたが、今回はちょっと様子が違います。先頭に書いてあるエラーメッセージが「FileNotFound Error」であり、8行目のコードがちょっと複雑ですね。

直し方をCopilotに尋ねてみましょう。

```
# ファイルパス
file_path = "sample.txt"

# ファイルを読み込む
with open(file_path, "r", encoding="utf-8") as file:
    content = file.read()

# 読み込んだ内容を表示する
print(content)
```

**図5-1** エラー箇所を選択する

Visual Sudio Codeでは赤い波線で示されているのがエラーの発生している場所です。これを選択すると、コードの左上に「★」記号が表示されます。

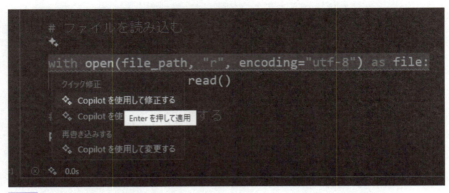
図5-2 Copilotを使用して修正する

　この「★」記号をマウスでクリックすると、ショートカットメニューが表示されます。メニューの中にある［Copilotを使用して修正する］を選択します。

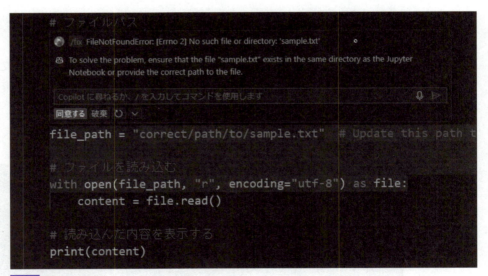
図5-3 Copilotの回答

　Copilotが回答を出してくれましたが、英語です。英語が自由に読めるならばそのまま使ってください。筆者は日本語にして欲しいので、プロンプトで「日本語で。」と頼みます。

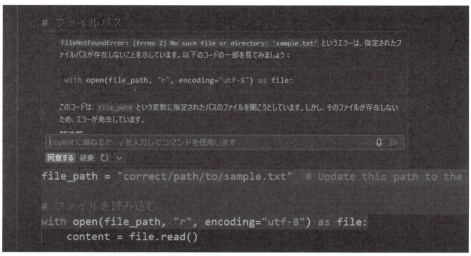

図5-4 Copilotの回答を日本語で

　メッセージには「このコードは、file_pathという変数に設定されたパスのファイルを開こうとしています。しかし、そのファイルが存在しないため、エラーが発生しています」と書かれています。英語ではわかりづらくて読み飛ばしてしまいそうですが、日本語ならば大丈夫ですね。要するに読み込み対象のファイルがないのです。

　Visual Studio Codeでプログラムと同じ場所に「sample.txt」というファイルを作成しておきましょう。サンプルコードでは、ch05フォルダーに「_sample.txt」というファイルがあるので、「sample.txt」にリネームしてください。

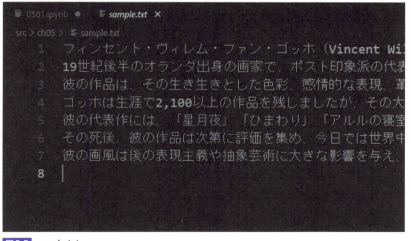

図5-5 sample.txt

01 テキストファイルを読み込む

この状態でセルの実行をすると、プログラムが正常に実行されます。読み込んだファイルをprint関数で表示しているので、sample.txtの内容がそのまま表示されます。

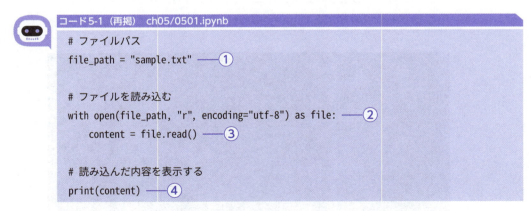

図5-6 実行結果

## 5.1.2 open関数の使い方

ファイルを読み込む部分のコードを詳しく見ておきましょう。

コード5-1（再掲）　ch05/0501.ipynb

```
# ファイルパス
file_path = "sample.txt"  ——①


# ファイルを読み込む
with open(file_path, "r", encoding="utf-8") as file:  ——②
    content = file.read()  ——③


# 読み込んだ内容を表示する
print(content)  ——④
```

① ファイル名を変数file_pathに代入しておく
② ファイルはopen関数を使って、変数fileとして定義しておく
③ readメソッドで「sample.txt」ファイルから読み込む
④ 読み込んだテキストをprint関数で表示する

②ではwithステートメントを使っています。open関数は「指定したファイルを開く」という意味です。指定したファイルがある場合は、open関数が成功して変数fileにオブジェクトが保存されます。「オブジェクト」というのは、値やメソッドなどをまとめた変数のようなものです。指定したファイルがない場合は、先に実験したように例外が発生します。

Visual Studio Codeでは、Pythonのコードにマウスポインタを当てると説明が表示されるので、見ていきましょう。「print」部分にマウスポインタを当てると、print関数に渡す引数（パラメーター）の詳細が表示されます。

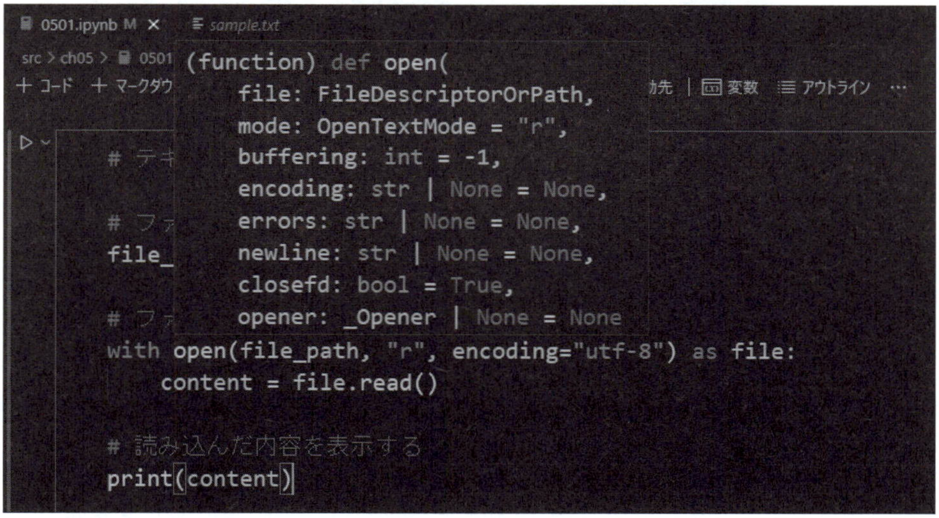

図5-7　open関数をポイントすると表示されるパラメータの詳細

最初の引数（fileのところ）がファイル名になっています。ここでのサンプルコードは3つの引数をopen関数に渡していますが、最初の2つ引数は「file_path」と「"r"」だけ指定してあって、3つめの引数には「encoding="utf-8"」のように指定されています。この「encoding」の部分が引数の名前になっています。

図にあるopen関数の説明をよく見ると、「buffering」のところが飛ばされて「encoding」が指定されています。このように関数の引数を飛ばしたいときには、引数の名前を指定するルールになっています。

あるいは、次のように全ての引数に名前を付けることもできます。

コード5-2　open関数を名前付きで呼び出す

```
with open( file=file_path, mode="r", encoding="utf-8") as file:
    content = file.read()
```

01 テキストファイルを読み込む

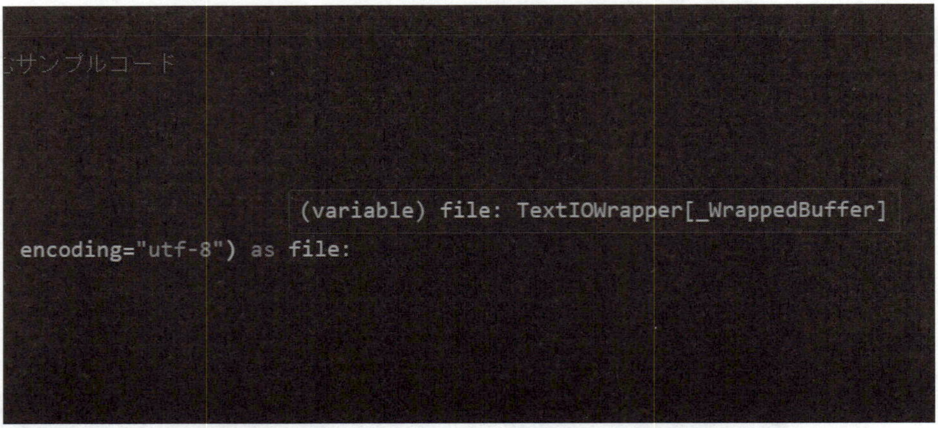

```
 サンプルコード



                        (variable) file: TextIOWrapper[_WrappedBuffer]
encoding="utf-8") as file:
```

**図5-8** 変数fileをポイント

　次に、「file」という変数あるいはオブジェクトが何を示しているのかをマウスをポイントして調べてみましょう。この「file」はopen関数の引数にあるfileとは違って、変数名のfileなので混乱しないようにしてください。

　変数fileは「TextIOWrapper[_WrappedBuffer]」というものになるようです。数値や文字列とは違ってややこしいので、ひとまずopen関数を使ってファイルを使ったときはasキーワードを使って変数に代入しておく、という形を覚えてください。

**コード5-3** withステートメントとasキーワード

```
with 関数やメソッド as 変数名:
```

　ここでは「file」という変数名を使いましたが、別の変数名を使っても構いません。たとえば「f」という短い変数名にしたい場合、次のようになります。

**コード5-4** 変数名を変える

```
# ファイルを読み込む
with open( file_path, "r", encoding="utf-8") as f:
    content = f.read()
```

## 5.1.3　withステートメント

　Copilotの回答ではwithステートメントとasキーワードを使ってファイルをオープンしていますが、実は次のように書くこともできます。

**コード5-5　「=」記号で代入する場合**

```
# ファイルパス
file_path = "sample.txt"

# ファイルを読み込む
file = open( file_path, "r", encoding="utf-8")　──①
content = file.read()　──②
file.close()　──③

# 読み込んだ内容を表示する
print(content)
```

①で関数の戻り値を変数fileに代入しています。つまり、withステートメントとasキーワードの組み合わせは、実行した関数の戻り値をasステートメントで示した変数に代入しているだけなのです。

しかし、違いとしては「=」記号で①のように代入したときには、②でファイルの内容を読み込んだあとに、③でファイルを閉じるという操作が必要になります。ファイルを開いたら閉じる、という動作は慣れないとちょっと不思議な感じがするかもしれませんが、開けたドアを閉じるというような感じです。

withステートメントを使うと、③のクローズ処理を省略することができます。プログラムはwithステートメントで作成したブロック（インデントしている範囲のこと）を抜けるときに、自動的にファイルをクローズするclose関数が呼び出されます。

**コード5-6　withステートメントの場合**

```
# ファイルを読み込む
with open( file_path, "r", encoding="utf-8") as file:
    content = file.read()
```

## 5.1.4　encodingの違い

open関数の引数に「encoding」があるので、これは何をしているのでしょうか？試しに次のように「encoding」を削除したものを実行してみます。

**コード5-7　encodingなし**

```
# ファイルパス
file_path = "sample.txt"
```

```python
# ファイルを読み込む
with open( file_path, "r") as file:
    content = file.read()


# 読み込んだ内容を表示する
print(content)
```

　セルの実行を行うと、次のように実行エラー（UnicodeDecodeError）が発生します。

**コード5-7を実行した結果のエラー**

```
UnicodeDecodeError                        Traceback (most recent call last)
Cell In[8], line 6
      4 # ファイルを読み込む
      5 with open( file_path, "r") as file:
----> 6     content = file.read()
      8 # 読み込んだ内容を表示する
      9 print(content)

UnicodeDecodeError: 'cp932' codec can't decode byte 0x83 in position 19: illegal ➡
multibyte sequence
```

　読み込むファイル名は「sample.txt」のままなので、open関数で開くことができる筈なのですが、実行エラーになってしまいます。

　エラーの最後の行を見るとわかるのですが、「'cp932'」という文字コードで読み込もうとしたけれどもうまく読み込めなかったという実行エラーです。「'cp932'」というのはWindowsで標準に使われている文字コードで、通常は「シフトJIS」と言われるものです。いえ、正確に言えば「日本語のWindows」で使われている文字コードですね。

　この文字コードについてはややこしいので、Pythonでプログラムを動かすと標準では「シフトJIS」あるいは「cp932」と呼ばれる文字コードが使われてしまう、ということを覚えておいてください。文字コードは動作している環境（Linux、macOS、日本語以外のWindows）によって異なるので、意外と注意が必要です。

　どんな文字コードを使ってファイルを読み込むのかを指定するめに、open関数はencodingを指定します。先のプログラムは「utf-8」という文字コードを指定しています。Visual Studio Codeで扱う文字コードとして、「utf-8」を指定します。

第5章　ファイルアクセス

読み込むファイルがアルファベットだけの場合は特に文字コードを指定しなくても構いませんが、できるだけ指定しておいてください。

```python
# ファイルパス
file_path = "sample_en.txt"

# ファイルを読み込む
with open( file_path, "r") as file:
    content = file.read()

# 読み込んだ内容を表示する
print(content)
```

```
Vincent Willem van Gogh (March 30, 1853 - July 29, 1890) was a Dutch painter from
the late 19th century and one of the leading figures of Post-Impressionism.
His work holds a significant place in art history due to its vibrant colors,
emotional expression, and innovative brushwork. Van Gogh produced over 2,100 artworks
in his lifetime, with the majority of them created in the two years leading up to his death.
His most famous works include Starry Night, Sunflowers, and The Bedroom in Arles.
Though he struggled with mental anguish and ended his life at the age of 37,
his work gradually gained recognition after his death. Today, Van Gogh is regarded
as one of the most highly esteemed painters in the world. His style had a profound influence
on later movements such as Expressionism and Abstract Art, and his passionate and distinctive
approach continues to inspire many.
```

**図5-9** アルファベットだけの場合

　参考までに、「encoding="utf-8"」ならばタイ語を読み込んでも大丈夫です。多言語で利用したいときには、特に理由がなければ文字コードとして「encoding="utf-8"」をしておくと便利です。

```python
# ファイルパス
file_path = "sample_thai.txt"

# ファイルを読み込む
with open( file_path, "r", encoding="utf-8") as file:
    content = file.read()

# 読み込んだ内容を表示する
print(content)
```

```
วินเซนต์ วิลเลม แวน โก๊ะ (30 มีนาคม 1853 - 29 กรกฎาคม 1890) เป็นจิตรกรชาวดัตช์จาก
ปลายศตวรรษที่ 19 และเป็นหนึ่งในบุคคลสำคัญของยุคหลังอิมเพรสชันนิสม์
ผลงานของเขามีความสำคัญในประวัติศาสตร์ศิลปะเนื่องจากสีสันที่สดใส
การแสดงออกทางอารมณ์ และการใช้แปรงที่เป็นนวัตกรรมใหม่ แวน โก๊ะ สร้างผลงานศิลปะกว่า 2,100 ชิ้น
ในช่วงชีวิตของเขา โดยส่วนใหญ่สร้างขึ้นในสองปีสุดท้ายก่อนที่เขาจะเสียชีวิต
ผลงานที่มีชื่อเสียงที่สุดของเขา ได้แก่ Starry Night, Sunflowers และ The Bedroom in Arles
แม้ว่าเขาจะต่อสู้กับความทุกข์ทรมานทางจิตใจและจบปีชีวิตของเขาในวัย 37 ปี
ผลงานของเขาค่อยๆ ได้รับการยอมรับหลังจากที่เขาเสียชีวิต ปัจจุบัน แวน โก๊ะ
ถือเป็นหนึ่งในจิตรกรที่ได้รับการยกย่องมากที่สุดในโลก สไตล์ของเขามีอิทธิพลอย่างลึกซึ้ง
ต่อขบวนการศิลปะในภายหลัง เช่น เอ็กซ์เพรสชันนิสม์ และศิลปะนามธรรม และวิธีการที่หลงใหลและโดดเด่นของเขา
ยังคงสร้างแรงบันดาลใจให้กับหลายๆ คน
```

**図5-10** タイ語の読み込み

01 テキストファイルを読み込む　　175

# Chapter 5 02 CSVファイルを読み込む

テキストファイルを読み込むことができましたが、readメソッドを使うとファイル全体を読み込むだけなので、そのまま利用することは稀でしょう。読み込んでからsplitメソッドで改行して分割（s.split("\n")など）することもできるのですが、ここでは「CSV形式」というもので読み込んでみましょう。

## 5.2.1 CSV形式

CSV形式はカンマ「,」を使ってデータを区切ったファイルの形式です。第4章ではPythonコード内で文字列として設定したものを、splitメソッドで分割しました。

今回はファイルの中身がカンマで区切られています。

コード5-8　CSV形式の例
```
id,name,age
1,John,22
2,Lina,33
3,Mike,44
4,Sara,55
5,Alex,66
```

たいていのCSV形式のファイルの場合は、先頭の行にカンマごとのタイトルがあります。そして2行目以降から、カンマでデータを区切って格納する形になっています。

ただし、この形式が絶対というわけではなく、文字列のデータがダブルクォート（「"」）で囲まれていたり、ExcelのCSV形式保存のように文字列の場合には先頭にシングルクォート（「'」）が使われていたりします。また、先頭の行にタイトルがない場合もあります。

このようにCSV形式にもバリエーションがあるのですが、ここでは一般的なものを扱っていきましょう。

## 5.2.2 CSV形式ファイルの読み込み

では早速CopilotにCSV形式を読み込むサンプルコードを書いてもらいましょう。

▼プロンプト5-2

> CSV形式を読み込むサンプルコードを書いて。

**コード5-9　プロンプト5-2で書き出されるコード（ch05/0502.ipynb）**

```python
import csv

file_path = 'sample.csv'
# CSVファイルを読み込む
with open(file_path, mode='r', encoding='utf-8') as file:
    reader = csv.reader(file)
    header = next(reader)  # ヘッダーを読み込む
    print("Header: ", header)

    # データを1行ずつ取得
    for row in reader:
        print(row)
```

　このまま動かすと次のように実行エラーが出るので、sample.csvファイルをVisual Studio Codeで作成しておきましょう。サンプルコードでは、ch05フォルダーに「_sample.csv」というファイルがあるので、「sample.csv」にリネームしてください。

**コード5-9を実行した結果のエラー**

```
FileNotFoundError                       Traceback (most recent call last)
Cell In[5], line 5
      3 file_path = 'sample.csv'
      4 # CSVファイルを読み込む
----> 5 with open(file_path, mode='r', encoding='utf-8') as file:
      6     reader = csv.reader(file)
      7     header = next(reader)  # ヘッダーを読み込む

〜〜〜 省略 〜〜〜

FileNotFoundError: [Errno 2] No such file or directory: 'sample.csv'
```

　Visual Studio Codeで「sample.csv」ファイルを次のように作成します。

**コード5-10　ch05/sampel.csv**
```
id,name,age
1,John,22
2,Lina,33
3,Mike,44
4,Sara,55
5,Alex,66
```

セルの実行を行うと、うまくsample.csvファイルが読み込まれます。

**コード5-9の実行結果**
```
Header:  ['id', 'name', 'age']
['1', 'John', '22']
['2', 'Lina', '33']
['3', 'Mike', '44']
['4', 'Sara', '55']
['5', 'Alex', '66']
```

最初の「Header:」部分がCSV形式ファイルの1行目になります。たいていの場合は読み飛ばしてよいところです。実行結果の2行目からが本来のデータの部分です。

では、Pythonのコードに戻って解説をしていきましょう。

**コード5-9（再掲）　プロンプト5-2で書き出されるコード（ch05/0502.ipynb）**
```python
import csv ──①

file_path = 'sample.csv' ──②
# CSVファイルを読み込む
with open(file_path, mode='r', encoding='utf-8') as file: ──③
    reader = csv.reader(file) ──④
    header = next(reader)    # ヘッダーを読み込む ──⑤
    print("Header: ", header)

    # データを1行ずつ取得
    for row in reader: ──⑥
        print(row) ──⑦
```

①csvモジュールを利用する
②変数file_pathに「sample.csv」を代入する
③open関数でファイルを開く

178　第5章　ファイルアクセス

④readerメソッドでリーダーオブジェクトを取得して、変数readerに代入する
⑤next関数で1行読み込み、print関数で表示する
⑥forステートメントで1行ずつ取得して、変数rowに代入する
⑦変数rowをprint関数で表示する

　CSV形式のファイルを読み込むには「csvモジュール」を使うと便利です。このようなモジュールはPythonのライブラリとして保存されていて、必要なときにimportステートメントを使って呼び出すことができます。①の「import csv」の部分を付けることによって、④の「csv.reader(file)」が使えるようになるのです。
　withステートメントとopen関数の使い方は、テキストファイルを読み込んだときと同じです。fileというオブジェクトを使っていろいろな操作をしていきます。
　④のreaderメソッドの働きが難しいところではありますが、通常のテキストファイルのものをCSV形式でうまく読み込めるようにしたものと考えれば大丈夫です。
　「sample.csv」では最初の1行がヘッダーとして記述されているので、⑤のようにnext関数を使って読み飛ばしています。next関数は次の行を読み取るための関数です。
　その後は次々と読み出したいので、⑥のようにforステートメントを使います。詳しい動作の解説は省略しますが、readerオブジェクトから1行ずつ読み取って変数rowに格納してくれます。これを⑦でprint関数を使い表示します。
　⑤や⑥の詳しい動作については、行を選択しCopilotのプロンプトを開いて「/explain」で解説を求めてみてください。

**コード5-11　⑤のnext関数に対するCopilotの回答**

header = next(reader) というコード行は、Python の組み込み関数 next() を使用して、reader オブジェクトから次の要素を取得し、それを header という変数に代入しています。この文脈では、おそらく reader は CSV ファイルを読み込むためのオブジェクトであり、header には CSV ファイルの最初の行（通常は列名）が格納されることになります。

next() 関数は、引数として与えられたイテレータ（この場合は reader）から次の要素を返します。イテレータが次の要素を持っていない場合、StopIteration 例外が発生します。これにより、イテレータの内容を順次処理することができます。
～～～　省略　～～～

**コード5-12　⑥のforステートメントに対するCopilotの回答**

for row in reader: は、Python のループ構文を使用して、reader オブジェクトから各行を順番に処理するためのコード行です。この構文は、特に CSV ファイルやその他のテキストファイ

ルを読み込む際によく使用されます。以下に、このコード行の詳細な説明を示します。

まず、reader は通常、CSV ファイルを読み込むために使用される csv.reader オブジェクトです。csv.reader は、CSV ファイルを行ごとに読み込み、各行をリストとして返します。例えば、次のように csv.reader を使用してファイルを読み込むことができます。
～～～　省略　～～～

ここで実行結果をもう一度見直しておきましょう。

```
コード5-9の実行結果（再掲）
Header:  ['id', 'name', 'age']  ──①
['1', 'John', '22']  ──②
['2', 'Lina', '33']
['3', 'Mike', '44']
['4', 'Sara', '55']
['5', 'Alex', '66']
```

①はnext関数で取得したヘッダーを表示しているところ
②から各行のデータを表示している

②の各行のデータを表すのに括弧「[]」が使われています。第2章で解説した通り、Pythonではリストをprint関数で表示したときに括弧「[]」が使われます。これはPythonでリストを書くときと同じ形式でしたね。

では、それぞれのデータをカラムごとに取るにはどうしたらいいでしょうか？

コード5-13　コメントを書いて続きを書いてもらう
```python
import csv

file_path = 'sample.csv'
# CSVファイルを読み込む
with open(file_path, mode='r', encoding='utf-8') as file:
    reader = csv.reader(file)
    header = next(reader)   # ヘッダーを読み込む
    print("Header: ", header)

    # データをカラムごとに表示
```

forステートメントの部分を削除して「# データをカラムごとに表示」に書き換えてみましょう。

第5章　ファイルアクセス

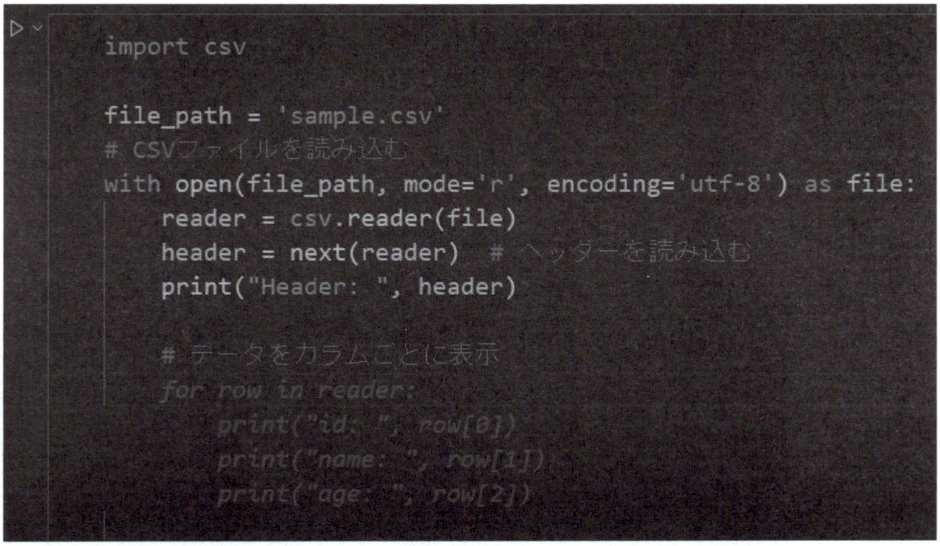

**図5-11** Copilotによる入力候補

　コメント行にマウスポインタを置いて暫く待っていると、Copilotによる入力候補が出てきます。入力候補はコメントの書き方や問い合わせをした時間によってランダムに表示されるようなので、まったく同じものが出るとは限りません。何度か試してみて、それらしいものが表示されたら、Tabキーを押して確定させてください。このようにCopilotを使って、コメント行からコードを自動的に作成することができます。

**コード5-14　書き換えたコード**

```python
import csv

file_path = 'sample.csv'
# CSVファイルを読み込む
with open(file_path, mode='r', encoding='utf-8') as file:
    reader = csv.reader(file)
    header = next(reader)  # ヘッダーを読み込む
    print("Header: ", header)

    # データをカラムごとに表示
    for row in reader:            ──①
        print("id: ", row[0])     ──②
        print("name: ", row[1])
        print("age: ", row[2])
```

02 CSVファイルを読み込む　　**181**

① forステートメントで1行ずつ読み込んで変数rowに代入する
② 「row[0]」のように添え字を使って、対象のカラムを取り出してprint関数で表示する

リストから要素を取り出すには、「row[0]」のように数値を使って指定します。リストの先頭は「0」で、「1」「2」と続きます。では、セルを実行してみましょう。

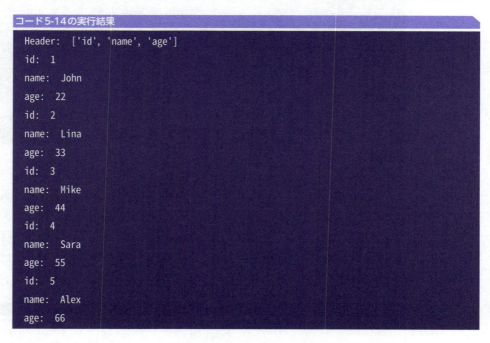

コード5-14の実行結果
```
Header: ['id', 'name', 'age']
id: 1
name: John
age: 22
id: 2
name: Lina
age: 33
id: 3
name: Mike
age: 44
id: 4
name: Sara
age: 55
id: 5
name: Alex
age: 66
```

1行目のヘッダー部分は変わりませんが、2行の要素の表示がわかりやすくなりました。CSV形式のファイルの1行のデータをまとめて表示するのではなく、カラムごとに表示できています。これで、CSV形式のデータを使って集計などができそうです。

### 5.2.3　pandasモジュールの利用

　Copilotの提案するサンプルコードではcsvモジュールを使っていますが、CSV形式を扱うモジュールでは「pandasモジュール」もよく使われます。Webサイトの Pythonコードではpandasが使われていることが多いので、これを試しておきましょう。

▼プロンプト5-3

> pandasを使ってCSV形式ファイルを読み込むサンプルを作って。

コード5-15 プロンプト5-3で書き出されるコード（ch05/0502.ipynb）

```
import pandas as pd
file_path = 'sample.csv'

# CSVファイルを読み込む
df = pd.read_csv(file_path)
print(df)
```

実は、このままセルを実行すると次のようにエラーになります。

コード5-15を実行した結果のエラー

```
ModuleNotFoundError                       Traceback (most recent call last)
Cell In[1], line 1
----> 1 import pandas as pd
      2 file_path = 'sample.csv'
      4 # CSVファイルを読み込む

ModuleNotFoundError: No module named 'pandas'
```

　どうやら1行目のimportステートメントの部分でエラーが発生しています。「ModuleNotFoundError」は、指定したモジュールが見つかりませんというエラーです。先のcsvモジュールはPythonの標準モジュールなので、Pythonをインストールしたときに始めから入っているモジュールなのです。このため、「import csv」と書くだけでcsvモジュールが使えていたのですが、pandasモジュールのようにまだインストールされてないモジュールの場合は、自分でインストールする必要があります。
　インストールするには、ターミナルを開いてpipコマンドを使います。Visual Studio Codeの［ターミナル］メニューで［新しいターミナル］を選択してください。

図5-12 ターミナル

そのまま「ls」と入力すると、フォルダーの内容が表示されます。「ls」というのは、フォルダーの内容を表示するコマンドです。「dir」というコマンドもあって、同じようにリストを表示することができます。

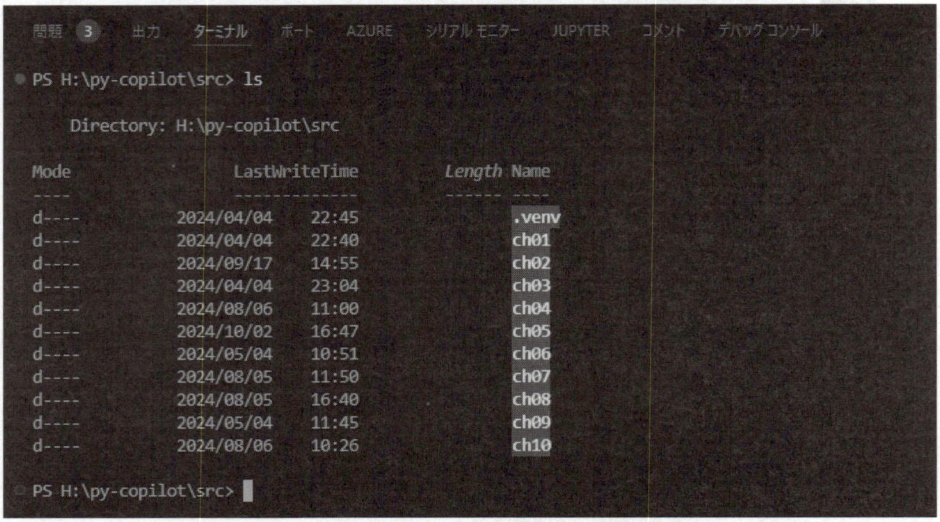

図5-13 lsコマンド

Python仮想環境である.venvフォルダーがありますね。ターミナルでは、Visual Studio Codeを開いているフォルダーが開かれるようになっています。

この状態でpipコマンドを打ち込んでいきましょう。

コード5-16　pipコマンド

```
pip install pandas
```

正常にインストールができれば、図5-14のようになります。

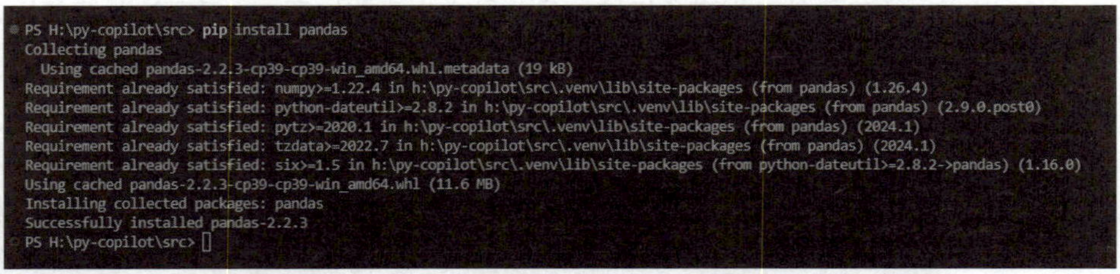

図5-14 pandasモジュールのインストール

184　第5章　ファイルアクセス

フォルダー名などは読者の環境になります。うまく「.venv」の環境にインストールできれば成功です。タイプミスなどでエラーが出る場合には、コマンド名に注意しながら何度かタイプしてみてください。Python仮想環境として「.venv」を用意しているので、間違って何か別のモジュールをインストールしてしまっても、エクスプローラーで.venvフォルダーを削除してから再び第2章で示した通りPython仮想環境を作り直せば大丈夫です。

pandasモジュールが正常にインストールされたら、セルの実行をしてみてください。実行結果が次のように変わります。たまにうまく動作しないときがあるので、そのときはVisual Studio Codeを再起動してみてください。

**コード5-15の実行結果**

```
   id name  age
0   1 John   22
1   2 Lina   33
2   3 Mike   44
3   4 Sara   55
4   5 Alex   66
```

もう一度Copilotが作成してくれたコードを見直しておきましょう。

**コード5-15（再掲）　ch05/0502.ipynb**

```
import pandas as pd ——①
file_path = 'sample.csv' ——②

# CSVファイルを読み込む
df = pd.read_csv(file_path) ——③
print(df) ——④
```

①importステートメントでpandasを読み込み、pdで参照できるようにする
②ファイル名を指定する
③read_csvメソッドを使いCSVファイルを読み込み、変数dfに格納する
④変数dfの内容をprint関数で表示する

csvモジュールのときはimportステートメントで読み込むだけでしたが、pandasのほうは「pd」という形で名前を変えています。これは別に名前を変えなくても構いません。いちいち「pandas」とタイピングするのが面倒臭いので、「pd」という名前に変えているだけです。

02 CSVファイルを読み込む

csvモジュールではreaderメソッドを使っていましたが、pandasモジュールでは③のようにread_csvメソッドを使っています。利用するモジュールによって使い方が異なるので注意してください。

　④でprint関数を使って画面に表示しています。この結果が先の実行結果になります。しかし、このprint関数の結果ではCSV形式のデータをどう扱えばよいかわかりませんね。内容をすべて表示するときはこれでもいいのですが、このままでは利用できません。

　でも大丈夫です。④のprint文を削除して、新たにコメントを書き加えます。

**コード5-17　コメントの書き換え**

```python
import pandas as pd
file_path = 'sample.csv'

# CSVファイルを読み込む
df = pd.read_csv(file_path)

# データを1行ずつ取得
```

　コメントの次の行にカーソルを置いて暫く待つと、Copilotが入力候補を出してくれます。

**コード5-18　データを1行ずつ取得**

```python
import pandas as pd
file_path = 'sample.csv'

# CSVファイルを読み込む
df = pd.read_csv(file_path)

# データを1行ずつ取得
for index, row in df.iterrows():         ──①
    print(row['id'], row['name'], row['age'])  ──②
```

①iterrowsメソッドを使い1行ずつデータを取得する
②カラム名を指定して表示する

　forステートメントを使い、1行ずつデータを取得します。indexは取得するデータの添え字（インデックス）、rowはカラムごとに分かれたリストになります。

「df.iterrows()」のようにすると、indexとrowの2つの値を含むタプル（変数の組）が取得できることがわかります。ちょっと難しいですが、indexには順番に「0」「1」「2」という数字が入ってきます。読み込んだデータのほうは変数rowのリストになっている訳です。csvモジュールの場合は「row[0]」のように数値を使って指定していましたが、pandasモジュールの場合は「row['id']」のようにカラム名で指定ができます。

たとえば、次のように変数rowを表示している行を書き換えてみましょう。

**コード5-19　データを1行ずつ取得**

```python
import pandas as pd
file_path = 'sample.csv'

# CSVファイルを読み込む
df = pd.read_csv(file_path)

# データを1行ずつ取得
for index, row in df.iterrows():
    print(row) ——①
```

① print関数で変数rowを表示する

**コード5-19の実行結果**

```
id         1
name    John
age       22
Name: 0, dtype: object
id         2
name    Lina
age       33
Name: 1, dtype: object
id         3
name    Mike
age       44
～～～　省略　～～～
```

変数rowには「id」や「name」などのCSV形式の1行目に書かれている列名（カラム名）を読み込んで、データを整理しているようです。試しに、forステートメントで使われている「row」がどういうものなのかを、マウスでポイントしてみましょう。

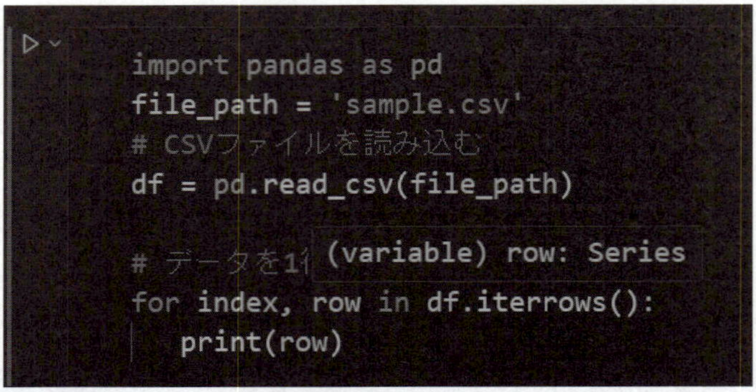

```
import pandas as pd
file_path = 'sample.csv'
# CSVファイルを読み込む
df = pd.read_csv(file_path)

# データを1行   (variable) row: Series
for index, row in df.iterrows():
    print(row)
```

図5-15 変数rowをマウスでポイントする

あるいは、forステートメントの行を選択して、Copilotに「/explain」で説明を求めてみてください。

> コード5-20　Pandas Seriesオブジェクトに対するCopilotの回答
>
> df.iterrows()は、Pandas DataFrameの行を反復処理するためのメソッドです。選択されたコード行 for index, row in df.iterrows(): は、このメソッドを使用してDataFrameの各行を順番に処理するループを示しています。
>
> このループの各反復で、iterrows()メソッドはDataFrameの行を表すタプルを返します。このタプルは、行のインデックス（index）と行のデータ（row）から構成されます。rowはPandas Seriesオブジェクトであり、行の各列の値を含んでいます。
>
> 〜〜〜　省略　〜〜〜

詳しい説明は省略しますが、反復処理（forステートメントやwhileステートメントで扱うときの繰り返し処理のことです）をするときにiterrowsメソッドを使うと、Pandasモジュールがうまくやってくれるようです。

ひとまず、CSV形式のファイルはcsvモジュールかpandasモジュールを使って扱えるようになりましたね。

## JSON形式のファイルを扱う

テキスト形式、CSV形式とファイルが読み込めるようになったので、もう1つJSON形式というものを扱ってみましょう。JSON形式は主にJavaScriptというプロ

グラム言語で扱うデータの形式だったのですが、インターネットでブラウザがサーバーとデータをやり取りするときに便利だったので、あちこちで使われるようになったデータ形式です。今ではJavaScriptだけでなく、さまざまなプログラム言語でJSON形式を扱えるようになっています。

## 5.3.1 JSON形式

いくつかのJSON形式の具体例を見ていきましょう。

**コード5-21　JSON形式の例1**
```
{
    "id": 1,
    "name": "John",
    "age": 22
}
```

なんとなく見たことがあるような形式ではないでしょうか。括弧「{}」で囲まれていて、キーと値がコロン「:」で区切られています。そうです、Pythonの辞書構造と同じ形になっています。

この例はキーや値が行単位で分かれていますが、1行で表すこともできます。

**コード5-22　JSON形式の例2（1行で示した場合）**
```
{ "id": 1, "name": "John", "age": 22 }
```

データとしては、どちらもid、name、ageというキーでデータを取得できます。次の例は、複数のデータを扱うときの例です。

**コード5-23　JSON形式の例3（複数のデータを扱う）**
```
[
    {
        "id": 1,
        "name": "John",
        "age": 22
    },
    {
        "id": 2,
        "name": "Lina",
        "age": 33
```

```
        },
~~~  省略 ~~~
        {
            "id": 5,
            "name": "Alex",
            "age": 66
        }
]
```

複数のデータをまとめて扱うときには括弧「[]」で囲みます。これはちょうどPythonでリスト構造を扱うときと同じですね。このようにJSON形式では、Pythonの辞書とリストを一緒にして使えるのです。

例3のJSON構造もそれぞれのデータを1行にまとめることができます。

**コード5-24　JSON形式の例4（データごとに1行にまとめたもの）**

```
[
    { "id": 1, "name": "John", "age": 22 },
    { "id": 2, "name": "Lina", "age": 33 },
~~~  省略 ~~~
    { "id": 5, "name": "Alex", "age": 66 }
]
```

このように書くとCSV形式と同じようにデータが扱えることがわかります。CSV形式とは異なり、それぞれの行にキー名が必要になりますが、現在ではCSV形式と同じようにいろいろな場面で活用されています。

JSON形式のデータは、CSV形式のデータからCopilotを使って変換ができます。CSV形式のデータを選択した状態で、Copilotのプロンプトで頼んでみましょう。

▼プロンプト5-4

> JSON形式に変換して。

sample.csvファイルをVisual Studio Codeで開いて、内容を選択してからプロンプトに指示を入力します。

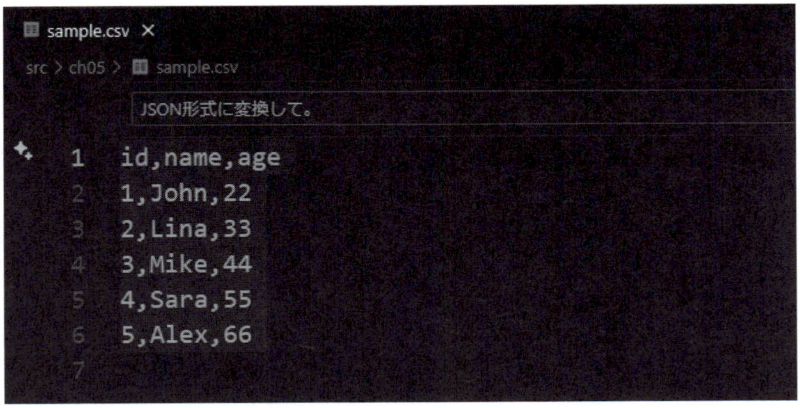

**図5-16** CopilotでCSV形式からJSON形式に変換する

　　［送信］ボタンをクリックすると、次のようにJSON形式に変換されます。

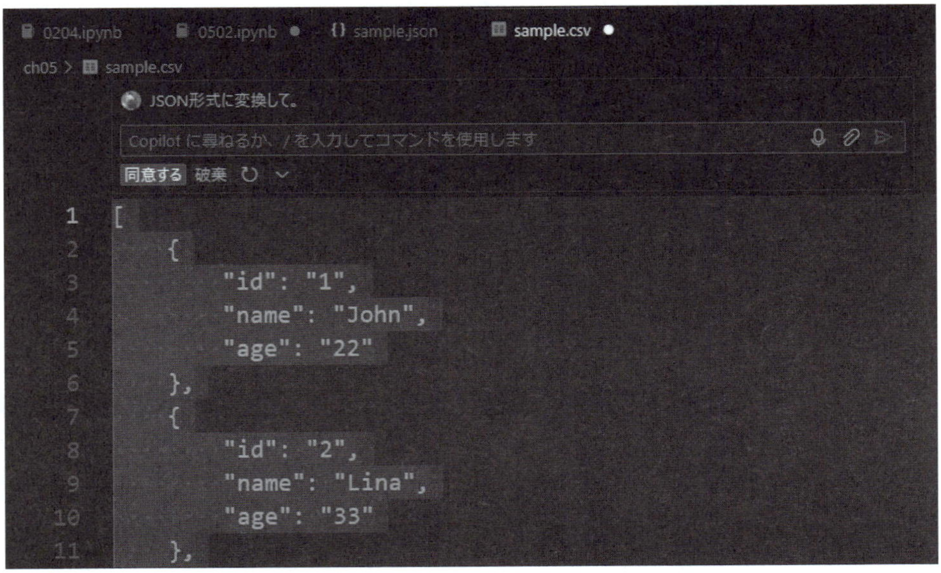

**図5-17** 変換後

　　そのままファイル名を「sample.json」として保存しておきましょう。次にJSON
形式のファイルを読み込みところで活用します。

### 5.3.2　JSON形式ファイルの読み込み

　　ではCopilotにJSON形式を読み込むサンプルコードを書いてもらいましょう。

03 JSON形式のファイルを扱う　　**191**

▼プロンプト5-5

> JSON形式を読み込むサンプルコードを書いて。

コード5-25　プロンプト5-5で書き出されるコード（ch05/0503.ipynb）

```python
import json

# ファイルパス
file_path = "sample.json"

# ファイルを読み込む
with open(file_path, "r") as file:
    data = json.load(file)

# 読み込んだデータを表示する
print(data)
```

　このまま動かすと、次のように実行エラーが出ます。テキストファイルやCSV形式のファイルのときと同じように、指定したファイルが存在しない場合には実行エラー（FileNotFoundError）になるのです。

　正しく実行できるように、sample.jsonファイルをVisual Studio Codeで作成しておきましょう。サンプルコードでは、ch05フォルダーに「_sample.json」というファイルがあるので、「sample.json」にリネームしてください。あるいは、先ほど作成したファイルを活用します。

指定したファイルがない状態でコード5-25を実行した結果のエラー

```
FileNotFoundError                         Traceback (most recent call last)
Cell In[2], line 7
      4 file_path = "sample.json"
      6 # ファイルを読み込む
----> 7 with open(file_path, "r") as file:
      8     data = json.load(file)
     10 # 読み込んだデータを表示する

〜〜〜　省略　〜〜〜

FileNotFoundError: [Errno 2] No such file or directory: 'sample.json'
```

　ファイルがうまく読み込まれると、内容が表示されるようになります。

**コード5-25の実行結果**

```
[{'id': 1, 'name': 'John', 'age': 22}, {'id': 2, 'name': …
```

実際にはJSON形式のデータが1行になって表示されています。JSON形式では、改行や途中の空白が無視されるので、この1行になっているデータもsample.jsonで書かれている改行付きのデータも同じものを示しています。

プロンプト5-5で書き出されるコードを確認しておきましょう。

**コード5-25（再掲）　プロンプト5-5で書き出されるコード（ch05/0503.ipynb）**

```
import json  ──①

# ファイルパス
file_path = "sample.json"  ──②

# ファイルを読み込む
with open(file_path, "r") as file:  ──③
    data = json.load(file)  ──④

# 読み込んだデータを表示する
print(data)  ──⑤
```

① jsonモジュールを利用する
② 変数file_pathに「sample.json」を代入する
③ open関数でファイルを開く
④ loadメソッドでJSONデータを読み込んで、変数dataに代入する
⑤ print関数で変数dataの内容を表示する

JSON形式のファイルを扱うときは、①のようにjsonモジュールを利用します。ファイルをオープンしてデータを読み込み、③で変数dataに保存します。CSV形式ではデータが1行ごとになっていますが、JSON形式の場合は行単位ではありません。このため、いったんJSONのファイル全体を読み込んでから処理をしていきます。

**コード5-26　データを1行ずつ表示**

```
import json

# ファイルパス
file_path = "sample.json"
```

```
# ファイルを読み込む
with open(file_path, "r") as file:
    data = json.load(file)

# 読み込んだデータを表示する
# print(data)

# データを1行ずつ取得
for line in data:    ──①
    print(line)    ──②
```

① 配列からデータを1つずつ取り出す
② 取り出したデータを表示する

JSON形式のデータを見ると、前後が括弧「[]」で括られています。JSON形式では、カギの括弧「[]」で括られている部分を配列、波の括弧「{}」で括られている部分は連想配列（あるいはキーとバリュー）と言います。sample.jsonのファイルの中身をよく見ると、全体がカギの括弧「[]」で囲まれていて、複数の波の括弧「{}」が含まれているという形になっているのです。

このため、①のようにforステートメントで取り出すと、配列の中にある連想配列（あるいはキーとバリュー）が1つずつ取り出される形になります。

コード5-26の実行結果
```
{'id': 1, 'name': 'John', 'age': 22}
{'id': 2, 'name': 'Lina', 'age': 33}
{'id': 3, 'name': 'Mike', 'age': 44}
{'id': 4, 'name': 'Sara', 'age': 55}
{'id': 5, 'name': 'Alex', 'age': 66}
```

さらに②の部分を分解していきましょう。CSV形式でid列やname列のデータを取り出したように、JSON形式でもidキーのnameキーの値を取り出したいところです。

コード5-27　データをキーごとに表示
```
import json

# ファイルパス
file_path = "sample.json"
```

```
# ファイルを読み込む
with open(file_path, "r") as file:
    data = json.load(file)


# データを1行ずつ取得
for line in data: ———①
    print("id: " + str(line["id"])) ———②
    print("name: " + line["name"]) ———③
    print("age: " + str(line["age"])) ———④
```

① 配列から連想配列のデータを1つずつ取り出す

② キー「id」の値を取り出して表示する

③ キー「name」の値を取り出して表示する

④ キー「age」の値を取り出して表示する


CSV形式の場合は「row[0]」のように列番号を指定していましたが、JSON形式の場合は「line["id"]」のように文字列を指定しています。この文字列はJSONに書かれているキー名になっています。

このプログラムを実行すると、次のようになります。

**コード5-27の実行結果**
```
id: 1
name: John
age: 22
id: 2
name: Lina
age: 33
id: 3
name: Mike
～～～ 省略 ～～～
```

### 5.3.3 複雑なJSON形式のデータを扱う

もうちょっと複雑なJSON形式の例を見ていきましょう。CSV形式の場合は、行と列を指定した単純な形となっていますが、JSON形式の場合はもう少し複雑な形式のデータを扱えます。むしろ、複雑なパターンを扱うためにJSON形式のデータを扱っ

03 JSON形式のファイルを扱う **195**

ているとも言えます。

　さて、複雑なJSON形式とはどういうものなのか？というのはあまり思いつかないので、Copilotに例を出してもらいましょう。

▼プロンプト5-6

入れ子になったJSONを読み込む例を示して。

　読者の環境では別のコードが出ていると思いますので、ここでは筆者がCopilotに作ってもらった例を使って解説をしていきましょう。ただし例となるコードがかなりややこしいので、ここでは要点だけを解説しておきます。

コード5-28　プロンプト5-6で書き出されるコード（ch05/0503.ipynb）

```
def print_nested_json(data, indent=0):  ──①
    for key, value in data.items():  ──②
        print(' ' * indent + str(key) + ": ", end="")  ──③
        if isinstance(value, dict):  ──④
            print()
            print_nested_json(value, indent + 2)  ──⑤
        else:  ──⑥
            print(str(value))

# 入れ子になったJSONデータの例
nested_data = {  ──⑦
    "id": 1,
    "name": "John",
    "details": {
        "age": 22,
        "address": {
            "city": "New York",
            "zipcode": "10001"
        },
        "contacts": {
            "email": "john@example.com",
            "phone": "123-456-7890"
        }
    }
}
```

第5章　ファイルアクセス

```
# 入れ子になったJSONデータを表示
print_nested_json(nested_data) ————⑧
```

① defステートメントでprint_nested_json関数を定義する

② forステートメントを使い、全てのキーと値を取り出す

③ 最初のキーを表示する

④ 値の部分が辞書（dict）であるかをチェックする

⑤ 辞書形式であれば、再びprint_nested_json関数を呼び出し、子要素を表示する

⑥ 通常の値であれば、print関数で表示する

⑦ JSON形式のデータを変数nested_dataで定義する

⑧ print_nested_json関数を呼び出す


print_nested_json関数の中で、ifステートメントの条件によって再びprint_nested_json関数を呼び出しています。これを「再帰関数」と言います。⑦で定義しているように、連想配列が入れ子になった状態（実際にはPythonの辞書形式が入れ子になっています）のときに使われるテクニックです。

このプログラムを実行すると次のような結果を得られます。

**コード5-28の実行結果**
```
id: 1
name: John
details:
  age: 22
  address:
    city: New York
    zipcode: 10001
  contacts:
    email: john@example.com
    phone: 123-456-7890
```

名前（name）や年齢（age）、住所（address）などがインデントを使ってきれいに表示されています。

さて、このプログラムはJSON形式のデータがコード中に埋め込まれてしまっていますが、これをファイルにして読み込むように変えてみましょう。変数nested_data.jsonの内容をそのまま「nested_data.json」ファイルに保存します。

03 JSON形式のファイルを扱う

**コード5-29　nested_data.json**

```json
{
    "id": 1,
    "name": "John",
    "details": {
        "age": 22,
        "address": {
            "city": "New York",
            "zipcode": "10001"
        },
        "contacts": {
            "email": "john@example.com",
            "phone": "123-456-7890"
        }
    }
}
```

　プログラムのほうは、変数nested_data.jsonにJSONデータが書かれた部分をファイルから読み込むように変更します。

**コード5-30　コード5-28を修正したもの（ch05/0505.ipynb）**

```python
def print_nested_json(data, indent=0): ――①
    for key, value in data.items():
        print(' ' * indent + str(key) + ": ", end="")
        if isinstance(value, dict):
            print()
            print_nested_json(value, indent + 2)
        else:
            print(str(value))


# ファイルから読み込む
file_path = "nested_data.json" ――②
with open(file_path, "r") as file: ――③
    nested_data = json.load(file)

# 入れ子になったJSONデータを表示
print_nested_json(nested_data) ――④
```

①print_nested_json関数はそのまま利用する
②ファイル名を変数file_pathに代入する

③ ファイルをオープンして、loadメソッドでJSONデータを読み込む
④ print_nested_json関数を呼び出す

　ファイルから読み込む部分は、他のJSONファイルと同じになります。CSV形式のように統一的に表せるわけではないですが、これでちょっと複雑なJSONも読み込めると思います。

　ですが、もう一歩進んでおきましょう。print_nested_json関数でJSONデータの内容を表示することはできたのですが、指定したキーの値はどうやって表示するのでしょうか？これができないと自由にJSON形式のデータを活用できません。ヒントとしては、print_nested_json関数で使われていた辞書（dict）が肝となるのですが、よくわからないのでCopilotに聞いてみましょう。質問は具体的にしてみましょう。

▼プロンプト5-7

> emailの値を取り出すにはどうすればいいですか？

**コード5-31　プロンプト5-7で書き出されるコード　(ch05/0505.ipynb)**

```
# emailの値を取り出す
email = nested_data["details"]["contacts"]["email"]  ──①
print("Email:", email)  ──②
```

① 辞書でキーを連ねてemailの値を取り出す
② 変数emailをprint関数で表示する

**コード5-31の実行結果**

```
Email: john@example.com
```

　①のコードを見るとわかりますが、扱うJSON形式が事前にわかっていれば、Pythonの辞書形式を使ってJSONから目的のキーの値を取り出せます。たいていの場合、読み込もうとしているJSONの構造はわかっているはずなので、①のように直接キー名を書いても問題はありません。

**コード5-32　間違ったキー名の場合**

```
# emailの値を取り出す
email = nested_data["details"]["contacts"]["none"]  ──①
print("Email:", email)
```

03 JSON形式のファイルを扱う　　**199**

念のため、①のようにキー名を間違ってしまったときにはどうなるのかを実験しておきましょう。「email」と書くところを「none」のように書き間違えてしまった場合です。

▼コード5-32を実行した結果のエラー
```
KeyError                    Traceback (most recent call last)
Cell In[10], line 2
      1 # emailの値を取り出す
----> 2 email = nested_data["details"]["contacts"]["none"]
      3 print("Email:", email)


KeyError: 'none'
```

キー名を間違えてしまった場合は、実行エラー（KeyError）となります。実行エラーの処理については読者への課題としておきましょう。

## Chapter 5 04 テキストファイルに書き出す

いろいろな形式のファイルを読み込むことができたので、今度はファイルに書き出す方法を学んでいきましょう。ファイルはコンピューターの電源を切ってもハードディスクやSSDに残るものなので、長期間データを保存したいときに便利です。

### 5.4.1 テキストを書き出す

テキストファイルを読み込んだときと同じように、書き出す場合の例をCopilotに書いてもらいましょう。

▼プロンプト5-8

> テキストファイルに書き出すサンプルコードを書いて。

▼コード5-33　プロンプト5-8で書き出されるコード（ch05/0504.ipynb）
```
# Specify the file path
file_path = "output.txt"    ——①
```

第5章 ファイルアクセス

```python
# Open the file in write mode
with open(file_path, "w") as file: ——②
    # Write text to the file
    file.write("Hello, world!") ——③

# Confirm that the text has been written to the file
print("Text has been written to the file.") ——④
```

① 変数 file_path にファイル名を代入する
② open 関数で指定ファイルを開く
③ write メソッドで「Hello, world!」という文字列を書き出す
④ 完了メッセージを print 関数で表示する

　ファイルに書き出すときにも、②のように open 関数を利用します。ただし、読み込む場合には2つめの引数が「"r"」だったのですが、書き出す場合には「"w"」となっています。ファイルを読み込むときは「read」の「r」を、ファイルに書き出すときには「write」の「w」を使います。同じファイルを読み書きするときには、「rw」と指定します。

**コード5-33の実行結果（outout.txtの内容）**
```
Hello, world!
```

　セルで実行した後に、Visual Studio Code で output.txt ファイルを開いて内容を確認しておいてください。

## 5.4.2　配列をファイルに書き出す

　テキストファイルに書き出すパターンとして、もう1つの形式を試しておきましょう。先の「Hello, world!」のように1つの変数を使ってファイルに書き出すだけではありません。たとえば、Python の配列はどうやって書き出すのでしょうか？ Copilot のプロンプトを使ってサンプルコードを作ってもらいましょう。

▼プロンプト5-9

配列をファイルに書き出すサンプルコードを書いて。

04 テキストファイルに書き出す　　**201**

コード5-34　プロンプト5-9で書き出されるコード　(ch05/0504.ipynb)

```python
# 配列の定義
array = ["apple", "banana", "cherry"]  ——①

# ファイルに配列を書き出す
with open(file_path, "w") as file:  ——②
    for item in array:  ——③
        file.write(item + "¥n")  ——④

# 書き出し完了の確認
print("配列がファイルに書き出されました。")
```

① 配列を変数arrayに作成する
② open関数でファイルを書き出しモードでオープンする
③ forステートメントで要素を変数itemに取り出す
④ 変数itemを改行付きでwriteメソッドで書き出す

　forステートメントを利用して、④のように1行ずつファイルに書き出します。writeメソッドでは改行が付かないので「"¥n"」のように改行コードを追加しています。ここでは「¥n」のように円マークが使われていますが、エディタによっては「\n」のようにバックスラッシュ記号が使われます。これをマクロ記号と言います。改行コード「¥n」やタブ記号「¥t」のようにアルファベットや漢字だけでは入力ができない文字をPythonで扱うときに利用します。

コード5-34の実行結果（outout.txtの内容）
```
apple
banana
cherry
```

　output.txtファイルを開くと、改行付きで配列の内容が書き出されています。さて、writeメソッドの使い方でちょっと実験をしておきましょう。配列を書き出すときにforステートメントを使って要素を1つずつ出力していますが、これを一度にできないでしょうか？

コード5-35　ch05/0504.ipynb

```python
# 配列の定義
array = ["apple", "banana", "cherry"]
```

```
# ファイルに配列を書き出す
with open(file_path, "w") as file:
    file.write(array) ──①


# 書き出し完了の確認
print("配列がファイルに書き出されました。")
```

①のように、配列の変数arrayをそのままwriteメソッドに渡してみます。運が良ければ、うまく出力できるかもしれません。セルの実行をしてみましょう。

**コード5-35を実行した結果のエラー**

```
TypeError                                 Traceback (most recent call last)
Cell In[3], line 6
      4 # ファイルに配列を書き出す
      5 with open(file_path, "w") as file:
----> 6     file.write(array)
      8 # 書き出し完了の確認
      9 print("配列がファイルに書き出されました。")

TypeError: write() argument must be str, not list
```

残念ながら、実行エラー（TypeError）になりました。「TypeError」というのは型が異なっているというエラーです。どうやら、writeメソッドは配列型の変数を受け付けないようです。

**コード5-36　ch05/0504.ipynb**

```
# 配列の定義
array = ["apple", "banana", "cherry"]

# ファイルに配列を書き出す
with open(file_path, "w") as file:
    file.write("\n".join(array)) ──①


# 書き出し完了の確認
print("配列がファイルに書き出されました。")
```

何回か①の行を修正していくと、Copilotの入力候補でjoinメソッドを使った例がでてきます。joinメソッドを使うと、指定した文字列を使って配列を連結してくれます。

コード5-36の実行結果（outout.txtの内容）
```
apple
banana
cherry
```

セルを実行すると、forステートメントを使ったときとほぼ同じ結果が得られます。ほぼというのが紙面ではわからないのですが、最後の「cherry」の後ろには改行コードがありません。これはjoinメソッドが配列の間に改行コードが入っているためです。

コード5-37　最後に改行を入れる場合
```python
file.write("\n".join(array) + "\n")
```

ファイルの最後に改行が入るようにするためには、このように末尾に「"\n"」を追加しておきます。

## Chapter 5
## 05 JSON形式でファイルに書き出す

JSON形式のファイルを読み込むと、そのままPythonの辞書形式（dict）で扱えることがわかりました。そうなると、Pythonで辞書形式で扱っているものをそのままファイルに書き出すことができるかもしれません。

### 5.5.1　JSON形式で書き出す

ではCopilotに書いてもらいましょう。

▼プロンプト5-10

JSON形式でファイルに書き出すサンプルを作って。

コード5-38　プロンプト5-10で書き出されるコード（ch05/0505.ipynb）
```python
import json ——①

data = { ——②
    "name": "John",
    "age": 30,
```

第5章　ファイルアクセス

```
        "city": "New York"
    }

    # ファイルに書き出す
    with open("output.json", "w") as file: ──③
        json.dump(data, file) ──④
```

そのまま実行した後に、Visual Studio Codeで「output.json」ファイルを開いて
みましょう。

**コード5-38の実行結果 (output.jsonの内容)**

```
{"name": "John", "age": 30, "city": "New York"}
```

どうやらファイルが作成できているので、大丈夫そうです。ざっとコードを見てお
きましょう。

① jsonモジュールを利用する
② 辞書形式で変数dataを作成する
③ output.jsonファイルを書き出しモードでオープンする
④ dumpメソッドを使ってファイルに書き出す

PythonでJSON形式のデータを扱うときには、②のように辞書形式を利用します。
そのまま見た目はJSON形式とそっくりだし、そのまま扱えるのが便利ですね。書き
方はJSON形式にほぼそっくりであるのですが、完全に同じという訳ではないので注
意が必要です。

**コード5-39　Pythonでは最後のカンマ「,」が許される**

```
data = {
    "name": "John",
    "age": 30,
    "city": "New York",
}
```

Pythonでは辞書形式や配列の最後の要素にカンマ「,」を付けてもエラーになりま
せん。この最後の項目にカンマ「,」を付けられるかどうかというのが実に重要で、
JSON形式の場合はこれがエラーになってしまいます。

05 JSON形式でファイルに書き出す　**205**

コード 5-40　Pythonではコメントが許される

```
data = {
    "name": "John",      # 名前
    "age": 30,           # 年齢
    "city": "New York",  # 都市
}
```

　また、Pythonの辞書形式では「#」記号で始まるコメントが許されますが、JSON形式ではこのような書き方ができません。JSON形式はプログラムではないので仕方がありませんね。ちょっとした違いではありますが、Pythonの辞書形式の書き方をJSON形式に保存するときに注意してください。

### 5.5.2　インデント付きのJSON形式で書き出す

　JSON形式のデータをみると1行にまとまっていてちょっと読みづらい感じがします。インターネットなどで解説されているJSON形式のように、改行やインデントを使った方法はどうするのでしょうか？

コード 5-41　出力結果にインデントを付ける

```
import json

data = {
    "name": "John",
    "age": 30,
    "city": "New York"
}

# ファイルに書き出す
with open("output.json", "w") as file:
    json.dump(data, file, indent=4)  ──①
```

　①のdumpメソッドの引数の部分を書き換えようとすると、Copilotが「indent=4」という入力候補を出してくれます。これが出力するときのインデントの幅になります。①の指定ではインデントが4つのスペースになっています。

コード 5-41 の実行結果　output.json

```
{
    "name": "John",
```

第5章　ファイルアクセス

```
    "age": 30,
    "city": "New York"
}
```

セルを実行すると、JSONがうまくインデントされて読みやすくなりました。インデントを付けると読みやすくはなるのですが、空白や改行が使われる分だけデータが大きくなってしまいます。あまり中身を確認しない場合は、インデントを付けなくても構いません。

### 5.5.3　配列をJSON形式にする

JSON形式のファイルに書き出すときに、他のデータ型ではどうなるのかを念のために見ておきましょう。特に配列の場合はどうなるのでしょうか？

配列になったJSONのsample.jsonの内容を変数dataに設定して動かしてみましょう。

**コード5-42　ch05/0505.ipynb**

```
import json

data = [ ──①
    {
        "id": 1,
        "name": "John",
        "age": 22
    },
    {
        "id": 2,
        "name": "Lina",
        "age": 33
    },
～～～　省略　～～～
]

# ファイルに書き出す
with open("output.json", "w") as file:
    json.dump(data, file, indent=4)
```

①の変数dataにリスト型で設定しておきます。正確には、辞書形式を内部に持って

いるリストになります。言い方はややこしくなりますが、見た目は JSON 形式そっくりなのでわかりやすいですね。このプログラムを実行して output.json の中身を確認しておきましょう。

**コード5-42の実行結果（output.jsonの内容）**

```
[
    {
        "id": 1,
        "name": "John",
        "age": 22
    },
    {
        "id": 2,
        "name": "Lina",
        "age": 33
    },
〜〜〜　省略　〜〜〜
    {
        "id": 5,
        "name": "Alex",
        "age": 66
    }
]
```

見た目がPythonのコードと同じなので一体何をやっているのだろう？という気になりますが、これが正常な状態です。うまくJSONの配列で書き出されています。

最後にもう1つだけ実験をしておきましょう。変数dataの中身がJSON形式っぽいときは大丈夫そうなのですが、では数値や文字列だけのリストの場合はどうなるでしょうか？次の①のように変数dataの中身を書き換えてみてください。

**コード5-43　コード5-42を書き換えたもの（ch05/0505.ipynb）**

```
import json

data = [ "John", "Lina", "Mike", "Sara", "Alex" ] ——①

# ファイルに書き出す
with open("output.json", "w") as file:
    json.dump(data, file, indent=4)
```

第5章　ファイルアクセス

セルを実行するとoutput.jsonファイルの中身はどうなるでしょうか？

**コード5-44の実行結果（output.jsonの内容）**

```
[
    "John",
    "Lina",
    "Mike",
    "Sara",
    "Alex"
]
```

　実行結果を見ると、JSONのキーの部分が省略されていることがわかります。実は JSONではキーを省略して値だけの配列が作れるのです。と言いますか、JavaScript の配列の形がこの書き方なのです。

05 JSON形式でファイルに書き出す

# Chapter 6

Excelから
データ読み込み

　仕事で扱うデータや学校の実験でデータにはいろいろな形式があると思いますが、主に表計算ソフトを使ったものが多いでしょう。表計算ソフトにはいろいろなものがありますが、この章ではExcelを扱ってみましょう。

# Chapter 6
## 01 Excelシートからデータを取り込む

Excelを使うとデータ保存に使うだけでなく、さまざまな方式での入力やいろいろな形式で印刷ができます。整理したデータをきれいにPDFファイルに保存しておくこともできます。

PythonではExcelを扱うためのさまざまなモジュールが提供されていますが、ここではExcelで使われているデータを読み込んでみましょう。

### 6.1.1 Excelの概要

ざっとExcelの扱い方を説明しておきましょう。

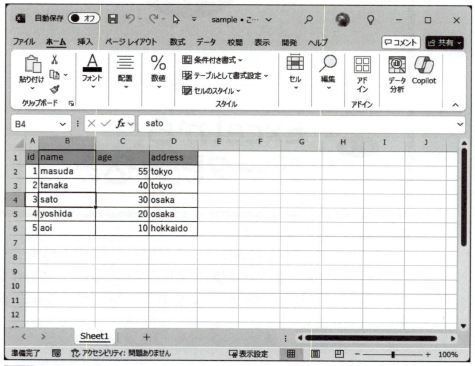

図6-1 Excelシート

表計算ソフトでは、横方向に「列」があり縦方向に「行」が並んでいます。Excelでデータを扱うときには、最初の行に列名を入れておくことが多いです。そして本来のデータは2行目から始まります。この図で2行目からidが、1、2、3と割り振ってあります。この書き方は第5章で習ったCSV形式と似ています。

**コード6-1　ch06/sample.csv**

```
id,name,age
1,John,22
2,Lina,33
3,Mike,44
4,Sara,55
5,Alex,66
```

CSV形式の場合も先頭の行に列名が並んでいます。項目の区切りはカンマ「,」になっていますが、これはちょうど、ExcelのA、B、Cの列と似ていますね。データは2行目から始まって、項目ごとのデータもカンマで区切られています。図6-1に書かれているデータをCSV形式に書き直すと次のようになります。

**コード6-2　ExcelをCSV形式に直す**

```
id,name,age,address
1,masuda,55,tokyo
2,tanaka,40,tokyo
3,sato,30,osaka
4,Yoshida,20,osaka
5,aoi,10,hokkaido
```

つまり、Excelに書かれている数値や文字列などのデータを扱うだけならば、CSV形式と同じように扱えるわけです。ライブラリによっては枠線や色なども扱えそうですが、ここでは数値と文字列だけのデータに焦点を当てていきましょう。

## 6.1.2　pandasでデータを読み込む

では、いつものようにExcelからデータを読み込むサンプルをCopilotに書いてもらいましょう。

▼プロンプト6-1

> Excelからデータを読み込むサンプルコードを書いて。

コード6-1　プロンプト6-1で書き出されるコード （ch06/0601.ipynb）

```
import pandas as pd ────①

# Read the Excel file
df = pd.read_excel('./sample.xlsx', sheet_name='Sheet1') ────②

# Display the data
print(df) ────③
```

① pandasモジュールを読み込み、「pd」と名前を付ける
② read_excelメソッドでExcelファイル「sample.xlsx」を読み込む
③ 読み込んだ内容をprint関数で表示する

①のpandasモジュールは、第5章のCSV形式のファイルの読み込みでも使ったモジュールです。モジュールをインストールするときは、［ターミナル］メニューから［新しいターミナル］でターミナルを開いて、次のコマンドを打ち込んでください。

コード6-2　pandasモジュールのインストール

```
pip install pandas
```

read_excelメソッドで読み込みたいExcelファイルを指定します。Excelファイルは複数のシートを持っているので、「sheet_name=」で目的のシート名を指定します。たいていの場合は「Sheet1」が最初のシート名です。

「'./sample.xlsx'」は、「カレントディレクトリのsample.xlsxファイル」という意味です。カレントディレクトリというのは、Pythonスクリプトなどが動作しているディレクトリのことを示しているので、意味としてはPythonスクリプト同じディレクトリにあるファイルということになります。先頭にあるピリオド「.」がカレントの意味で、スラッシュ「/」がディレクトリの区切りになります。Windowsの場合は「\」記号がディレクトリの区切りになるのですが、Linuxなどでは「/」がディレクトリの区切りになっているので、伝統的にこれを使っています。

端的に言えば、「'sample.xlsx'」のように書き換えてもプログラムは動作します。Copilotで提案されるコードなのでちょっと違った書き方がされていますね。

最後に③のprint関数で内容を表示しています。

まずは、このままセルの実行をしてみましょう。

**コード6-2を実行した結果のエラー**

```
FileNotFoundError                       Traceback (most recent call last)
Cell In[3], line 4
      1 import pandas as pd
      3 # Read the Excel file
----> 4 df = pd.read_excel('./sample.xlsx', sheet_name='Sheet1')
      6 # Display the data
      7 print(df)


File h:\py-copilot\src\.venv\lib\site-packages\pandas\io\excel\_base.py:495, in ➡
read_excel(io, sheet_name, header, names, index_col, usecols, dtype, engine, ➡
converters, true_values, false_values, skiprows, nrows, na_values, keep_default_na, ➡
na_filter, verbose, parse_dates, date_parser, date_format, thousands, decimal, ➡
comment, skipfooter, storage_options, dtype_backend, engine_kwargs)
    493 if not isinstance(io, ExcelFile):
    494     should_close = True
--> 495     io = ExcelFile(
    496         io,
    497         storage_options=storage_options,
    498         engine=engine,
    499         engine_kwargs=engine_kwargs,
    500     )
    501 elif engine and engine != io.engine:
    502     raise ValueError(
    503         "Engine should not be specified when passing "
    504         "an ExcelFile - ExcelFile already has the engine set"
    505     )


File h:\py-copilot\src\.venv\lib\site-packages\pandas\io\excel\_base.py:1550, in ➡
ExcelFile.__init__(self, path_or_buffer, engine, storage_options, engine_kwargs)
...
--> 882         handle = open(handle, ioargs.mode)
    883     handles.append(handle)
    885 # Convert BytesIO or file objects passed with an encoding


FileNotFoundError: [Errno 2] No such file or directory: './sample.xlsx'
Output is truncated. View as a scrollable element or open in a text editor. Adjust ➡
cell output settings...
```

01 Excelシートからデータを取り込む　　**215**

ちょっと長いですが、筆者が実行したときのエラー表示を示しておきます。実行エラー（FileNotFoundError）が発生していて、4行目のread_excelメソッドでエラーが出ているようですね。いつものエラーと違ってたくさんのメッセージが出てきますが、真ん中あたりの表示は読み飛ばしても大丈夫です。pandasモジュールの中で発生しているエラーを詳細に表示しているだけのものです。モジュールを利用しているときに実行エラーになると、このようにたくさんのエラーが出てきて混乱してしまうかもしれませんが、大丈夫です。現在のところは読み飛ばしても問題ないですし、モジュールの設計者でもない限り、詳細なエラーを追う必要はありません。

ここでは最後のほうに書いてある「FileNotFoundError: [Errno 2] No such file or directory: './sample.xlsx'」を見てください。つまりは、「sample.xlsx」というファイルが見つからないという実行エラーになっています。第5章のCSV形式のファイルを扱ったときにもよく出てきたエラーですね。

本書のサンプルコードでは「_sample.xlsx」というファイル名になっているので、「sample.xlsx」という名前に変えて再び実行しましょう。

**ファイル名を変更した後のコード6-2の実行結果**
```
   id     name  age   address
0   1   masuda   55     tokyo
1   2   tanaka   40     tokyo
2   3     sato   30     osaka
3   4  yoshida   20     osaka
4   5      aoi   10  hokkaido
```

CSV形式のときと同じように列ごとに揃ったデータが表示されています。

### 6.1.3 行単位でデータを表示する

print関数ですべてのデータを表示することができましたが、これだけでは役に立ちません。

データを扱いたいので、行単位でデータを取得したいところです。

コメント部分を書き換えて、Copilotに行単位のコードを入力候補に出してもらいましょう。

**コード6-3　ch06/0601.ipynb**
```
import pandas as pd
```

```python
# Read the Excel file
df = pd.read_excel('./sample.xlsx', sheet_name='Sheet1')

# 1行ずつデータを表示 ——①
for index, row in df.iterrows(): ——②
    print(row['name'], row['name'], row['age']) ——③
```

① コメントを書き替えて、Copilotの入力候補を待つ

② forステートメントを利用し行単位で繰り返し処理をする

③ 列名を指定してprint関数で表示する。

列名の表示は、Copilotの入力候補では適当なそれっぽい列名になっているので、Excelで使われている正しい列名に直しています。

**コード6-3の実行結果**

```
1 masuda 55
2 tanaka 40
3 sato 30
4 yoshida 20
5 aoi 10
```

行単位でデータが表示できるようになりました。この「row['name']」などを使えば、目的のデータをうまく取り出せそうですね。

実は、この書き方は第5章のCSV形式のファイルを扱ったときと同じです。もう一度、CSV形式のときのコードを見ておきましょう。

**コード6-4　コード5-18の再掲（ch05/0502.ipynb）**

```python
import pandas as pd
file_path = 'sample.csv'
# CSVファイルを読み込む
df = pd.read_csv(file_path)

# データを1行ずつ取得
for index, row in df.iterrows(): ——①
    print(row['id'], row['name'], row['age']) ——②
```

①と②の部分が、ExcelのときとCSV形式のときと同じになりますね。つまり、pandasモジュールを使うと、データの読み込み先がExcelファイルであってもCSV形式のファイルであっても、同じように読み込んで、データを扱えることになります。

01 Excelシートからデータを取り込む　**217**

## 6.1.4 指定した列だけ表示する

もう少しpandasモジュールを詳しく扱っていきましょう。先の例ではforステートメントを使い、列名を指定して表示をしていました。指定した列だけを表示したいときには、もうちょっと違った書き方ができます。

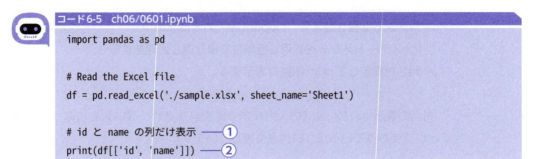

コード6-5　ch06/0601.ipynb

```
import pandas as pd

# Read the Excel file
df = pd.read_excel('./sample.xlsx', sheet_name='Sheet1')

# id と name の列だけ表示 ──①
print(df[['id', 'name']]) ──②
```

①コメントを書き替えて、idとnameの列だけを表示させる
②print関数で指定列だけを表示する

コード6-5の実行結果

```
   id     name
0   1   masuda
1   2   tanaka
2   3     sato
3   4  yoshida
4   5      aoi
```

セルを実行すると、id列とname列だけが表示されています。

「df[['id', 'name']]」という書き方がちょっと不思議ですね。これはdfがリストになっていて、その中に['id', 'name']というリストを指定しているという意味です。リストが入れ子になっているので難しいのですが、次のように書いてname列だけ取り出すこともできます。

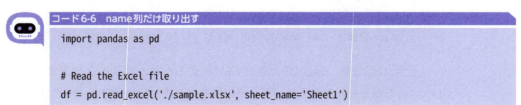

コード6-6　name列だけ取り出す

```
import pandas as pd

# Read the Excel file
df = pd.read_excel('./sample.xlsx', sheet_name='Sheet1')
```

```
# id と name の列だけ表示
print(df[['name']])
```

**コード6-6の実行結果**
```
     name
0   masuda
1   tanaka
2     sato
3  yoshida
4      aoi
```

結果を直接print関数に渡して全体を表示させていますが、forステートメントを使って書き替えることもできます。

**コード6-7　forステートメントで書き換え**
```
import pandas as pd

# Read the Excel file
df = pd.read_excel('./sample.xlsx', sheet_name='Sheet1')

# id と name の列だけ表示
for index, row in df.iterrows():       ──①
    print(row['id'], row['name'])      ──②
```

①の先頭で「for」と入力すると、Copilotが入力候補を示してくれます。引き続き、②のコードも推測してくれるので、コーディングが捗りますね。

もちろん、Copilotが候補に出してくれたコードが正しく動くかどうか、必ず動作を確認しておきましょう。

**コード6-7の実行結果**
```
1 masuda
2 tanaka
3 sato
4 yoshida
5 aoi
```

01 Excelシートからデータを取り込む　219

# Chapter 6
## 02 Excelのデータを変換する

Excelのデータをpandasモジュールで読み込むことができました。しかし、これらのデータは何か加工をして利用することが多いと思います。データをソートしたり、ある条件でデータを抽出したりすることになります。

forステートメントとifステートメントを駆使してデータを取り出すことも可能ではあるのですが、実はいろいろな方法があります。

### 6.2.1 条件を指定してデータを抽出する

まずは、地道にforステートメントとifステートメントを使った方法を考えてみましょう。1行ずつデータを取り出す方法は「df.iterrows()」のように書けばいいので、繰り返し処理の中でデータの値を比較すればよさそうです。

たとえば、年齢（age）が20以下となるデータを表示する場合には、どう書けばいいでしょうか？

コード6-8 年齢（age）が20以下となるデータを表示する（ch06/0602.ipynb）

```
import pandas as pd

# Read the Excel file
df = pd.read_excel('./sample.xlsx', sheet_name='Sheet1')

# age が 20 以下のデータだけ表示
for index, row in df.iterrows():      ①
    if row['age'] <= 20:              ②
        print(row['id'], row['name'], row['age'])   ③
```

①1行ずつデータを取得する
②ifステートメントで年齢（age）が20以下を判断する
③id列、name列、age列を表示する

### コード6-8の実行結果

```
4 yoshida 20
5 aoi 10
```

　実直な方法としては、この書き方で十分です。コードも素直に書けるので、読者はまずこの書き方ができるようになってください。コード量が多くなっても、きちんと動くコードが書けることが先決です。

　たくさんのifステートメントが重なっていくと、ややこしくなりそうですね。もうちょっと良いやり方があるかもしれないので、Copilotの入力候補を試してみましょう。

### コード6-9　コード6-8の別の記述方法（ch06/0602.ipynb）

```python
import pandas as pd

# Read the Excel file
df = pd.read_excel('./sample.xlsx', sheet_name='Sheet1')

# age が 20 以下のデータだけ表示 ──①
df = df.query('age <= 20') ──②
print(df) ──③
```

①コメントだけ書いてCopilotの応答をしばらく待つ（②、③が自動生成される）
②queryメソッドで条件を指定する
③抽出されたデータを表示する

### コード6-9実行結果

```
   id     name  age  address
3   4  yoshida   20    osaka
4   5      aoi   10  hokkaido
```

　データを抽出するためにqueryメソッドを使うことができます。②の行を選択して、Copilotのプロンプトで「/explain」と入力すると、詳しい解説をしてくれます。

### コード6-10　Copilotの解説

df = df.query('age <= 20') は、Pandas DataFrame df に対してクエリを実行し、条件に一致する行のみを抽出するコードです。この場合、age 列の値が20以下の行をフィルタリングしています。

このコードは、Pandas の query メソッドを使用しています。query メソッドは、文字列形式のクエリを受け取り、そのクエリに一致する行を返します。ここで使用されているクエリ 'age <= 20' は、age 列の値が20以下である行を選択する条件を表しています。
〜〜〜　省略　〜〜〜

要するにqueryメソッドに条件を指定すれば、条件に従ってデータを抽出してくれるようです。「age <= 20」という書き方は、age列が20以下という意味になります。読み込んだデータの列名を指定することができるので、条件が文字列になっていますが書きやすいでしょう。

次の例では、住所（address）が「tokyo」のデータだけを抽出しています。

コード6-11　住所（address）が「tokyo」のデータだけを抽出するコード

```python
import pandas as pd

# Read the Excel file
df = pd.read_excel('./sample.xlsx', sheet_name='Sheet1')

# address が 'tokyo' のデータだけ表示
df = df.query("address == 'tokyo'")  ──①
print(df)
```

コード6-11の実行結果

```
   id    name  age address
0   1  masuda   55   tokyo
1   2  tanaka   40   tokyo
```

queryメソッドで条件を指定しています。このときに、address列が「tokyo」にマッチするデータだけを抽出します。条件に文字列を指定するときは、①のように全体をダブルクォート「"」で囲んで、中の文字列をシングルクォート「'」で囲むとよいです。あるいは、逆にシングルクォート「'」で全体を囲み、中の文字列をダブルクォート「"」にします。

コード6-12　文字列の書き方

```python
df = df.query('address == "tokyo"')
```

あるいは、エスケープシーケンスである「\」記号を使って「\"」のように書くこともできます。ただし、Visual Studio Codeが利用するフォントによって、「¥」記号であったり「\」記号であったりします。

**コード6-13　エスケープシーケンスを使う場合**
```
df = df.query("address == \"tokyo\"")
```

どれも同じ結果を得ることができます。

### 6.2.2　データをソートする

データをある条件で並び替えることを「ソート（sort）」と言います。データを抽出するにはifステートメントで済むのですが、並び替えするにはちょっとしたテクニックが必要です。問題を解くための手順や処理方法のことを「アルゴリズム」と呼ぶのですが、データの並び替えをするソートのアルゴリズムはいろいろあります。いくつかあるのは、データの量や元のデータの順番、どのようなデータなのか（数値なのか文字列なのか）によって実行するときのスピードやメモリ量が変わるためです。

ソートのプログラムを自分で1から書いてもいいのですが、実はソート用のメソッドがあるのでそれを使っていきましょう。

**コード6-14　ソート用のメソッドを使ったコード（ch06/0602.ipynb）**
```
import pandas as pd

# Read the Excel file
df = pd.read_excel('./sample.xlsx', sheet_name='Sheet1')

# name でソート ──①
df = df.sort_values('name') ──②
print(df) ──③
```

① コメントだけ書いてCopilotの応答をしばらく待つ（nameでソートするコードを入力候補に出す）
② sort_valuesメソッドでソートする
③ print関数で表示する

①のコメントを入力してしばらく待つと、Copilotがsort_valuesメソッドを使った例を示します。sort_valuesメソッドの引数に列名を指定することで、データが並び替えられます。

**コード6-14の実行結果**

```
4  5     aoi  10  hokkaido
0  1  masuda  55     tokyo
2  3    sato  30     osaka
1  2  tanaka  40     tokyo
3  4  yoshida  20     osaka
```

出力された結果を見ると名前（name）順にうまくソートされていることがわかります。sort_valuesメソッドが使っているアルゴリズムや詳しい解説については、Copilotのチャットを使うと便利です。

▼プロンプト6-2

sort_values はどのようなアルゴリズムを使っていますか？

**コード6-15　プロンプト6-2に対するCopilotの回答**

Pandas の sort_values メソッドは、内部的に NumPy の numpy.sort 関数を使用しており、デフォルトでは Timsort アルゴリズムを使用しています。Timsort は、Python の組み込みソートアルゴリズムでもあり、安定で高速なソートを提供します。

Timsort は、以下の特徴を持つソートアルゴリズムです：

安定性：同じ値の要素の順序が保持されます。
適応性：既に部分的にソートされているデータに対して効率的に動作します。
複雑性：最悪の場合でも O(n log n) の時間複雑性を持ちます。
Pandas の sort_values メソッドは、以下のように使用されます：
～～～　省略　～～～

## Chapter 6 - 03 Excelシートにデータを出力する

作成したデータをExcelに保存する方法も試しておきましょう。本当はデータを保存するときはExcelのような特殊な形式ではなくて、CSV形式やJSON形式のような一般的な方法にしたほうがよいのですが、今後のために試しておくことは無駄ではありません。

## 6.3.1 Excelにデータを保存する

早速Copilotを使ってExcelにデータを保存する方法を試していきましょう。

▼プロンプト6-3

> Excelにデータを保存するサンプルコードを書いて。

コード6-16　プロンプト6-3で書き出されるコード（ch06/0603.ipynb）

```python
import pandas as pd  ――①

# サンプルデータの作成
data = {  ――②
    '名前': ['太郎', '花子', '次郎'],
    '年齢': [25, 30, 22],
    '職業': ['エンジニア', 'デザイナー', 'データサイエンティスト']
}

df = pd.DataFrame(data)  ――③

# Excelファイルに書き出し
df.to_excel('output.xlsx', index=False)  ――④

print("Excelファイルに書き出しました。")
```

① pandasモジュールを利用する
② データを作成する
③ DataFrameメソッドで変数dfに代入する
④ to_excelメソッドでフィルに保存する

詳しい内容の説明はさておき、まずはセルを実行してみてoutput.xlsxファイルを確認してみましょう。

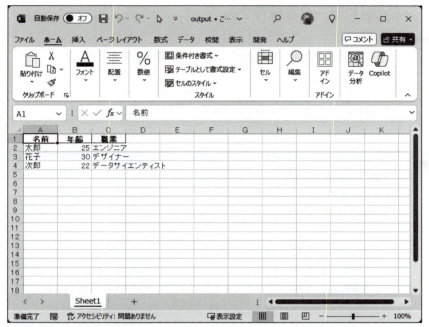

図6-2 保存したExcelファイル

ちょっとイメージとは違いますが、「名前」「年齢」「職業」の列ごとにシートに書き出されています。筆者がイメージと違うと思うのは、②のデータ作成部分です。

コード6-17 データ作成部分

```
data = {  ──②
    '名前': ['太郎', '花子', '次郎'],
    '年齢': [25, 30, 22],
    '職業': ['エンジニア', 'デザイナー', 'データサイエンティスト']
}
```

列名が「名前」「年齢」「職業」として分かれているところはいいのですが、列ごとにデータを入れるのはちょっと使いづらいですよね。どうせならば、JSON形式のように「名前」「年齢」「職業」をひとまとまりで設定したいところです。

コード6-18 データ作成部分の修正

```
data = [
    { '名前': '太郎', '年齢': 25, '職業': 'エンジニア' },
    { '名前': '花子', '年齢': 30, '職業': 'デザイナー' },
    { '名前': '次郎', '年齢': 22, '職業': 'データサイエンティスト' }
]
```

こんな風にPythonの辞書形式にしておいて、Excelに書き出すことはできないでしょうか？というわけで、実際に試してみましょう。

**コード6-19　コード6-16の書き直し（ch06/0603.ipynb）**

```python
import pandas as pd

# サンプルデータの作成
data = [
    { '名前': '太郎', '年齢': 25, '職業': 'エンジニア' },
    { '名前': '花子', '年齢': 30, '職業': 'デザイナー' },
    { '名前': '次郎', '年齢': 22, '職業': 'データサイエンティスト' }
]

df = pd.DataFrame(data)

# Excelファイルに書き出し
df.to_excel('output.xlsx', index=False)

print("Excelファイルに書き出しました。")
```

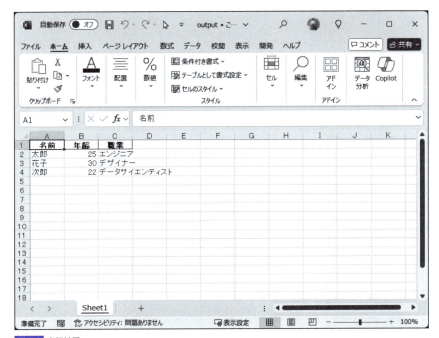

図6-3　実行結果

03 Excelシートにデータを出力する

うまくプログラムが動いたようです。どちらの形式が書きやすい（あるいはコードを読みやすい）かどうかはコードを書く人にもよるのですが、読者の好きなほうを使ってください。辞書形式を読み込んでいるDataFrameメソッドがうまくデータを変換してくれています。

DataFrameメソッドの詳細については、Copilotに尋ねてみてください。

**コード6-20　DataFrameメソッドに対するCopilotの回答**

df = pd.DataFrame(data) は、Pythonのデータ操作ライブラリであるPandasを使用して、データフレームを作成するコードです。ここで、pd は Pandas ライブラリをインポートする際に一般的に使用されるエイリアスです。例えば、import pandas as pd としてインポートされていることが多いです。

このコードの目的は、data という変数に格納されているデータを基に、新しいデータフレーム df を作成することです。データフレームは、行と列からなる2次元のデータ構造で、データの操作や分析を行う際に非常に便利です。data にはリスト、辞書、または他のデータフレームなど、様々な形式のデータが格納されている可能性があります。

～～～　省略　～～～

　昨今ではプログラムからインターネットにアクセスをしてデータを取り込んだり、逆にデータを登録したりする操作は当たり前のようになっています。本書ではWindows上からインターネットにアクセスしていますが、読者のスマートフォンからも頻繁にインターネットにアクセスしています。
　この操作の基本的なところをPythonで学んでいきましょう。

# Chapter 7
## 01 インターネットからデータを取り込む

　Web APIは、第5章のファイルアクセスでコンピューターに配置されてるデータの読み書きをしたように、インターネット上にあるデータを読み書きするための手段です。Web APIを使うと、ホームページで公開されているデータだけでなく、企業などが公開しているデータを利用することができます。

### 7.1.1　Web APIの基本

　Webサーバーは、インターネット上にあるホームページやさまざまな情報サイトやゲームサイトなどで提供されています。すべてのWeb APIが公開されている、つまり一般的に利用できるわけではなく、特定のアプリケーション（スマートフォンのアプリやゲームなど）からしかアクセスできないようにしてある、非公開のものがあります。最初に注意したいところですが、非公開になっているWeb APIはアクセスしないようにしてください。

　さて、CopilotにWeb APIのサンプルを作ってもらいましょう。

▼プロンプト7-1

Web APIを呼び出すサンプルコードを書いて。

コード7-1　プロンプト7-1で書き出されるコード（ch07/0701.ipynb）

```
import requests ──①
# Web APIのエンドポイントURL
url = 'https://api.example.com/data' ──②

# GETリクエストを送信
response = requests.get(url) ──③

# レスポンスのステータスコードを確認
if response.status_code == 200: ──④
    # レスポンスからデータを抽出
    data = response.json() ──⑤
    print('データの取得に成功しました:', data) ──⑥
```

```
else:
    print('エラー: APIからデータを取得できませんでした') ——⑦
```

① Web APIを扱うためにrequestsモジュールを利用する

② 変数urlを設定する

③ getメソッドでurlを呼び出し、応答を変数responseで受け取る

④ Webサーバーからのステータスコード「200」をチェックする

⑤ jsonメソッドで、応答データをJSON形式として受け取る

⑥ 応答データを出力する

⑦ ステータスコードが「200」以外のときの処理をする


インターネットにアクセスするためのWeb APIを扱うには、requestsモジュールを使います。requestsのgetメソッドを使うとデータを取り出せます。Web APIを呼び出すときにはいくつかのメソッドがあるのですが、このgetメソッドが一番使われるものです。

ファイルをアクセスしたときはメソッドの戻り値がそのままデータとして扱えたのですが、Web APIの場合はstatus_codeをチェックする必要があります。これはWeb APIが正常に動作しているかどうかをチェックするものです。ちょうど、ファイルアクセスをしたときにファイルがあるかどうかで実行エラーが出るのと同じです。Webサーバーのほうで正常に応答を返すことができると、「200」という数値を返してくれます。

きちんと「200」が返されたときには、⑤のようにデータを取り出します。ここではWebサーバーが返してきてくれたデータがJSON形式であるという想定になっています。場合によっては、テキスト形式であったり、画像データのようにバイナリデータであったりします。

さて、説明が少し長くなりましたが、プログラムを実行してみましょう。

**コード7-1を実行した結果のエラー**

```
gaierror                         Traceback (most recent call last)
File h:\py-copilot\src\.venv\lib\site-packages\urllib3\connection.py:196, ➡
in HTTPConnection._new_conn(self)
    195 try:
--> 196     sock = connection.create_connection(
    197         (self._dns_host, self.port),
    198         self.timeout,
    199         source_address=self.source_address,
```

```
    200            socket_options=self.socket_options,
    201        )
    202 except socket.gaierror as e:

File h:\py-copilot\src\.venv\lib\site-packages\urllib3\util\connection.py:60, ➡
in create_connection(address, timeout, source_address, socket_options)
     58     raise LocationParseError(f"'{host}', label empty or too long") from None
---> 60 for res in socket.getaddrinfo(host, port, family, socket.SOCK_STREAM):
     61     af, socktype, proto, canonname, sa = res

File D:\Python39\lib\socket.py:954, in getaddrinfo(host, port, family, type, proto, ➡
flags)
    953 addrlist = []
--> 954 for res in _socket.getaddrinfo(host, port, family, type, proto, flags):
    955     af, socktype, proto, canonname, sa = res

gaierror: [Errno 11001] getaddrinfo failed
```

残念ながら実行エラーが出てしまいました。いくつか理由があるのですが、まずは変数urlに代入してある「https://api.example.com/data」がエラーの原因です。このURLが正しくないために、実行エラーになっています。見るとわかるのですが、こんなURLは存在しません。あくまでCopilotが回答してくれたのはサンプルコードなので、そのまま動くとは限りません。

図7-1 ブラウザでの表示

試しにブラウザで表示しても、「https://api.example.com/data」にアクセスは

できません（図7-1）。requestsモジュールのgetメソッドを利用するときは、まずはブラウザで表示してみてください。ここで表示ができるものであれば、Pythonから呼び出しても大丈夫です。

URLをアクセス可能なものに変えて実験を続けてみましょう（コード7-2）。

**コード7-2　ch07/0701.ipynb**

```python
import requests
# Web APIのエンドポイントURL
url = 'https://microsoft.com'  ──①

# GETリクエストを送信
response = requests.get(url)

# レスポンスのステータスコードを確認
if response.status_code == 200:
    # レスポンスからデータを抽出
    data = response.text  ──②
    print('データの取得に成功しました:', data)
else:
    print('エラー: APIからデータを取得できませんでした ')
```

①URLを「https://microsoft.com」に変更する
②textプロパティに変更する

①のURLをブラウザでアクセス可能なサイトに変えておきます。データをそのままテキスト形式で受け取るために、②では「response.text」のように変更しておいてください。

**コード7-2の実行結果**

```
<!DOCTYPE html><html xmlns:mscom="http://schemas.microsoft.com/CMSvNext"
    xmlns:md="http://schemas.microsoft.com/mscom-data" lang="en-us"
    xmlns="http://www.w3.org/1999/xhtml"><head><link rel="shortcut icon"
            href="//www.microsoft.com/favicon.ico?v2" />
～～～　省略　～～～
```

応答で取得できるデータが長いので省略しますが、MicrosoftのサイトのHTML形式のデータが取得できます。プログラムで正常にURLを呼び出しているかどうかを確認するためには、このようにアクセス可能なURLを使って確認してみてください。

## 7.1.2　Web APIを呼び出す

今度は正しいWeb APIを呼び出してみましょう。試しに呼び出してみるWeb APIは実験用に作成したものか、既に公開さえているものを使います。今回は、気象庁がWeb APIを公開しているのでこれで試してみましょう（図7-2）。

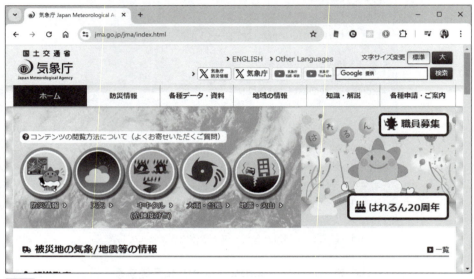

**図7-2** 気象庁のWebサイトの呼び出し

詳細なパラメータの呼び出しは省きますが、コード7-3のURLで東京の天気を取得できます。

コード7-3　気象庁のURL

```
https://www.jma.go.jp/bosai/forecast/data/forecast/130000.json
```

このURLをブラウザのアドレスに指定して開くと、図7-3のようにJSON形式のデータが取得できます。

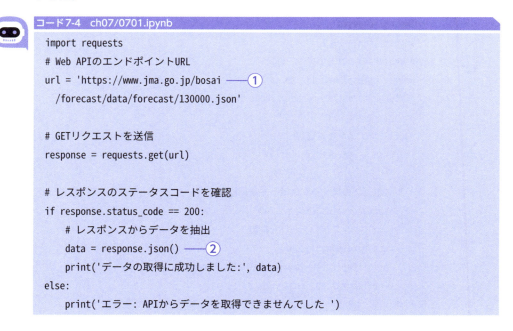

図7-3 ブラウザで表示

インデントが付いていないので非常にわかりにくいですが、動作確認としてはこれで十分です。少なくとも、このアドレスを使ってもエラーにならないことが確認できました。

コード7-4　ch07/0701.ipynb

```python
import requests
# Web APIのエンドポイントURL
url = 'https://www.jma.go.jp/bosai     ①
　/forecast/data/forecast/130000.json'


# GETリクエストを送信
response = requests.get(url)


# レスポンスのステータスコードを確認
if response.status_code == 200:
    # レスポンスからデータを抽出
    data = response.json()     ②
    print('データの取得に成功しました:', data)
else:
    print('エラー: APIからデータを取得できませんでした ')
```

① URL を気象庁のものと書き換える
② レスポンスを JSON 形式で読み込む

①のURLは紙面の都合上折り返していますが、実際には一行にして入力してください。

**コード7-4の実行結果**
```
データの取得に成功しました: [{'publishingOffice': '気象庁', 'reportDatetime': '2024-
10-15T11:00:00+09:00', 'timeSeries': [{'timeDefines': ['2024-10-15T11:00:00+09:00', …
```

セルを実行すると、ブラウザと同じようにJSON形式でデータが取得できます。JSONのデータが1行になってしまっているので、これでは読みづらいのですが動作確認としては十分でしょう。

内容を確認したいところですが、このままでは確認しようがありませんね。せめてprint関数で表示するときに改行やインデントを付けておきたいところです。

JSON形式のデータをフォーマットする方法は第5章で既に学びました。覚えていますか？いえ、忘れていても大丈夫です。Copilotのプロンプトに「JSON形式をインデントして表示するには？」と打ち込んだり、コードに「# JSON形式に変換する」と書けば、Copilotが適切な入力候補を出してくれます。

**コード7-5　ch07/0701.ipynb**
```python
import requests
import json ─①
# Web APIのエンドポイントURL
url = 'https://www.jma.go.jp/bosai
    /forecast/data/forecast/130000.json'

# GETリクエストを送信
response = requests.get(url)

# レスポンスのステータスコードを確認
if response.status_code == 200:
    # レスポンスからデータを抽出
    data = response.json()
    formatted_json = json.dumps(data, indent=4) ─②
    print(formatted_json) ─③
else:
    print('エラー: APIからデータを取得できませんでした')
```

① jsonモジュールをインポートする

② インデント数を4にしてJSONデータをフォーマットする
③ フォーマットしたJSON（変数formatted_json）の内容を出力する

　ファイルに出力するときはdump関数を使いますが、データを変換するときは②のにdumps関数を使います。以前ならば、該当するマニュアルを探したりインターネットでjsonモジュールのリファレンスを探したりするところですが、最近ならばCopilotに尋ねてみるのがよいです。もちろん、Copilotだけでは正解にたどりつけないこともあるので、そのときには正式なマニュアルに当たってください。

　たとえば、Googleなどで「python json dump」などで検索すれば、「https://docs.python.org/ja/3/library/json.html」にたどり着けます（図7-4）。

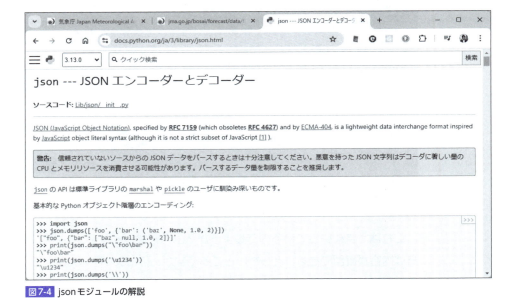

図7-4 jsonモジュールの解説

　セルを実行すると、次のようなJSONデータが出力されます。

実行結果
```
[
    {
        "publishingOffice": "\u6c17\u8c61\u5e81",
        "reportDatetime": "2024-10-15T11:00:00+09:00",
        "timeSeries": [
            {
                "timeDefines": [
```

01 インターネットからデータを取り込む

```
                "2024-10-15T11:00:00+09:00",
                "2024-10-16T00:00:00+09:00",
                "2024-10-17T00:00:00+09:00"
            ],
            "areas": [
                {
                    "area": {
                        "name": "\u6771\u4eac\u5730\u65b9",
                        "code": "130010"
                    },
                    "weatherCodes": [
                        "101",
                        "200",
                        "200"
                    ],
                    "weathers": [
"\u6674\u308c\u3000\u6642\u3005\u3000\u304f\u3082\u308a",
"\u304f\u3082\u308a\u3000\u6240\u306b\u3088\u308a\u3000\u663c\u904e\u304e\u3000\
u304b\u3089\u3000\u96e8",
...
                    ]
                }
            }
        ]
```

　これはうまくいっているのでしょうか？出力結果がインデントされていて、これなら
ば内容が確認できる、としたいところですが、「"\u6c17\u8c61\u5e81"」のよう
な不思議な文字が並んでいます。このままでもプログラムで使うには大丈夫そうです
が、内容がわからないのでは困りますね。何か書いてあるのかわからいので、実はう
まくWeb APIが呼び出されたかどうか判断できません。

　実は「"\u6c17\u8c61\u5e81"」の部分は、「\u9999」のような書き方である
Unicodeエスケープになっています。JSON形式のデータの場合、アルファベットや
数字以外は、このようなUnicodeエスケープを使うことが多いのです。ひらがなや漢
字、あるいは絵文字もUnicodeエスケープで送られてきます。

　では、このUnicodeエスケープを漢字やひらがなに変換して表示してみましょう。
読みやすくするためには、codecsモジュールを利用します。

第7章　インターネットアクセス

### コード7-6　ch07/0701.ipynb

```
unicode_str = "\\u6c17\\u8c61\\u5e81"  ①
normal_str = unicode_str.encode('utf-8').decode('unicode-escape')  ②

print(normal_str)  ③
```

① JSONコードからUnicodeエスケープされた文字列を変数unicode_strに代入する
② 変数unicode_str内の文字列をUTF-8コードに変換する。
③ print関数で表示する

Unicodeエスケープでは「\u6c17\u8c61\u5e81」のように書かれていますが、コードでは「\\u6c17\\u8c61\\u5e81」のように「\」記号を2つ重ねます。文字列の中では「\」記号がエスケープ文字（マクロ文字）として扱われるので、文字列の中で「\」自身を表したいときは「\\」のようにするのです。

このコードを実行すると、次のように文字が読めるようになります。

**実行結果**

気象庁

なるほど。「気象庁」だったのです。これであれば、うまくWeb APIが呼び出されているようです。では、JSON形式のデータの内容をすべて変換してみましょう。

### コード7-7　ch07/0701.ipynb

```python
import requests
import json
# Web APIのエンドポイントURL
url = 'https://www.jma.go.jp/bosai/forecast/data/forecast/130000.json'

# GETリクエストを送信
response = requests.get(url)

# レスポンスのステータスコードを確認
if response.status_code == 200:
    # レスポンスからデータを抽出
    data = response.json()
    formatted_json = json.dumps(data, indent=4)
    normal_str = formatted_json.encode('utf-8').decode('unicode-escape')  ①
```

```
        print(normal_str) ——②
else:
    print('エラー: APIからデータを取得できませんでした ')
```

① インデント付きでフォーマットされた変数formatted_jsonの内容を変換して
　 変数normal_strに代入する
② 変数normal_strを表示する

セルを実行すると、次のようにきちんと日本語で表示されるようになります。

**実行結果**

```
[
    {
        "publishingOffice": "気象庁",
        "reportDatetime": "2024-10-15T17:00:00+09:00",
        "timeSeries": [
            {
                "timeDefines": [
                    "2024-10-15T17:00:00+09:00",
                    "2024-10-16T00:00:00+09:00",
                    "2024-10-17T00:00:00+09:00"
                ],
                "areas": [
                    {
                        "area": {
                            "name": "東京地方",
                            "code": "130010"
                        },
                        "weatherCodes": [
                            "101",
                            "200",
                            "200"
                        ],
                        "weathers": [
                            "晴れ　夜のはじめ頃　くもり",
                            "くもり　所により　昼過ぎ　から　雨",
...
                    ]
                }
```

```
        }
    ]
```

　この構造を見て、明日の東京の天気を抜き出してみましょう。気象庁のWeb APIにJSON構造の詳細なリファレンスがあればよいのですが、そのようなマニュアルはありません。しかしJSON形式のデータの内容を見ればおおむね想像がつきます。
　次のコード7-8は筆者が解析したときのコードです。

**コード7-8　ch07/0701.ipynb**
```
area = data[0]["timeSeries"][0]["areas"][0]["area"]["name"]  ──①
tomorrow = data[0]["timeSeries"][0]["areas"][0]["weathers"][1]  ──②
print(area, tomorrow)  ──③
```

① dataからエリア名を取得する
② dataから明日の天気を取得する
③ エリア名と明日の天気を表示する

**実行結果**
```
東京地方 くもり　所により　昼過ぎ　から　雨
```

　Web APIを呼び出すときのURLを変更していけば、東京の天気だけでなく札幌や大阪の天気も取得ができます。ぜひ試してみてください。

## Chapter 7 -02　インターネットでデータを検索する

　その昔、何か調べものをするときには図書館に通っていたものですが、最近では小学生でもインターネットを使って調べものをします。手元のスマートフォンでの検索だけでなく、PCを使った検索を学校では習います。
　では、たとえば「Python」という用語で検索しようとしたとき、どうすればいいでしょうか？

## 7.2.1 Googleで検索する

　気象庁のサイトを使って天気のデータを取り出したときには、固定のURL「https://www.jma.go.jp/bosai/forecast/data/forecast/130000.json」を使いました。最後の「130000」の部分は東京都を示すコードなので、うまく調べて変更すれば東京以外の天気予報の情報も取得ができます。

　しかし、当然のことではあるのですが、気象庁のサイトからは天気予報のデータしか取り出せません。もっと、映画とかプログラミングとか、雑多な情報を検索したいときにはどうすればいいでしょうか？

図7-5 Googleの検索画面

　おなじみのGoogleのサイトです（図7-5）。真ん中の入力部分に検索したい単語を入れればうまく検索してくれます。小学校でも使っていたでしょうし、今でも使うことが多いでしょう。Googleのサイトは「https://google.com」で開きます。

　この入力部分に「Python」と打ち込んでEnterキーを押して検索をしてみましょう。

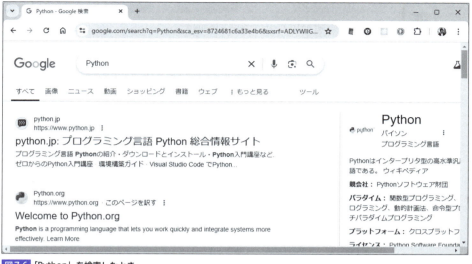

図7-6 「Python」を検索したとき

「Python」の情報がたくさん出力されます。普通の場合は「Python」だけではなく、「Python 初心者」で初心者用の勉強サイトを見つけ出したり、「Python インストール」でPythonのインストールの仕方が詳しく載っているサイトを探したりするところでしょう。

さて、ブラウザのURLアドレスの部分をあらためて見ておきましょう（コード7-9）。

コード7-9　URLアドレス

```
https://www.google.com/search?q=Python&sca_esv=8724681c6a33e4b6&sxsrf=ADLYWILPG9ySD
wG8nnXEAL-2EsOQ45-iWQ%3A1729660390461&ei=5oUYZ6XcG_Kd0-kPu6a94Ag&ved=0ahUKEwil556J3
6OJAxXyzjQHHTtTD4wQ4dUDCA8&uact=5&oq=Python&gs_lp=Egxnd3Mtd2l6LXNlcnAiBlB5dGhvbjIKE
CMYgAQYJxiKBTIKECMYgAQYJxiKBTIEECMYJzIQEAAYgAQYsQMYQxiDARiKBTIKEAAYgAQYQxiKBTINEAAYgA
QYsQMYQxiKBTIKEAAYgAQYQxiKBTIQEAAYgAQYsQMYQxiDARiKBTILEAAYgAQYsQMYgwEyCxAAGIAEGLEDGI
MBSP8TUMASWMAScAF4AZABAJgBX6ABX6oBATG4AQPIAQD4AQGYAgKgAmzCAgoQABiwAxjWBBhHmAMAiAYBk
AYKkgcBMqAHoAc&sclient=gws-wiz-serp
```

なにやら謎な文字がたくさん書かれていますが、ここで必要なのは最初の部分です。「https://www.google.com/search?q=Python」のように、「https://www.google.com/search」の後に「?」記号が付いていて、その後に「q=Python」という文字列が書かれています。おそらく「q=Python」の「Python」の文字列は検索しようと入力したときの文字です。「Python」の前についている「q=」は何か検索するときの記号かマークに違いありません。

**コード7-10　URLコードを変更する**

```
https://www.google.com/search?q=Linux
```

　試しにURLアドレスの「Python」部分を「Linux」に変えて（コード7-10）、直接ブラウザで実行してみましょう。

**図7-7** GoogleでLinuxを検索

　Enterキーでブラウザを更新すると「Linux」での検索結果が表示されます。ちょうど、Googleの検索ボックスに「Linux」と入力したときと同じ結果が得られます。

　つまりGoogleの検索ではわざわざ検索ボックスに文字を入力しなくても、URLを直接書き換えることで目的の単語を検索することができるのです。こうなると、気象庁のサイトで東京都の天気予報を取得したときと同じように、Googleのサイトから目的の単語で検索するPythonコードを書けそうですね。

　気象庁のサイトを利用したコードを書き替えてもよいのですが、ここはいったんCopilotに尋ねてみましょう。

▼プロンプト7-2

> 指定した単語でGoogleで検索するコードを書いて。

**コード7-11　プロンプト7-2で書き出されるコード（ch07/0702.ipynb）**

```
import webbrowser
```

244　　第7章　インターネットアクセス

```python
def google_search(keyword):
    search_url = f"https://www.google.com/search?q={keyword}"
    webbrowser.open(search_url)


# Example usage
google_search("GitHub Copilot")
```

これは筆者がCopilotに作ってもらったコードです。そのまま実行してみましょう。

**図7-8** コード7-11の実行結果

ちょっと思っていたのと違う結果が出てきましたね。気象庁のデータのように検索結果のデータが表示されると思いきや、ブラウザで「GitHub Copilot」が検索された結果がでてきました。ブラウザはPythonから自動で表示されています。

これはこれで便利なのですが、ここで作って欲しいのはrequestsモジュールを使ったときの例です。ですが、せっかくなのでコード7-11の解説をしておきましょう。

コード7-11（再掲） ch07/0702.ipynb

```python
import webbrowser ──①

def google_search(keyword): ──②
    search_url = f"https://www.google.com/search?q={keyword}" ──③
    webbrowser.open(search_url) ──④
```

02 インターネットでデータを検索する　245

```
# Example usage
google_search("GitHub Copilot") ──⑤
```

① webbrowser モジュールを利用する
② google_search 関数を作成する
③ 文字列 search_url を作成する。引数 keyword を使う
④ webbrowser オブジェクトの open メソッドで search_url を呼び出す。
⑤ google_search 関数を呼び出す。

ちょっと気になるところは、③のURLを作成しているところです。変数 keyword を URL に埋め込んでいるのですが、「{keyword}」のように括弧を使って変数名を直接埋め込んでいます。そして、フォーマットする文字列の先頭に「f」を付けています。

いままで print 関数を使って表示するときや、文字列を作成するときは「+」記号などを使って文字列同士を連結させていましたが、「f」記号を使って変数名を埋め込みながらフォーマットすることが Python では可能です。

では、プロンプトを少し変えてコードを作り直してもらいましょう。明示的に「requests モジュール」を利用することを示してみます（プロンプト 7-3）。

▼プロンプト 7-3

requests モジュールを使って Google で検索するコードを書いて。

コード 7-12　プロンプト 7-3 で書き出されるコード（ch07/0702.ipynb）

```
import requests ──①

def search_word(keyword): ──②
    search_url = f"https://www.google.com/search?q={keyword}" ──③
    response = requests.get(search_url) ──④
    if response.status_code == 200: ──⑤
        return response.text
    else:
        return None

# Example usage
search_results = search_word("GitHub Copilot") ──⑥
print(search_results) ──⑦
```

第 7 章　インターネットアクセス

① requestsモジュールを利用する

② search_word関数を定義する

③ 検索用の変数search_urlを作成する

④ requests.getメソッドでURLを呼び出す

⑤ HTTPプロトコルのステータスコードが「200」であることをチェックする

⑥ search_word関数を呼び出して、検索結果search_resultsを取得する

⑦ 変数search_resultsの内容をprint関数で表示する

　気象庁のデータを利用したときと同じように、requests.getメソッドを使いURL
を呼び出します。レスポンスのステータスコードを確認して、データ取得に成功して
いればresponse.textでテキストを返すようにしています。

　このプログラムを実行すると、次のような結果が得られます。

**コード7-12の実行結果**

```
<!doctype html><html lang="ja"><head><meta charset="UTF-8"><meta content="/images/➡
branding/googleg/1x/googleg_standard_color_128dp.png" itemprop="image"><title>➡
GitHub Copilot - Google &#26908;&#32034;</title><script ➡
nonce="UgUb6qDxgnOJO7H6tvpNsw">(function(){
document.documentElement.addEventListener("submit",function(b){var a;if(a=b.target)➡
{var c=a.getAttribute("data-submitfalse");a=c==="1"||c==="q"&&!a.elements.q.value?!➡
0:!1}else
～～～　省略　～～～
```

　よくわからない文字列が返ってきていますが、ひとまずこれでデータの取得ができ
ています。気象庁のWeb APIではJSON形式で返ってきていますが、Googleの検索
結果はブラウザで表示するためにHTMLやJavaScriptのコードが返ってきます。こ
のHTMLやJavaScriptコードをブラウザがうまく解釈して、ブラウザで表示される
きれいな画面がでてくるのです。

　しかし、データとして扱うとなると、Googleの返してくれる検索結果は複雑すぎ
ます。そうなるとこれはブラウザでしか活用できないので、Pythonで利用するには
難しすぎますね。諦めるのがいいのでしょうか？

## 7.2.2　Googleで検索した結果を整理する

　そんなことはありません。かなり複雑にはなっていますが、実はブラウザ上では一

定のルールでHTML形式として書かれていることがわかります。

図7-9 ブラウザで［検証］を選択

　ブラウザで「GitHub Copilot」を検索したときに、それぞれのタイトルが表示されています。このタイトル部分を右クリックして、メニューから［検証］を選択してみましょう（図7-9）。

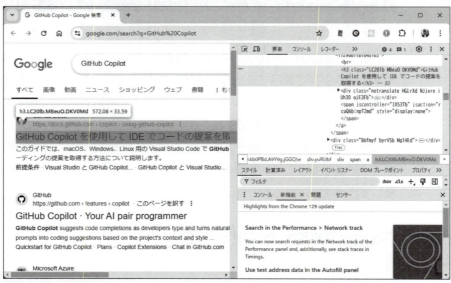

図7-10 要素を特定する

［検証］を選択すると、選んだHTMLタグの様子がブラウザに表示されます。ここではHTMLの「H3」タグがタイトルに使われていることがわかります。細かい部分の構造を調べるのは大変なのですが、Googleの検索結果のようにリストになっている場合はだいたいの目安を付けてタイトル部分やリンク部分を調べてみるとよいです。

　ここでのGoogleの検索結果では、それぞれのタイトル部分にH3タグが使われていることがわかったので、これを一覧で抜き出せば検索結果の情報を整理できそうです。

　Copilotのプロンプトに「H3タグで抜き出すには？」と尋ねてみましょう（プロンプト7-4）。

▼プロンプト7-4

> H3タグで抜き出すには？

**コード7-13　プロンプト7-4で書き出されるコード（ch07/0702.ipynb）**

```
from bs4 import BeautifulSoup ──①

# Convert the search_results string to HTML format
html_doc = search_results ──②

# Create a BeautifulSoup object
soup = BeautifulSoup(html_doc, 'html.parser') ──③

# Find all H3 tags
h3_tags = soup.find_all('h3') ──④

# Print the H3 tags
for h3 in h3_tags: ──⑤
    print(h3.text)
```

①bs4モジュールを利用する。BeautifulSoupライブラリを使う
②検索結果を変数html_docに入れ直す
③BeautifulSoupクラスを使い、HTML形式としてパースする
④「h3」タグを見つけて、h3_tagsリストに保存する
⑤h3_tagsの内容を表示する

bs4モジュールをインストール（pip install bs4）して、BeautifulSoupライブラリを使えるようにします。bs4モジュールはVisual Studio Codeのターミナルを使ってインストールしてください。

③のようにHTML形式で読み込んでから、④のように目的のタグを取り出します。詳しい使い方は、③の「BeautifulSoup」を選択した状態で、Copilotに「/explain」コマンドを使って説明を求めてください。パーサーの切り替え（データ内にあるタグを解析して利用しやすいようにすること）もできるのですが、ひとまずCopilotが提案したコードのように、html.parserを使えばよいでしょう。

**コード7-13の実行結果**

```
GitHub Copilot を使用して IDE でコードの提案を取得する
GitHub Copilot · Your AI pair programmer
GitHub Copilot - Microsoft Azure
Github Copilotとは？使い方や料金、VScodeへの導入方法を解説
GitHub Copilotの導入メモ - Qiita
なぜ我々は GitHub Copilot Enterprise の導入を見送ったのか
〜〜〜 省略 〜〜〜
```

find_allメソッドを使って、h3タグだけを検索して表示したものです。実際にはデータ構造として「h3」の指定だけだと別のデータまで取得する可能があるのですが、ここでは簡単な動作だけの確認に留めておきましょう。きちんとしたデータを取得するには、気象庁のようなJSON形式の整理されたWeb APIを利用するか、検索結果をもっと解析してHTMLタグについているidやname、表示に使われているスタイルなどを頼りに正確なデータを取得するように工夫します。

---

Chapter
7

## 03 データをインターネットに送信する

インターネットのサーバーから情報を取り出すことができるようになりました。Web APIの呼び出しだけでなく、ちょっと手間はかかりそうですが通常のWebページから情報を抜き出すことも可能そうです。Web APIが公開されていなくても、ブラウザで表示されているHTMLをうまく解析すれば目的のデータが取りだせます。

さて、インターネットは双方向の通信手段ですから、データを受け取るだけでなく、データを送り出すこともできるはずです。これをPythonで試していきましょう。

## 7.3.1 簡易Webサーバーを作成する

インターネットで利用するサーバーを「Webサーバー」あるいは「HTTPサーバー」と言います。普段、私達が使っているブラウザやスマホなどは「クライアント」と呼ばれるもので、クライアントからWebサーバーにURLなどを送信して、その結果をWebサーバーが作成しクライアントに送り返してきます。

これまではPythonでクライアントのプログラムを作ってきましたが、実はサーバーのプログラムもPythonで作ることができます。本格的なものもあるのですが、ここでは簡易Webサーバーを作って試してみましょう。

WebサーバーはNotebook上ではなく、Pythonスクリプトとして動作させます。クライアントの場合はプログラムを1回だけ動かしてそのまま終了すればよいのですが、サーバーのプログラムは常にクライアントからの受信待ちをしないといけないので、Notebook上では動かしづらいためです。

Visual Studio Codeで「simple_server.py」というファイルを作って、Copilotに次のようなプロンプトを打ちこんでみましょう（プロンプト7-5）。

▼プロンプト7-5

> 簡易Webサーバーを作って。

**コード7-14　プロンプト7-5で書き出されるコード（simple_server.py）**

```python
import socketserver
import http.server

PORT = 8000

Handler = http.server.SimpleHTTPRequestHandler

with socketserver.TCPServer(("", PORT), Handler) as httpd:
    print(f"Serving at port {PORT}")
    httpd.serve_forever()
```

サーバープログラムを動かす場合には、PowerShellなどを開いてPythonスクリプトを実行します（コード7-15）。

**コード7-15　簡易Webサーバーの実行スクリプト**

```
python simple_server.py
```

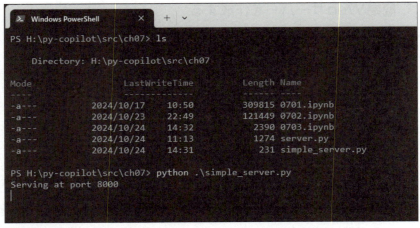

図7-11 PowerShellで実行

「Serving at port 8000」という表示が出て、クライアントからの受信待ち状態になります。このポート番号というのは、サーバーにアクセスするときの番号です。この番号にはあらかじめ決まったものがいろいろと定義されています。たとえばブラウザでつなぐときに「http://」の場合は80番、「https://」のときは443番と決まっています。

通常、HTTPプロトコルは80番を使うのですが、「http://servername:8000」のようにポート番号を指定することもできます。Pythonで作成した簡易Webサーバーの「Serving at port 8000」というのは、8000番で待ち受けしているという意味です。

では、ブラウザを使って簡易Webサーバーに接続してみましょう。ブラウザのアドレスに「http://localhost:8000」のように入力します。「localhost」というのは自分自身のコンピュータに接続するという意味で、実行するコンピュータ上で動いている簡易Webサーバーを呼び出すようになります。

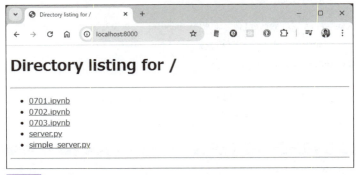

図7-12 実行結果

思った通りの結果になったでしょうか？筆者的には、かなり思っていたのと違う結果になりました。フォルダーの中にあるファイル名のリストが表示されていますね。たまに、Webサーバーでディレクトリを公開しているサーバーがありますが、それと似たような感じになります。

ここでの説明は省きますが、「socketserver.TCPServer」を使うと、生のTCP/IPを扱うのでちょっと低レベル過ぎるのです。細かいバイナリ通信をしたいときにはよいのですが、今回のように簡易Webサーバーを作りたいときには向いていません。

もうちょっとプロンプトを工夫してみましょう。新しく「server.py」というファイルを作って、次のようにプロンプトを打ち込みます。

▼プロンプト7-6

> POSTできる簡易Webサーバーを作って。

コード7-16　プロンプト7-6で書き出されるコード（server.py）

```python
from http.server import BaseHTTPRequestHandler, HTTPServer
import json

class SimpleHTTPRequestHandler(BaseHTTPRequestHandler):
    def do_POST(self):
        content_length = int(self.headers['Content-Length'])
        post_data = self.rfile.read(content_length)
        response = {
            'received': json.loads(post_data.decode('utf-8'))
        }
        self.send_response(200)
        self.send_header('Content-type', 'application/json')
        self.end_headers()
        self.wfile.write(json.dumps(response).encode('utf-8'))

def run(server_class=HTTPServer, handler_class=SimpleHTTPRequestHandler, port=8080):
    server_address = ('', port)
    httpd = server_class(server_address, handler_class)
    print(f'Starting server on port {port}...')
    httpd.serve_forever()

if __name__ == '__main__':
    run()
```

随分複雑なコードになりましたが、これがPOSTを試すための簡易Webサーバーです。説明は後でしますが、Webサーバーにデータを送信したいときは「POSTメソッド」というものを使います。

実はこのままでは使いづらいので、よく使われる「GETメソッド」も追加しておきましょう。

▼プロンプト7-7

> GETメソッドも追加して。

**コード7-17　server.py**

```python
from http.server import BaseHTTPRequestHandler, HTTPServer
import json

class SimpleHTTPRequestHandler(BaseHTTPRequestHandler): ──①
    def do_GET(self): ──②
        response = {
            'message': 'Hello, world!'
        }

        self.send_response(200)
        self.send_header('Content-type', 'application/json')
        self.end_headers()
        self.wfile.write(json.dumps(response).encode('utf-8'))
    def do_POST(self): ──③
        content_length = int(self.headers['Content-Length'])
        post_data = self.rfile.read(content_length)
        response = {
            'received': json.loads(post_data.decode('utf-8'))
        }

        self.send_response(200)
        self.send_header('Content-type', 'application/json')
        self.end_headers()
        self.wfile.write(json.dumps(response).encode('utf-8'))

def run(server_class=HTTPServer, handler_class=SimpleHTTPRequestHandler, ➡
port=8080): ──④
    server_address = ('', port)
```

```
        httpd = server_class(server_address, handler_class)
        print(f'Starting server on port {port}...')
        httpd.serve_forever()

    if __name__ == '__main__':  ——⑤
        run()
```

うまくGETメソッド（do_GET）が追加されました。SimpleHTTPRequestHandlerクラスが二重で作られることもあるので、適当にコードを修正して1つのSimpleHTTPRequestHandlerクラスにまとめてください。

コード7-17をおおまかに解説しておきます。

① Webサーバーの応答を処理するSimpleHTTPRequestHandlerクラスを定義する
② HTTPプロトコルのGETを処理するdo_GETメソッドを定義する
③ HTTPプロトコルのPOSTを処理するdef do_POSTメソッドを定義する
④ Webサーバーを実行するrun関数を定義する
⑤ スクリプトが実行されたときrun関数を実行する

では、先ほどと同じようにPowerShellでserver.pyスクリプトを実行してみましょう。

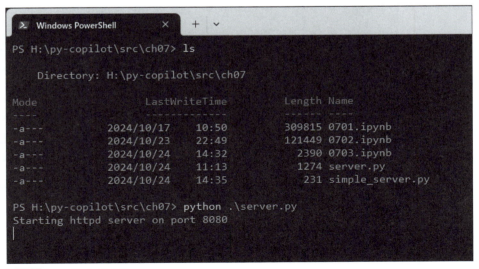

図7-13 PowerShellでの実行

03 データをインターネットに送信する

今度は8080番で待ち受けしているようなので、ブラウザで「http://localhost:8080」で動かしてみましょう。

**図7-14** 実行結果

どうやらうまく接続ができたようです（図7-14）。ブラウザにコード7-18のように表示されています。

**コード7-18　ブラウザの表示**

{"message": "Hello, world!"}

表示がJSON形式となっているので、このまま使えそうですね。

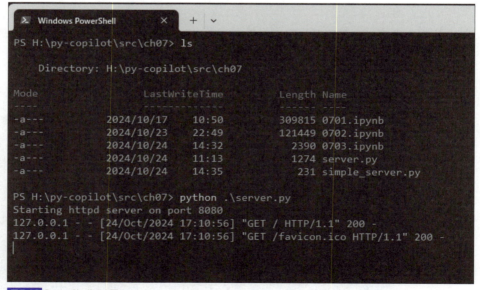

**図7-15** PowerShellの表示

簡易Webサーバーには「"GET / HTTP/1.1" 200 -」のように表示されています（図7-15）。ブラウザを何回かリロードするとこの表示も増えていくので、うまくWebサーバーが動いていることがわかります。Webサーバーを止めたいときは、

Ctrl+CキーでPythonを止めてください。

## 7.3.2　GETメソッドを試す

まずは、この簡易Webサーバーを使ってHTTPプロトコルのGETメソッド（do_GETメソッド）の動きを見ていきましょう。

気象庁のサーバーから天気予報のデータをJSON形式で取得したり、Googleで検索したい単語を指定して検索した結果を取得したりする場合は、主にGETメソッドが使われます。このときの動作はserver.pyのdo_GETメソッドで記述されています。

コード7-19　server.py

```python
class SimpleHTTPRequestHandler(BaseHTTPRequestHandler):    ──①
    def do_GET(self):    ──②
        response = {    ──③
            'message': 'Hello, world!'
        }
        self.send_response(200)    ──④
        self.send_header('Content-type', 'application/json')    ──⑤
        self.end_headers()
        self.wfile.write(json.dumps(response).encode('utf-8'))    ──⑥
```

①BaseHTTPRequestHandler継承するSimpleHTTPRequestHandlerクラスを定義する。
②do_GETメソッドをオーバーライドする
③レスポンスを作成する
④応答ステータスを「200」に設定する
⑤ヘッダにコンテントタイプ（Content-type）を定義する
⑥JSON形式のデータをサーバーの応答として返す。

①の「クラスの継承」部分が難しいところですが、要するにWebサーバーを作成するときにあらかじめ便利なBaseHTTPRequestHandlerクラスを利用するSimpleHTTPRequestHandlerクラスというものを定義する、という意味です。実際に基底クラスとなる（継承元のクラスのこと）BaseHTTPRequestHandlerにはsend_responseメソッドやwfileオブジェクトなどが定義されています。server.pyのコードを見ると、これらのメソッドはどこにも定義されてはいません。これらBaseHTTP

RequestHandlerクラスの中にあらかじめ書かれていて、それを継承しているSimpleHTTPRequestHandlerクラスでは自由に利用ができるのです。クラスの継承は「差分プログラミング」とも言われるもので、豊富なライブラリをうまく活用して作成するコードが少量で済むためのうまいテクニックです。

この継承の中で、②のようにdo_GETメソッドを書くとうまくほかの機能と組み合わされるようになっています。親となるBaseHTTPRequestHandlerクラスの各種のメソッドを使うために「self」を引数に入れておきます。このselfを使ってあらかじめ定義されているメソッドを使います。

サーバーがクライアントに返す応答データは③のようにJSON形式で定義します。応答が成功したことを示す「200」を④で設定し、応答する形式がJSON形式であることを示すために⑤で「application/json」を定義します。

そして、変数responseの中身をJSON形式に直す（json.dumps）します。文字コードは「utf-8」としています。④から⑥まではJSON形式で応答を返すときの定番ですので、丸ごと使っても大丈夫です。

では、簡易WebサーバーをPowerShellで起動した状態で、Pythonコードから呼び出してみましょう。呼び出すコードは、本章の最初にCopilotに書いてもらったコードを流用します。①のように呼び出すときにポート番号を変えるだけで大丈夫です。

コード7-20　ch07/0703.ipynb

```
import requests
# Web APIのエンドポイントURL
url = 'http://localhost:8080'  ——①


# GETリクエストを送信
response = requests.get(url)


# レスポンスのステータスコードを確認
if response.status_code == 200:
    # レスポンスからデータを抽出
    data = response.json()
    print('データの取得に成功しました:', data)
else:
    print('エラー: APIからデータを取得できませんでした')
```

コード7-21　サーバーの起動

```
python server.py
```

**実行結果**
```
データの取得に成功しました: {'message': 'Hello, world!'}
```

このようにJSON形式のデータが取得できれば成功です。「{'message': 'Hello, world!'}」の部分がサーバーで設定したJSONデータになります。試しに、server.pyのJSONデータを書き換えてみましょう。

**コード7-22　responseを変更**
```python
class SimpleHTTPRequestHandler(BaseHTTPRequestHandler):
    def do_GET(self):
        response = {  ——①
            'name': 'masuda tomoaki',
            'age': 55,
            'country': 'Japan',
            'message': 'Hello, world!'
        }
```

①の部分に、messageだけではなく、nameやageを追加してみましょう。そのままセルを実行するとどうなるでしょうか？

**実行結果**
```
データの取得に成功しました: {'message': 'Hello, world!'}
```

思っていた結果と違いますね。nameやageを追加したはずなのに、受信したデータには含まれていません。これはどうしてでしょうか？

実はクライアントに応答する簡易Webサーバーでは、応答するデータをスクリプト内に直接書いているので、もとのserver.pyの内容がそのまま維持されているためです。このため、server.pyを保存したとしても、既に起動済みの古いserver.pyが利用されていて、応答が「{'message': 'Hello, world!'}」のままとなっているのです。

つまり、動作をいったん止めてサーバーを再起動させれば大丈夫です。簡易WebサーバーをCtrl+Cキーで停止させて、もう一度サーバーを起動してください。その後にセルを実行します。

**実行結果**
```
データの取得に成功しました: {'name': 'masuda tomoaki', 'age': 55,
'country': 'Japan', 'message': 'Hello, world!'}
```

応答するデータが変わっていますね。受信するときのセルを少し書き直して、JSON形式データの中身を表示させてみましょう。

**コード7-23　受信データの表示を書き換える**

```python
import requests
# Web APIのエンドポイントURL
url = 'http://localhost:8080'

# GETリクエストを送信
response = requests.get(url)

# レスポンスのステータスコードを確認
if response.status_code == 200:
    # レスポンスからデータを抽出
    data = response.json()
    print('name =', data['name'])      ——①
    print('age =', data['age'])
    print('country =', data['country'])
else:
    print('エラー: APIからデータを取得できませんでした')
```

①のようにnameキーやageキーなどの値を別々に表示させます。

**実行結果**
```
name = masuda tomoaki
age = 55
country = Japan
```

応答として返すresponseの内容をPythonコードに直接書いてしまいましたが、前の章を参考にしてファイルからデータを読み込んだり、計算結果を返すようにしたりすればいろいろと使えそうです。工夫の仕方は読者への課題としておきましょう。

### 7.3.3　POSTメソッドを試す

次にWebサーバーにデータを送るためにPOSTメソッドを試してみましょう。簡易Webサーバー（server.py）では、クライアントからのPOSTをdo_POSTメソッドで処理をします。

**コード7-24　server.py**

```python
    def do_POST(self):  ——①
        content_length = int(self.headers['Content-Length'])  ——②
        post_data = self.rfile.read(content_length)  ——③
        response = {
            'received': json.loads(post_data.decode('utf-8'))  ——④
        }
        self.send_response(200)  ——⑤
        self.send_header('Content-type', 'application/json')
        self.end_headers()
        self.wfile.write(json.dumps(response).encode('utf-8'))
```

① do_POSTメソッドをオーバーライドする
② クライアントから送信されるデータ長を「Content-Length」で取得する
③ content_lengthの長さ分だけでデータを取り出し変数post_dataに保存する
④ json.loadsメソッドを使いJSON形式として取り出す。さらにresponseを作成する
⑤ do_GETメソッドと同じようにクライアントへの応答を返す

動作を確認するためにPOSTメソッドを利用するクライアントコードを書きます。プロンプトには「POSTメソッドを使った」と書いておくと、Copilotがサンプルコードを作りやすくなります。

▼プロンプト7-8

> POSTメソッドを使った例を示して。

**コード7-25　プロンプト7-8で書き出されるコード（ch07/0703.ipynb）**

```python
import requests
# Web APIのエンドポイントURL
url = 'http://localhost:8080'

# POSTリクエストのデータ
post_data = {'name': 'masuda', 'age': 50, 'job': 'engineer'}  ——①

# POSTリクエストを送信
post_response = requests.post(url, json=post_data)  ——②
```

```python
# レスポンスのステータスコードを確認
if post_response.status_code == 200:
    # レスポンスからデータを抽出
    post_response_data = post_response.json()
    print('データの送信に成功しました:', post_response_data)
else:
    print('エラー: APIにデータを送信できませんでした')
```

ほとんどGETメソッドの場合と同じになりますが、POSTメソッドでデータを送っている部分だけが異なります。

① JSON形式の送信データを変数post_dataに作成する
② requests.postメソッドを使い簡易Webサーバーに接続する。送信するデータは変数post_dataの内容を送る

簡易Webサーバーを再起動してPOSTのプログラムを動かすと、次のような結果になります。

**実行結果**
データの送信に成功しました: {'message': 'Received POST data', 'data': {'name': 'masuda', 'age': 50, 'job': 'engineer'}}

うまく動作しているように思えますが、これだけではいまひとつ動き方がわからないので、少しサーバー側に手を入れてみましょう。

**コード7-26　do_POSTメソッドの書き換え**
```python
def do_POST(self):
    content_length = int(self.headers['Content-Length'])
    post_data = self.rfile.read(content_length)
    
    data = json.loads(post_data.decode('utf-8'))  ──①
    print('name = ' + data['name'] )  ──②
    print('age = ' + str(data['age']) )
    print('job = ' + data['job'] )
    response = {
        'received': f"Your name is {data['name']}."  ──③
    }
    self.send_response(200)
```

```
        self.send_header('Content-type', 'application/json')
        self.end_headers()
        self.wfile.write(json.dumps(response).encode('utf-8'))
```

① json.loadsメソッドの戻り値を変数dataに代入しておく
② ログとしてprint関数で出力する
③ クライアントへの返答を書き換える

　クライアントから送られてきたJSON形式のデータをサーバーで表示できるようにしておきます。取り出したnameキーのデータを使って、③のようにレスポンスを返すようにします。

図7-16 サーバーのログ

　クライアントのセルを実行すると、サーバーにも送信されたデータが表示されるようになります。

実行結果
データの送信に成功しました: {'received': 'Your name is masuda.'}

　クライアントのほうもメッセージが変わります。このようにして、GETやPOSTを使うクライアントや簡易Webサーバーを使ってPythonコードを試すことができます。

## 7.3.4 配列を登録できるWebサーバー

もう少し複雑なdo_POSTメソッドを作ってみましょう。先の例では1つだけのJSONデータを送信していましたが、第5章で使った配列のJSONデータ（コード7-27）を送信する方法を考えてみましょう。

**コード7-27　第5章で使った配列のJSONデータ（ch05/sample.json）**

```
[
    {
        "id": 1,
        "name": "John",
        "age": 22
    },
    {
        "id": 2,
        "name": "Lina",
        "age": 33
    },
    {
        "id": 3,
        "name": "Mike",
        "age": 44
    },
    {
        "id": 4,
        "name": "Sara",
        "age": 55
    },
    {
        "id": 5,
        "name": "Alex",
        "age": 66
    }
]
```

第5章で使ったsample.jsonをch07フォルダーにコピーして、このファイルを読み込んで送信するようなコードを書いてみましょう。

既にJSONデータを送信しているセルをコピーして、コード7-28の①の位置にコメントを入れます。

**コード7-28　ch07/0703.ipynb**

```python
import requests
# Web APIのエンドポイントURL
url = 'http://localhost:8080'


# sample.jsonファイルを読み込む ──①


# POSTリクエストを送信
post_response = requests.post(url, json=post_data)

# レスポンスのステータスコードを確認
if post_response.status_code == 200:
    # レスポンスからデータを抽出
    post_response_data = post_response.json()
    print('データの送信に成功しました:', post_response_data)
else:
    print('エラー: APIにデータを送信できませんでした')
```

　しばらくすると、②の位置にCopilotが入力候補を出してくれます。うまくコードが生成されたら、Tabキーを押してコードを確定してください。うまく出ない場合には、コメントをちょっと書き換えるか、もしかしたらCopilotが止まっていることがあるのでVisual Studio Codeの右下のCopilotアイコンを確認してみましょう。

**コード7-29　Copilotがコードの候補を挿入**

```python
import requests
# Web APIのエンドポイントURL
url = 'http://localhost:8080'


# sample.jsonファイルを読み込む ──①
with open('sample.json', 'r') as f:   ──②
    post_data = json.load(f)


# POSTリクエストを送信
post_response = requests.post(url, json=post_data)

# レスポンスのステータスコードを確認
if post_response.status_code == 200:
    # レスポンスからデータを抽出
    post_response_data = post_response.json()
```

```
        print('データの送信に成功しました:', post_response_data)
else:
        print('エラー: APIにデータを送信できませんでした')
```

実はCopilotはjson.loadメソッドを使っていますが、jsonモジュールをインポートしていないために、エラー（PCの画面では赤い波線）が出ています。そこで③の行に「import json」を追加しておきましょう。

**コード7-30　コード7-29を修正**

```
import requests
import json ── ③

# Web APIのエンドポイントURL
url = 'http://localhost:8080'

# sample.jsonファイルを読み込む ── ①
with open('sample.json', 'r') as f: ── ②
    post_data = json.load(f)

# POSTリクエストを送信
post_response = requests.post(url, json=post_data)

# レスポンスのステータスコードを確認
if post_response.status_code == 200:
    # レスポンスからデータを抽出
    post_response_data = post_response.json()
    print('データの送信に成功しました:', post_response_data)
else:
    print('エラー: APIにデータを送信できませんでした')
```

ひとまずクライアントのほうはできたので、試しにセルの実行をしてみましょう。

**実行エラー**

```
---------------------------------------------------------------------------
RemoteDisconnected                        Traceback (most recent call last)
File h:\py-copilot\.venv\lib\site-packages\urllib3\connectionpool.py:789, ⮕
in HTTPConnectionPool.urlopen(self, method, url, body, headers, retries, ⮕
redirect, assert_same_host, timeout, pool_timeout, release_conn, chunked, ⮕
body_pos, preload_content, decode_content, **response_kw)
    788 # Make the request on the HTTPConnection object
```

```
--> 789 response = self._make_request(
    790     conn,
    791     method,
    792     url,
    793     timeout=timeout_obj,
    794     body=body,
    795     headers=headers,
    796     chunked=chunked,
    797     retries=retries,
    798     response_conn=response_conn,
    799     preload_content=preload_content,
    800     decode_content=decode_content,
    801     **response_kw,
    802 )
    804 # Everything went great!
```

　残念ながらエラーが出ていますね。PowerShellで動作させているWebサーバーの
ほうも確認してみましょう。

**図7-17** Webサーバーのエラー

サーバーの方でもエラーが出ています。

**サーバーのエラー**
```
File "H:\py-copilot\src\ch07\server.py", line 23, in do_POST
    print('name = ' + data['name'] )
```

サーバーのエラーを注意深く見ると、①の23行目のprint関数の部分でエラーが出ています。ああ、そうですね。server.pyでは1つだけのJSONデータを扱っているので、配列で記述されたJSONには対応していないのです。

**コード7-26（再掲）　server.py**
```python
    def do_POST(self):
        content_length = int(self.headers['Content-Length'])
        post_data = self.rfile.read(content_length)

        data = json.loads(post_data.decode('utf-8'))
        print('name = ' + data['name'] )  ——①
        print('age = ' + str(data['age']) )
        print('job = ' + data['job'] )
        response = {
            'received': f"Your name is {data['name']}."
        }
```

do_POSTメソッドの内容を書き換えて、sample.jsonの形式に合わせたものに修正する必要があります。

**コード7-31　server.pyの書き換え**
```python
    def do_POST(self):
        content_length = int(self.headers['Content-Length'])
        post_data = self.rfile.read(content_length)

        data = json.loads(post_data.decode('utf-8'))
        # print('name = ' + data['name'] )  ——①
        # print('age = ' + str(data['age']) )
        # print('job = ' + data['job'] )
        # response = {
        #     'received': f"Your name is {data['name']}."
        # }

        # 配列を読み込む
```

```python
for item in data:          ②
    print ('id = ' + str(item['id']))          ③
    print('name = ' + item['name'] )
    print('age = ' + str(item['age']) )

response = {          ④
    'received': f"data count is {len(data)}."
}

self.send_response(200)
self.send_header('Content-type', 'application/json')
self.end_headers()
self.wfile.write(json.dumps(response).encode('utf-8'))
```

① エラーとなっている行をコメントアウトする
② 配列をforステートメントで読み込む
③ idやnameなどをprint関数でデバッグ出力する
④ レスポンスは読み込んだ要素の数を返す

　①のようにコメントアウトした後に、forステートメントを使って配列形式でJSONを読み込みます。②と③では読み込んだデータをprint関数で出力しているだけですが、実際はファイルやデータベースなどに保存することになります。クライアントから送られてきたJSON形式のデータを、CSV形式に変換してファイルに保存してもよいかもしれません。最後に④で読み込んだデータ数の数を返します。

　このserver.pyを再び実行してクライアントのセルを実行してみましょう。

**実行結果**

データの送信に成功しました: {'received': 'data count is 5.'}

　今度はうまく実行ができたようです。サーバーのPowerShellのほうも確認しておきましょう。

03 データをインターネットに送信する　269

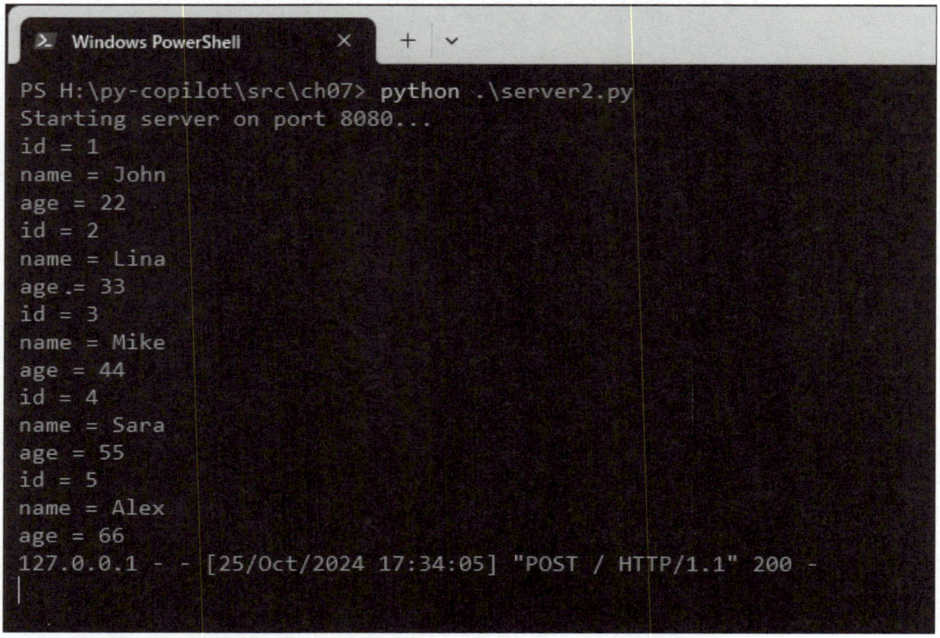

**図7-18** 実行結果（PowerShell）

　サーバーのログのほうも大丈夫そうですね。非常に簡便な Web サーバーではありますが、Python で手軽に作れるところには大きなメリットがあります。

　たとえば、データを収集するコンピュータが複数あって、データを保存したいときが1か所（ファイルやデータベースなど）の場合はどうでしょうか？それぞれのクライアントから同じファイルに書き込むのはなかなか大変な作業です。場所が離れている（同じ建物でも1階と2階など）場合にも有効な方法になります。インターネットに公開して作業をするには、もうちょっとセキュリティ的に注意しないといけませんが、学内や社内だけの閉じたネットワークならばこれで十分でしょう。いろいろな活用方法を考えてみてください。

# Chapter

 数値計算

　プログラム言語を習うときに、何に利用するのかと目的を立てておくと学ぶ範囲を狭めることができます。特にPythonのような汎用プログラム言語の場合は、ともかくいろいろとできることが多いため、すべての機能を覚えてから使おうとすると大変なことになってしまいます。そこで、ここでは数値計算に絞ってPythonの機能やライブラリを具体的に見ていきましょう。

# Chapter 8
## 01 大量のデータを読み込む

　第5章ではCSV形式のファイルを扱うことができました。ファイルを読み込むopen関数やcsvモジュールを使うことを覚えていますか？第5章では数行の小さなファイルを使って練習をしましたが、ここでは本格的な4000行ぐらいありそうな、大きなCSV形式のファイルを扱ってみましょう。

### 8.1.1　e-Statの利用

　大量のテストデータを作ってもよいのですが、ここでは政府統計の総合窓口「e-Stat」（図8-1）から適当なデータをダウンロードして使っていきましょう。

図8-1　政府統計の総合窓口「e-Stat」

　e-Statでは国勢調査などで集計した政府のデータが集まっています。きちんとした統計データでもあり、中身がCSV形式となっているので扱いやすいデータです。自由に使えるので試しに統計データを計算してみるのに適当なサンプルデータとなります。もちろん、e-Statで公開されているデータを本格的な研究データとして扱うこともできます。

本書では、あらかじめ「国勢調査 令和2年国勢調査 人口等基本集計」のデータをダウンロードしてサンプルデータとしています（図8-2）。

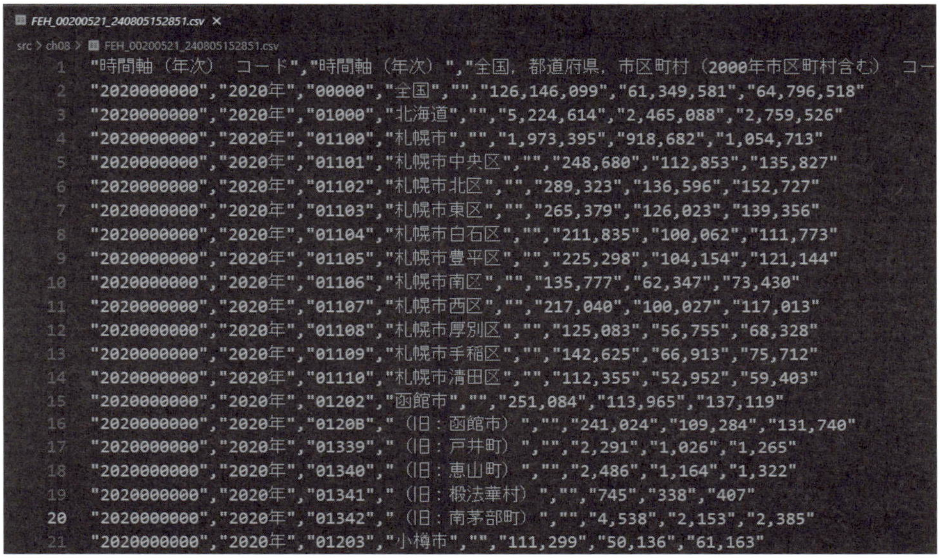

図8-2 ch08/FEH_00200521_240805152851.csv

このデータは市町村ごとの人口データになります。内容はCSV形式ではあるのですが、集計するときにはちょっとした工夫が必要そうです。

- 先頭が列名の行となる
- 人口（総数、男、女）がカンマ区切りの数値となる
- 合計の行（全国や都道府県など）と個別のデータ行（市町村）が混在している

合計の行と個別のデータが混在しているので、ちょっと扱いづらいCSV形式になっています。

コード8-1 札幌市と函館市の人口のデータ

```
"2020000000","2020年","01000","北海道","","5,224,614","2,465,088","2,759,526"
"2020000000","2020年","01100","札幌市","","1,973,395","918,682","1,054,713"
"2020000000","2020年","01101","札幌市中央区","","248,680","112,853","135,827"
"2020000000","2020年","01102","札幌市北区","","289,323","136,596","152,727"
"2020000000","2020年","01103","札幌市東区","","265,379","126,023","139,356"
"2020000000","2020年","01104","札幌市白石区","","211,835","100,062","111,773"
```

```
"2020000000","2020年","01105","札幌市豊平区","","225,298","104,154","121,144"
"2020000000","2020年","01106","札幌市南区","","135,777","62,347","73,430"
"2020000000","2020年","01107","札幌市西区","","217,040","100,027","117,013"
"2020000000","2020年","01108","札幌市厚別区","","125,083","56,755","68,328"
"2020000000","2020年","01109","札幌市手稲区","","142,625","66,913","75,712"
"2020000000","2020年","01110","札幌市清田区","","112,355","52,952","59,403"
"2020000000","2020年","01202","函館市","","251,084","113,965","137,119"
"2020000000","2020年","0120B","（旧：函館市）","","241,024","109,284","131,740"
"2020000000","2020年","01339","（旧：戸井町）","","2,291","1,026","1,265"
"2020000000","2020年","01340","（旧：恵山町）","","2,486","1,164","1,322"
"2020000000","2020年","01341","（旧：椴法華村）","","745","338","407"
"2020000000","2020年","01342","（旧：南茅部町）","","4,538","2,153","2,385"
～～～　省略　～～～
```

コード8-1は札幌市と函館市の人口のデータの一部ですが、札幌市の「1,973,
395」という値は札幌市内にある各々の区（中央区、北区など）の合計になっていま
す。函館市の人口「251,084」はそれに続く「旧～」と書かれたデータの合計値です。
都道府県や市町村のコード（"01000"や"01100"など）をチェックすれば、都道府県
単位あるいは市町村単位で集計ができます。

## 8.1.2　都道府県の人口を抽出

　実際に都道府県単位の人口を抽出してみましょう。都道府県名の列は、タイトル行
の「"全国，都道府県，市区町村（2000年市区町村含む）"」となっている列です。あ
らためてタイトル列を確認しておきましょう。

1. "時間軸（年次）コード"
2. "時間軸（年次）"
3. "全国，都道府県，市区町村（2000年市区町村含む）コード"
4. "全国，都道府県，市区町村（2000年市区町村含む）"
5. "/男女"
6. "総数"
7. "男"
8. "女"

都道府県名が書いてある列は4列目になります。

では、第5章で使ったpandasモジュールを使って最初の部分だけ書いてみましょう。第5章のサンプルコードをコピペして修正しても構いません。むしろコピペをして使ってください。

**コード8-2　第5章で使ったpandasモジュールを使ったコード　(ch08/0801.ipynb)**

```python
import pandas as pd ——①
# Specify the file path
file_path = 'FEH_00200521_240805152851.csv' ——②
# Read the CSV file into a pandas DataFrame
df = pd.read_csv(file_path) ——③
# 最初の行を読み飛ばす
df.head() ——④
# 都道府県名のリストを作成 ——⑤
```

① pandasモジュールをインポートする
② ファイル名を指定する
③ read_csvメソッドでCSV形式のファイルを読み込み、オブジェクトdfに保存する
④ 最初の行をheadメソッドで読み飛ばす
⑤「都道府県名のリストを作成」とコメントを書いて、Copilotの入力候補を待つ

①から④の部分は第5章で説明した通りです。よくわからない場合は、Copilotに対して「CSV形式のファイルを読み込むサンプルを書いて」のように指示を出すとよいです。たくさんの列から都道府県だけを抜き出したいので、⑤のようにコメントを書いてCopilotの入力候補を待ちましょう。Copilotが続きを提示してくれます。

**コード8-3　コード8-2の続き　(ch08/0801.ipynb)**

```python
import pandas as pd
# Specify the file path
file_path = 'FEH_00200521_240805152851.csv'

# Read the CSV file into a pandas DataFrame
df = pd.read_csv(file_path)
# 最初の行を読み飛ばす
df.head()
# 都道府県名のリストを作成
```

```
prefectures = [ ──⑥
    "北海道", "青森県", "岩手県","宮城県","秋田県","山形県","福島県",
    "茨城県","栃木県","群馬県","埼玉県","千葉県","東京都","神奈川県",
    "新潟県","富山県","石川県","福井県","山梨県","長野県","岐阜県",
    "静岡県","愛知県","三重県","滋賀県","京都府","大阪府","兵庫県",
    "奈良県","和歌山県","鳥取県","島根県","岡山県","広島県","山口県",
    "徳島県","香川県","愛媛県","高知県","福岡県","佐賀県","長崎県",
    "熊本県","大分県","宮崎県","鹿児島県","沖縄県"]
```

　うまくCopilotが判断をしてくれると、⑥のように配列prefecturesが定義されます。うまくいかない場合は、最初の「"北海道","青森県", "岩手県",」だけを書いてみてください。そうすると、Copilotがうまく雰囲気を読み取って続きを書いてくれます。

　ここで「雰囲気を読み取って」と書きましたが、実際のところはよく使われている変数やロジックの似ている部分をピックアップしているのです。都道府県を選んでデータを検索するようなロジックはほかにもたくさんありそうです。その共通している部分をCopilotがバックグラウンドのデータから持ってきて、ユーザーに入力候補として示してくれるのです。それはあたかも「こんなのはどうでしょう？」と雰囲気を読んでくれるように思えます。

　変数名も都道府県を表す「prefectures」が最初の候補として提示しています。これもほかのコードでよく使われる変数名としています。

　つまり、

- 他のコードでもよく使われるようなロジック
- 他のプログラムでもよく使われるような変数名

をうまく自分の書くプログラムに取り込んでいくと、望ましい入力候補が出現しやすくなります。当然、誰も書いたことがない独自の研究や特殊なロジックの場合にはそのままのコードが提示されることはありませんが、部分的には似たようなロジック、部分的に似たような変数を使うことが可能です。そういう標準的なものに合わせていくと、Copilotが活用しやすい状態になります。

　さて、この都道府県名のリストprefecturesを使って、CSV形式のデータから都道府県だけをピックアップしていきましょう。これもコメントを追加していきます。

**コード8-4　コード8-4の続き（ch08/0801.ipynb）**

```python
# 都道府県名が含まれる行を表示 ──①
for index, row in df.iterrows():  ──②
    if row[3] in prefectures:  ──③
        print(row[3].strip(), row[5].strip(), row[6].strip(), row[7].strip())
```

① 行いたい処理をコメントで書く
② オブジェクトdfからすべての行をiterrowsメソッドで取得する
③ row[3]（4列目）がリストprefecturesに含まれているかチェックし、print関数で表示する

　都道府県のリストを作成したときと同じように、①で書いて欲しい処理をコメントで書きます。実際のところ、Copilotに頼らずにコメントを書くときも①のように書くので、Copilotに頼るあるいは頼らないにかかわらずコメントを付けておきます。

　すべての行の処理を行うために、②のようにforステートメントで繰り返し処理を行います。さらに、都道府県のリストに含まれているかどうかを、③のifステートメントでチェックします。

　print関数で出力しているrow[3].strip()などの列番号は、Copilotが適当なものを示してくれるので、読者が修正してください。CopilotはCSV形式のファイルまで確認しているわけではありません。

**コード8-4の実行結果**

```
北海道 5,224,614 2,465,088 2,759,526
青森県 1,237,984 583,402 654,582
岩手県 1,210,534 582,952 627,582
宮城県 2,301,996 1,122,598 1,179,398
秋田県 959,502 452,439 507,063
山形県 1,068,027 516,438 551,589
福島県 1,833,152 903,864 929,288
茨城県 2,867,009 1,430,976 1,436,033
栃木県 1,933,146 964,930 968,216
群馬県 1,939,110 959,411 979,699
埼玉県 7,344,765 3,652,169 3,692,596
千葉県 6,284,480 3,117,987 3,166,493
東京都 14,047,594 6,898,388 7,149,206
～～～　省略　～～～
```

プログラムを実行すると、都道府県名、総数、男、女の人口がうまく表示されるようになります。

　なお、print関数で表示している列番号ですが、Copilotに読み込むCSV形式のサンプルを示しておくと、うまく列番号を読み取ってくれます。マークダウンのセルにCSV形式の先頭部分を数行貼り付けて、プロンプトで「このデータから都道府県名、総数、男、女を抜き出して」（プロンプト8-1）のようにCopilotに頼みます（図8-3）。

```
"時間軸（年次） コード","時間軸（年次） ","全国, 都道府県, 市区町村（2000年市区町村含む） コード","全国, 区町村含む）","/男女","総数","男","女"
"2020000000","2020年","00000","全国","","126,146,099","61,349,581","64,796,518"
"2020000000","2020年","01000","北海道","","5,224,614","2,465,088","2,759,526"
"2020000000","2020年","01100","札幌市","","1,973,395","918,682","1,054,713"
"2020000000","2020年","01101","札幌市中央区","","248,680","112,853","135,827"
"2020000000","2020年","01102","札幌市北区","","289,323","136,596","152,727"
```
このデータから都道府県名、総数、男、女を抜き出して。

**図8-3** マークダウンの利用

▼プロンプト8-1

このデータから都道府県名、総数、男、女を抜き出して。

**コード8-5　プロンプト8-1で書き出されるコード**

```python
for index, row in df.iterrows():
    if row[3] in prefectures:
        print(row[3].strip(), row[5].strip(), row[6].strip(), row[7].strip())
```

　うまくデータ形式がCopilotに伝わると、Pythonのコードを示してくれます。完全なコードかどうかは実際に動作させて確認してください。

# Chapter 8
## 02 データから平均や分散を計算する

国勢調査のデータから人口が取り出せるようになったので、これを使って統計値を計算していきましょう。

### 8.2.1 都道府県の抽出方法を変える

その前に都道府県の抽出の仕方をちょっと考え直してみます。都道府県はリストprefecturesに都道府県名を書くようにしていましたが、毎回このリストを書くのは大変です。都道府県を抽出するスクリプトに毎回書かないといけません。

ありないことではあるのですが、ひょっとして都道府県が1つ増えて47都道府県から48都道府県に変わるかもしれません。あるいは、どこかの2つの県が合併して名前が変わる県になるかもしれません。そういう場合はどうなるでしょうか？あちこちに散らばったPythonスクリプトの変数prefecturesを書き直さないといけませんね。これは大変な作業です。

1つの案として変数prefecturesを別のライブラリに抜き出して、それを利用する方法（「ライブラリ化」あるいは「共通化」と言います）を取ることもできますが、国勢調査のデータの場合にはもうちょっと良い方法があります。CSV形式の都道府県の部分をちょっと抜き出してみましょう（コード8-6）。

**コード8-6　都道府県のみ抽出**
```
"2020000000","2020年","01000","北海道","","5,224,614","2,465,088","2,759,526"
"2020000000","2020年","02000","青森県","","1,237,984","583,402","654,582"
"2020000000","2020年","03000","岩手県","","1,210,534","582,952","627,582"
"2020000000","2020年","04000","宮城県","","2,301,996","1,122,598","1,179,398"
～～～　省略　～～～
```

3列目のタイトルは「全国，都道府県，市区町村（2000年市区町村含む）コード」となっています。長いタイトルではありますが、いわゆる都道府県コードが付けられています。実際には、2桁の都道府県コードに3桁の市町村のコードが付けられたものです。北海道は「01000」、青森県は「02000」のように割り振られていて、沖縄県は「47000」となります。この01から47までが都道府県コードで、国勢調査など

のデータでは決まった値が使われています。これを利用していきます。具体的には、都道府県名が表示されているときには下3桁が「000」となるので、これを利用します。

コード8-7　ch08/0802.ipynb

```python
import pandas as pd

# Specify the file path
file_path = 'FEH_00200521_240805152851.csv'
# Read the CSV file into a pandas DataFrame
df = pd.read_csv(file_path)
# 最初の行を読み飛ばす
df.head()
# 都道府県名が含まれる行を表示
for index, row in df.iterrows():
    # 下3桁が「000」である場合は都道府県名 ──①
    if row[2][-3:] == '000': ──②
        print(row[3].strip(), row[5].strip(), row[6].strip(), row[7].strip())
```

① 詳しくコメントを書いてCopilotの入力候補を待つ
② 3列目の下3桁をチェックする

②の「row[2][-3:]」という部分が、下3桁を取り出す部分です。面白い配列の書き方ですね。配列から一部を取り出すときには、「[＜最初の位置＞:＜最後の位置＞]」のように最初の位置と最後の位置を指定して取り出すのですが、最後の位置を空白のままにして最初の位置をマイナスにすると、最後から何桁目という取り出し方ができます。

## 8.2.2　警告を取り除く

さて、うまく取り出せるでしょうか？

コード8-7の実行結果

```
C:\Users\masuda\AppData\Local\Temp\ipykernel_36572\9725425.py:13: FutureWarning:
Series.__getitem__ treating keys as positions is deprecated. In a future version,
integer keys will always be treated as labels (consistent with DataFrame behavior).
To access a value by position, use `ser.iloc[pos]`
```

```
  print(row[3].strip(), row[5].strip(), row[6].strip(), row[7].strip())
全国 126,146,099 61,349,581 64,796,518
北海道 5,224,614 2,465,088 2,759,526
青森県 1,237,984 583,402 654,582
岩手県 1,210,534 582,952 627,582
宮城県 2,301,996 1,122,598 1,179,398
秋田県 959,502 452,439 507,063
山形県 1,068,027 516,438 551,589
```

この実行結果では2か所問題があります。

最初にわけのわからないメッセージが出ています。「FutureWarning」と書いてあるので警告のようですが、何を言っているのかよくわかりません。Pythonのコードを実行するときに、警告（FutureWarning）とエラー（Error）が出てきます。たいていのプログラム言語では、警告というのはちょっとした間違いという扱いなので、実行時に無視してもよい場合も多いのですが、Pythonのほうは出力に警告文が出るのはちょっと邪魔ですね。実行結果だけを綺麗に出してほしいところです。もちろん、エラーの場合は直さないとプログラムが正常に動きませんが、警告の場合にはなんとか動く場合も多いから無視してもよいのですが、ちょっと、と言いますか、かなり気にかかります。

昔ならエラーは警告の英語文を丁寧に読み解いて、コードを修正するのが適切なのですが、今の私達にはCopilotという強い味方がいます。早速サポートしてもらいましょう。警告文のところを選択してコピーし、チャットで説明を求めましょう。

▼チャットのプロンプト

> これは何ですか？
>
> C:\Users\masuda\AppData\Local\Temp\ipykernel_36572\9725425.py:13: FutureWarning: Series.__getitem__ treating keys as positions is deprecated. In a future version, integer keys will always be treated as labels (consistent with DataFrame behavior). To access a value by position, use `ser.iloc[pos]`
>   print(row[3].strip(), row[5].strip(), row[6].strip(), row[7].strip())

CopilotのチャットはVisual Studio Codeの左側にある［チャット］のアイコンをクリックして開きます（図8-4）。

02 データから平均や分散を計算する　　281

```
moonmile
これは何ですか？

C:\Users\masuda\AppData\Local\Temp\ipykernel_36572\9725425.py:13:
FutureWarning: Series.__getitem__ treating keys as positions is deprecated. In a
future version, integer keys will always be treated as labels (consistent with
DataFrame behavior). To access a value by position, use ser.iloc[pos]
  print(row[3].strip(), row[5].strip(), row[6].strip(), row[7].strip())
```

GitHub Copilot

> 1 参照 使用済み

この警告メッセージは、Pandas の Series オブジェクトに対するインデックスアクセスの方法が将来的に変更されることを示しています。具体的には、現在のコードでは `row[3]` のようにインデックスを使用して値を取得していますが、将来的にはこの方法が推奨されなくなり、代わりに `iloc` を使用することが推奨されます。

警告メッセージの詳細

- 警告内容: `Series.__getitem__` がキーを位置として扱うことが非推奨になる。
- 将来的な変更: 整数キーはラベルとして扱われるようになる。
- 推奨される方法: 位置で値を取得する場合は `ser.iloc[pos]` を使用する。

修正方法

現在のコードを `iloc` を使用して修正することで、将来的な互換性を確保できます。

図8-4 チャット

　どうやら、row[3]のような参照の仕方が非推奨になって、row.iloc[3]のように参照をしなければいけないようです。インデックスの数値を直接設定するのではなくて、いったん「iloc」を使うことが求められています。

コード8-8　修正後のコード

```
import pandas as pd

# Specify the file path
file_path = 'FEH_00200521_240805152851.csv'
# Read the CSV file into a pandas DataFrame
df = pd.read_csv(file_path)
# 最初の行を読み飛ばす
df.head()
# 都道府県名が含まれる行を表示
for index, row in df.iterrows():
    # 下3桁が「000」である場合は都道府県名
    if row.iloc[2][-3:] == '000':
        print(row.iloc[3].strip(), row.iloc[5].strip(), row.iloc[6].strip(), ➡
row.iloc[7].strip())
```

修正後のコードもCopilotから提示されるのでその通りに直してしまいましょう（コード8-8）。ifステートメントにあるrow[]のほかにも、print関数で使ってあるものも修正されています。この部分を修正してセルを実行すると、次の実行結果が得られます。

**コード8-8の実行結果**
```
全国    126,146,099 61,349,581 64,796,518
北海道  5,224,614 2,465,088 2,759,526
青森県  1,237,984 583,402 654,582
岩手県  1,210,534 582,952 627,582
宮城県  2,301,996 1,122,598 1,179,398
秋田県  959,502 452,439 507,063
```

### 8.2.3 余分なデータを取り除く

実行結果の最初の行を見てください。「全国」が表示されています。データを見ると「全国」のコードは「00000」なのです。残念なことに「00000」も、下3桁は「000」なのです。どうしたらいいでしょうか？

全国の行は2行目に出てくるので、もう1行分読み飛ばしてもいいのですが、ひょっとして全国の行がないときは先頭のデータが読み飛ばされてしまいます。方法としては、先頭の2桁が「00」ではないことか、全国を示す「00000」を読み飛ばすようにしてみましょう（コード8-9）。

**コード8-9　コード8-8をさらに修正したコード**
```python
import pandas as pd

# Specify the file path
file_path = 'FEH_00200521_240805152851.csv'
# Read the CSV file into a pandas DataFrame
df = pd.read_csv(file_path)
# 最初の行を読み飛ばす
df.head()
# 都道府県名が含まれる行を表示
for index, row in df.iterrows():
    # 下3桁が「000」である場合は都道府県名
    if row.iloc[2][-3:] == '000' and row.iloc[2] != '00000':  ──①
        print(row.iloc[3].strip(), row.iloc[5].strip(), row.iloc[6].strip(), ➡
row.iloc[7].strip())
```

**コード8-9の実行結果**

```
北海道 5,224,614 2,465,088 2,759,526
青森県 1,237,984 583,402 654,582
岩手県 1,210,534 582,952 627,582
宮城県 2,301,996 1,122,598 1,179,398
秋田県 959,502 452,439 507,063
山形県 1,068,027 516,438 551,589
福島県 1,833,152 903,864 929,288
茨城県 2,867,009 1,430,976 1,436,033
～～～  省略  ～～～
```

実行結果を見る限り大丈夫そうですね。

## 8.2.4 平均を計算する

平均の計算は簡単です。全体を足して合計を取ってから、要素の数で割ればいいのです。

$$\mu = \frac{1}{n} \sum_{i=1}^{n} x_i$$

先の都道府県を抽出するPythonコードに、平均を計算するコードを追加していきましょう（コード8-10）。

**コード8-10　平均値の計算を追加**

```python
import pandas as pd

# Specify the file path
file_path = 'FEH_00200521_240805152851.csv'
# Read the CSV file into a pandas DataFrame
df = pd.read_csv(file_path)
# 最初の行を読み飛ばす
df.head()
# 都道府県名が含まれる行を表示
total = 0 ──①
men = 0
women = 0
for index, row in df.iterrows():
```

第8章　数値計算

```python
        # 下3桁が「000」である場合は都道府県名
    if row.iloc[2][-3:] == '000' and row.iloc[2] != '00000':
            total += int(row.iloc[5].replace(',','').strip())    ──②
            men   += int(row.iloc[6].replace(',','').strip())
            women += int(row.iloc[7].replace(',','').strip())

print("全国", total)    ──③
print("全国 平均", total / 47)    ──④
print("男性", men)
print("男性 平均", men / 47)
print("女性", women)
print("女性 平均", women / 47)
```

① 合計を保存する変数（total、men、women）を用意する
② 合計値を加算する
③ 合計値の表示と平均値をprint関数で表示する。

数値がカンマ区切りになっているので、②のようにreplace関数で「,」を取り除いてint関数で数値に直します。③で合計値を表示して、④で平均値を計算します。都道府県の数は47と決まっているので、そのまま「47」を使っています。

**コード8-10の実行結果**
```
全国 126146099
全国 平均 2683959.5531914895
男性 61349581
男性 平均 1305310.2340425532
女性 64796518
女性 平均 1378649.319148936
```

全国の数値は「126146099」で、約1億2600万となるので計算は合っていそうですね。数値計算をするときには、計算結果の概算を確認するようにしておきましょう。ひょっとすると、プログラムが間違って思わぬ結果を出しているかもしれません。特に複雑な計算をしているときには、出てきた数値があっているかどうかわかりにくいものです。このようなときは、プログラムのところどころで確認用の出力を入れて、計算の過程や結果を逐一チェックしていきます。

02 データから平均や分散を計算する

## 8.2.4 分散を計算する

平均の次は分散を計算してみましょう。

$$s^2 = \frac{1}{n}\sum_{i=1}^{n}(x_i - \bar{x})^2$$

分散も平均を計算したときのように自分で合計値から計算することも可能なのですが、Pythonには数値計算をするためのNumPyモジュールという便利なライブラリがあります。これを使っていきましょう。

NumPyモジュールを使うためには、あらかじめターミナルで「pip install numpy」と入力してインストールをしておきます。

コード8-11　分散を計算する（ch08/0802.ipynb）

```
import pandas as pd
import numpy as np  ──①
# Specify the file path
file_path = 'FEH_00200521_240805152851.csv'
# Read the CSV file into a pandas DataFrame
df = pd.read_csv(file_path)
# 最初の行を読み飛ばす
df.head()
# 都道府県名のリストを作成
total = []  ──②
men = []
women = []
for index, row in df.iterrows():
    # 下3桁が「000」である場合は都道府県名
    if row.iloc[2][-3:] == '000' and row.iloc[2] != '00000':
        total.append(int(row.iloc[5].replace(',','').strip()))  ──③
        men.append(int(row.iloc[6].replace(',','').strip()))
        women.append(int(row.iloc[7].replace(',','').strip()))

# 分散を計算する
total_variance = np.var(total)  ──④
men_variance = np.var(men)
women_variance = np.var(women)
```

```
print("全国 分散:", total_variance)  ──⑤
print("男性 分散:", men_variance)
print("女性 分散:", women_variance)
```

① NumPyモジュールをインポートする
② 分散を計算するために、配列（total、men、women）に変更する
③ forステートメントで要素を配列にappendメソッドで追加する
④ 分散をvarメソッドで計算する
⑤ 分散値をprint関数で表示する

NumPyモジュールで分散（variance）を計算するときはvarメソッドを使います。varメソッドにはリストを渡すようになっています。このため③でリストを作るようにしています。分散を計算するプログラムコードを自前で書くと間違いが起こりやすいので、NumPyモジュールを使っています。

**コード8-11の実行結果**

```
全国 分散: 1980407153282.3872
男性 分散: 1849988741209.4988
女性 分散: 1980407153282.3872
```

分散自体を直接扱うことはあまりないので、標準偏差も計算しておきましょう。

$$\sigma = \sqrt{\frac{1}{n}\sum_{i=1}^{n}(x_i - \bar{x})^2}$$

**コード8-12　標準偏差を計算する（ch08/0802.ipynb）**

```
# 標準偏差を計算する ──⑥
total_std = np.std(total)  ──⑦
men_std = np.std(men)
women_std = np.std(women)

print("全国 標準偏差:", total_std)
print("男性 標準偏差:", men_std)
print("女性 標準偏差:", women_std)
```

⑥ コメントを打ち込んでCopilotの入力候補を待つ
⑦ 標準偏差を計算するstdメソッドが表示される

標準偏差（standard deviation）を計算する場合はstdメソッドを使います。

## Chapter 8
## 03 ベクトルや行列を扱う

　NumPyモジュールにはさまざまな数値計算を扱う関数が含まれています。機械学習をするにもデータを整理するためにも、まずはNumPyモジュールを入れておけばよい、という位によく使われるものです。

### 8.3.1　NumPyモジュール

　正式なドキュメントはNumPy document（図8-5）を参照すればよいのですが、正攻法では大変そうなので、本書ではベクトルと行列の扱いをCopilotで調べながら練習してみましょう。

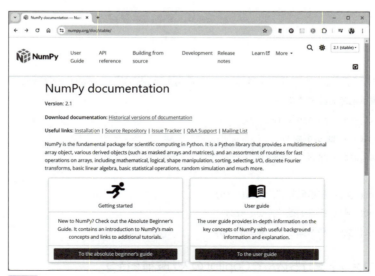

図8-5　NumPy document（https://numpy.org/doc/stable/）

第8章　数値計算

ベクトルは、n次元を表した配列のことです。これまでPythonを使ってリストや配列を扱ってきましたが、それをそのままベクトルと呼んでもかまいません。

たとえば、2次元の平面を表すのに、x軸とy軸を使って（x,y）のようにベクトル表記をします。私達のいる3次元は縦・横・高さなので、（x,y,z）となります。数式では「()」を使っていますが、Pythonでは、「[]」を使って、[x,y,z]のようになります。

## 8.3.2 ベクトルのサンプルコード

早速Copilotにベクトルのサンプルを書いてもらいましょう。

▼プロンプト8-2

> ベクトルを扱うサンプルコードを書いて。

**コード8-13　プロンプト8-2で書き出されるコード（ch08/0803.ipynb）**

```python
import numpy as np  ──①

# Create a vector
vector = np.array([1, 2, 3])  ──②

# Print the vector
print("Vector:", vector)  ──③

# Calculate the length of the vector
length = np.linalg.norm(vector)  ──④
print("Length of the vector:", length)

# Calculate the dot product of two vectors
vector2 = np.array([4, 5, 6])
dot_product = np.dot(vector, vector2)  ──⑤
print("Dot product of the two vectors:", dot_product)

# Calculate the cross product of two vectors
cross_product = np.cross(vector, vector2)  ──⑥
print("Cross product of the two vectors:", cross_product)
```

①NumPyモジュールをインポートする
②ベクトルを変数vectorに代入する

03 ベクトルや行列を扱う

③ ベクトルを表示する
④ 長さを計算する
⑤ dot メソッドで内積を計算する
⑥ cross メソッドで外積を計算する

　ベクトルの計算でよく使われる、長さ、内積、外積のサンプルが表示されています。それぞれのメソッドについて詳しく説明する前に、ひとまず実行してみましょう。

```
コード8-13の実行結果
Vector: [1 2 3]
Length of the vector: 3.7416573867739413
Dot product of the two vectors: 32
Cross product of the two vectors: [-3  6 -3]
```

　NumPy モジュールでベクトルが利用できるように、array 関数を使って Python のリストを NumPy モジュールの配列に変換します。その後に NumPy モジュールの関数を使って計算します。

- 距離の算出 np.linalg.norm
- 内積の算出 np.dot
- 外積の算出 np.cross

　それぞれの機能については該当する行を選択して Copilot のプロンプトで「/explain」で説明を求めてみましょう。たとえば、np.linalg.norm に関しては、次のように Copilot が解説をしてくれます（コード8-14）。

コード8-14　Copilotが出力したnp.linalg.normの解説

np.linalg.norm(vector) は、NumPy ライブラリの linalg モジュールに含まれる関数で、ベクトルや行列のノルム（長さや大きさ）を計算するために使用されます。この関数は、特にベクトルのユークリッドノルム（2-ノルム）を計算する際に一般的に使用されます。

具体的には、np.linalg.norm(vector) は、与えられたベクトル vector のユークリッドノルムを計算します。ユークリッドノルムは、ベクトルの各要素の二乗和の平方根として定義されます。例えば、ベクトルが [x, y, z] であれば、そのユークリッドノルムは sqrt(x^2 + y^2 + z^2) となります。

このコードは、ベクトルの長さを計算するために非常に便利です。例えば、物理学や機械学習の

分野では、ベクトルの大きさを計算することが頻繁に必要となります。np.linalg.norm を使用することで、これを簡単に実現できます。
～～～　省略　～～～

内積（np.dot）や外積（np.cross）についても、同じようにCopilotに説明を求めてみてください。

### 8.3.3　行列のサンプルコード

NumPyモジュールのもう1つの機能として行列の計算があります。行列というのは、ちょうどExcelシートに書かれているように横方向の「行」と縦方向の「列」を並べた2次元の数値の並びになります。いわゆる連立一次方程式を解くときに使うのに便利です。ただし、最近の行列利用法は連立一次方程式だけでなく画像の回転やグラフの変形、色の変換などにも使われます。

では、早速Copilotに行列のサンプルコードを書いてもらいましょう。

▼プロンプト8-3

行列を扱うサンプルコードを書いて。

**コード8-15　プロンプト8-3で書き出されるコード（ch08/0803.ipynb）**

```python
import numpy as np ──①

# Create a matrix
matrix = np.array([[1, 2, 3], [4, 5, 6], [7, 8, 9]]) ──②

# Print the matrix
print("Matrix:")
print(matrix) ──③

# Calculate the transpose of the matrix
transpose = np.transpose(matrix) ──④
print("Transpose of the matrix:")
# Check if the matrix is singular
print(transpose) ──⑤

if np.linalg.det(matrix) == 0: ──⑥
    print("Matrix is singular, cannot calculate inverse.")
```

```
else:
    # Calculate the inverse of the matrix
    inverse = np.linalg.inv(matrix)        ⑦
    print("Inverse of the matrix:")
    print(inverse)

print("Matrix multiplication:")
# Create a matrix
matrix1 = np.array([[1, 2], [3, 4]])
matrix2 = np.array([[5, 6], [7, 8]])
# Multiply the two matrices
product = np.dot(matrix1, matrix2)         ⑧
print(product)
```

ちょっとコードが難しいのですが、先に簡単に解説を付けていきます。

①NumPyモジュールをインポートする
②行列を作成する
③行列（matrix）を表示する
④転置行列（transpose）を作成する（行と列を入れ替える）
⑤転置行列を表示する
⑥行列式を計算する
⑦逆行列（inverse）を計算して表示する
⑧2つの行列を掛け算（dot）する

**コード8-15の実行結果**

```
Matrix:
[[1 2 3]
 [4 5 6]
 [7 8 9]]
Transpose of the matrix:
[[1 4 7]
 [2 5 8]
 [3 6 9]]
Matrix is singular, cannot calculate inverse.
Matrix multiplication:
[[19 22]
 [43 50]]
```

最近では高校数学で行列を学習しなくなっているので用語が難しいとは思いますが、行列を計算する中で、転置行列、行列式、逆行列などの用語がでてきます。詳しい説明は本書では省きますが、詳細は数学の教科書かCopilotに尋ねてください。たとえば、行列式の計算（np.linalg.det）については、Copilotは次のように説明してきます。

**コード8-16　Copilotが出力した行列式の説明**

このコードスニペットは、与えられた行列の逆行列を計算するためのものです。まず、np.linalg.det(matrix)を使用して行列の行列式を計算し、その値が0であるかどうかを確認します。行列式が0の場合、その行列は「特異行列」と呼ばれ、逆行列を持たないため、"Matrix is singular, cannot calculate inverse."というメッセージを出力します。

一方、行列式が0でない場合は、np.linalg.inv(matrix)を使用して行列の逆行列を計算します。計算された逆行列はinverseという変数に格納され、その後、"Inverse of the matrix:"というメッセージとともに逆行列の内容が出力されます。

このコードは、行列が逆行列を持つかどうかを確認し、持つ場合はその逆行列を計算して表示するという基本的な行列操作を行っています。行列の逆行列を計算する際には、特異行列でないことを確認することが重要です。特異行列の場合、逆行列を計算しようとするとエラーが発生するため、このチェックは非常に重要です。

　行列の計算は機械学習の計算を行うときによく出てくるものです。画像の特徴量の計算やOpenCVを使った画像認識をするときの、画像の変形や色彩の変更にも利用されます。それぞれの計算についてもPythonとOpenCVのライブラリを組み合わせて自前でコードを書くことが可能です。

▼プロンプト8-4

> OpenCVで読み込んだ画像をNumPyで加工して。

**コード8-17　プロンプト8-4で書き出されるコード（ch08/0803.ipynb）**

```
import cv2
import numpy as np
from matplotlib import pyplot as plt

# 画像を読み込む
image = cv2.imread('path_to_image.jpg')
```

03 ベクトルや行列を扱う　293

```
# 画像をグレースケールに変換する
gray_image = cv2.cvtColor(image, cv2.COLOR_BGR2GRAY)

# 輝度を調整する（例：輝度を50増加させる）
adjusted_image = np.clip(gray_image + 50, 0, 255)

# 加工した画像を表示する
plt.imshow(adjusted_image, cmap='gray')
plt.title('Brightness Adjusted Image')
plt.show()
```

実行はしませんが、このコードはJPEG形式の画像を読み込んでグレースケールに変換する例です。NumPyモジュールを使って輝度を変更しています。実行するには、pipコマンドを使ってcv2モジュールとmatplotlibモジュールをインストールしてください。

## Chapter 8 04 基本統計量を計算する

再びNumPyモジュールを使って統計量を計算してみましょう。大量のデータを扱うときには「基本統計量」というものをまとめて扱うと便利です。

### 8.4.1 基本統計量の計算

基本統計量とは、先に計算した平均や標準偏差のほかに、最小値、最大値、4分割区間を加えた統計値になります。データの特性を素早く見るのによく使われる値になります。それぞれの統計値を別々に計算してもよいのですが、NumPyモジュールにはこれらの値を一度に計算してくれる機能があります。

コード8-18　ch08/0804.ipynb

```
import pandas as pd
import numpy as np ──①

# Specify the file path
file_path = 'FEH_00200521_240805152851.csv'
```

```python
# Read the CSV file into a pandas DataFrame
df = pd.read_csv(file_path)

# Display the DataFrame

# 最初の行を読み飛ばす
df.head()
# 都道府県名のリストを作成
total = []
for index, row in df.iterrows():
    # 下3桁が「000」である場合は都道府県名
    if row.iloc[2][-3:] == '000' and row.iloc[2] != '00000':
        total.append(int(row.iloc[5].replace(',','').strip()))

# Calculate basic statistics
statistics = pd.Series(total).describe()      ——②
print(statistics)      ——③
```

① NumPyモジュールをインポートする

② 基本統計量を計算する

③ 基本統計量を表示する

ひとまず、セルを実行すると次のような結果が得られます。

**コード8-18の実行結果**

```
count    4.700000e+01
mean     2.683960e+06
std      2.796582e+06
min      5.534070e+05
25%      1.068802e+06
50%      1.588256e+06
75%      2.688894e+06
max      1.404759e+07
dtype: float64
```

　print関数で変数statisticsを表示すると、すべての基本統計量が表示されてしまいます。内容を確認するときはこれでも十分なのですが、実際に使うとなるとどうすればいいでしょうか？

04 基本統計量を計算する　　**295**

コードの最後に「基本統計量を個別に表示」というコメントを入れて、Copilotの入力候補をしばらく待ってみましょう。少しずつですが、さまざまな統計量がprint関数を使って表示されます（コード8-19）。

**コード8-19　コメントを追加**

```
# 基本統計量を個別に表示 ──①
print('平均値:', statistics['mean'])
print('中央値:', statistics['50%'])
print('最大値:', statistics['max'])
print('最小値:', statistics['min'])
print('標準偏差:', statistics['std'])
print('データ数:', statistics['count'])
print('四分位数（第1四分位）:', statistics['25%'])
print('四分位数（第3四分位）:', statistics['75%'])
print('四分位範囲:', statistics['75%'] - statistics['25%'])
print('最大値と最小値の差:', statistics['max'] - statistics['min'])
print('変動係数:', statistics['std'] / statistics['mean'])
print('歪度:', pd.Series(total).skew())
print('尖度:', pd.Series(total).kurt())
```

① コメントを記述してCopilotの入力候補を待つ

　これらのコードを見ると、変数statisticsにキーワードを指定する方法と、新しいメソッドである歪度（skew）や尖度（skew）も計算できることがわかります。また平均値などはstatistics['mean']でも取得できますが、pd.Series(total).mean()のように直接meanメソッドを使うことできます。

**コード8-19の実行結果**

```
平均値: 2683959.5531914895
中央値: 1588256.0
最大値: 14047594.0
最小値: 553407.0
標準偏差: 2796581.560284377
データ数: 47.0
四分位数（第1四分位）: 1068801.5
四分位数（第3四分位）: 2688894.5
四分位範囲: 1620093.0
最大値と最小値の差: 13494187.0
変動係数: 1.0419611416867176
```

```
歪度: 2.2657293469162583
尖度: 5.495390219505214
```

それぞれの統計量については Copilot に尋ねるかインターネットで調べてみましょう。

**コードコード 8-20　Copilot の統計量に関しての解説**

pd.Series(total).skew() と pd.Series(total).kurt() は、それぞれ歪度と尖度を計算するための関数です。これらの関数は、データの分布の形状を理解するために使用されます。

まず、pd.Series(total).skew() は、与えられたデータの歪度（スキュー）を計算します。歪度はデータの非対称性を示す指標で、正の値は右に長い尾を持つ分布を、負の値は左に長い尾を持つ分布を示します。歪度が0に近い場合、データは対称的であることを意味します。

次に、pd.Series(total).kurt() は、与えられたデータの尖度（クルトシス）を計算します。尖度はデータのピークの鋭さを示す指標で、正の値は尖ったピークを持つ分布を、負の値は平らなピークを持つ分布を示します。尖度が0に近い場合、データは正規分布に近い形状を持つことを意味します。

これらの関数を使用することで、データの分布特性をより深く理解し、適切な統計分析やモデリングに役立てることができます。

# Chapter

# 9

## グラフ作成

これまでの Python プログラムは、コンソールにテキストを使って結果を
表示していました。数値や文字をコンソールに表示するには print 関数で
も十分なのですが、データ分析をするにはそれだけではちょっと物足りない
です。データの傾向などがひと目でわかるようにするためにグラフが使え
たらいいでしょう。

# Chapter 9

## 01 折れ線グラフを描く

　Pythonにはグラフを作成するためにmatplotlibモジュールが用意されています。matplotlibモジュールではグラフを書くための軸の指定やグラフタイトルの表示など、便利なメソッドが用意されています。従来ならば別のツールを使ってグラフを作成するところですが、matplotlibモジュールを使えばVisual Studio Code上でも表示を確認できます。

### 9.1.1 折れ線グラフの作成

　まずは動作を確認してみるためにCopilotに折れ線グラフのサンプルコードを書いてもらいましょう。

▼プロンプト9-1

> 折れ線グラフのサンプルコードを書いて。

コード9-1　プロンプト9-1で書き出されるコード（ch09/0901.ipynb）

```
import matplotlib.pyplot as plt  ──①

# Sample data
x = [1, 2, 3, 4, 5]  ──②
y = [2, 4, 6, 8, 10]  ──③

# Create a line plot
plt.plot(x, y)  ──④

# Add labels and title
plt.xlabel('X-axis')  ──⑤
plt.ylabel('Y-axis')
plt.title('Line Plot')

# Display the plot
plt.show()  ──⑥
```

300　第9章　グラフ作成

① matplotlibモジュールのpyplotをインポートして利用する
② x軸のデータを作成する
③ y軸のデータを作成する
④ 折れ線グラフをplotメソッドで作成する
⑤ x軸やy軸などにラベルを設定する
⑥ 作成したグラフをshowメソッドで表示する

これをそのまま実行すると、次のように実行エラーが表示されます。

#### コード9-1の実行エラー

```
ModuleNotFoundError                Traceback (most recent call last)
Cell In[1], line 1
----> 1 import matplotlib.pyplot as plt
      3 # Sample data
      4 x = [1, 2, 3, 4, 5]

ModuleNotFoundError: No module named 'matplotlib'
```

エラーメッセージを見ると「ModuleNotFoundError」となっているので、必要なモジュールがインストールされていないようです。この場合はpipコマンドを使って解決できますね（コード9-2）。

#### コード9-2　matplotlibモジュールをインストール

```
pip install matplotlib
```

matplotlibモジュールをインストールしてVisual Studio Codeでセルを実行すると、図9-1のようなグラフの画像が表示されます。

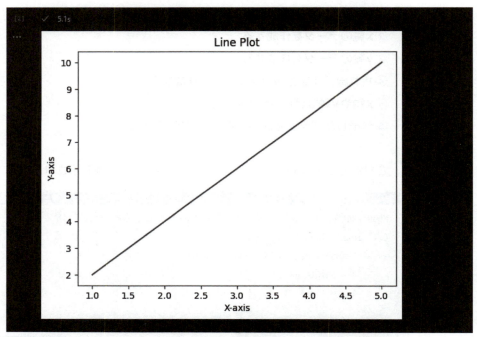

図9-1 実行結果

　今までPythonコードの結果はprint関数で数値や文字列を出力するだけでしたが、今回は画像が表示されます。Visual Studio Codeは基本的にコードを打ち込むエディタとして使うのですが、実は画像も表示できるのです。同時にPythonもmatplotlibモジュールを使うだけで、綺麗なグラフが書けるのです。便利ですね。

## 9.1.2 ランダムな値で作成

　折れ線グラフを作る場合には、横軸としてx軸、縦軸としてy軸のデータが必要になります。先の例のようにリストxとリストyを作ることになるのですが、いろいろと試すにはちょっと面倒くさいです。

コード9-3　サンプルデータ

```
# Sample data
x = [1, 2, 3, 4, 5]
y = [2, 4, 6, 8, 10]
```

　コード9-3はサンプルの一例です。横軸となるリストxは等幅にしないといけないので、1、2、3と単調に増えていきます。縦軸となるリストyが表示したい値になり

ます。ここでは 2、4、6 のように同じく単調に増やしてしまっているので、折れ線グラフが直線になってしまっています。

これをもうちょっと、がたがたとした折れ線にしてみましょう。

▼プロンプト9-2

> ランダムな値を使った折れ線グラフを書いて。

このプロンプトを実行して、折れ線グラフを書くコードとうまく組み合わせていきましょう。

**コード9-4　プロンプト9-2で書き出されるコード（ch09/0901.ipynb）**

```python
import matplotlib.pyplot as plt
import random ——①

# Sample data
x = [ i for i in range(10)] ——②
# Generate random values for y-axis
y = [random.randint(1, 100) for _ in range(10)] ——③

# Create a line plot
plt.plot(x, y)

# Add labels and title
plt.xlabel('X-axis')
plt.ylabel('Y-axis')
plt.title('Line Plot')

# Display the plot
plt.show()
```

① random モジュールをインポートする
② リスト x を 10 個の要素で作る
③ リスト y を 1 から 100 の間でランダムに 10 個の要素を作る

ランダムな値を作りたいときは、random モジュールを使います。横軸になる 10 個の要素を作りたいときは、range 関数を使うと便利です。リストを示す括弧「[…]」の中に for 文を含ませて書くことができます。ちょっと見た目が慣れないところですが、for ステートメントで 10 個の要素を順番に作るときはこの書き方が定番になります。

少しばらばらにしてforステートメントとappendメソッドを使って書くと、コード9-5のようになります。

**コード9-5　forステートメントとappendメソッドによるコード9-4の②の書き換え**
```
x = []
for i in range(10):
    x.append(i)
```

コード9-4の③では、「random.randint(1, 100)」でランダムに1から100までの値を作成しています。「_ in range(10)」のところに出てくる「_」（アンダーバー）は値を利用しないときに使う記号です。リストxのときはrange関数の値をそのまま使いましたが、リストyのときは追加する値はランダムに生成するので、range関数の値は捨てています。

これもforステートメントとappendメソッドを使うようにすると、コード9-6のようになります。

**コード9-6　forステートメントとappendメソッドによるコード9-4の③の書き換え**
```
y = []
for _ in range(10):
    y.append(random.randint(1, 100))
```

これらはどちらの書き方を使っても構いません。目的を達成するためにいろいろな書き方ができるのがPythonの良いところです。

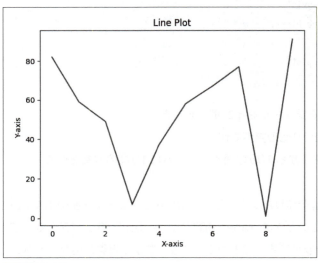

図9-2　実行結果

セルを実行して折れ線グラフをみてみましょう（図9-2）。y軸の値はランダムに作成しているので、セルを実行するたびにグラフの様子が変わります。Visual Studio Codeで表示しているグラフは、右上にでてくるディスクのアイコンなどで画像ファイルとして保存できます（図9-3）。

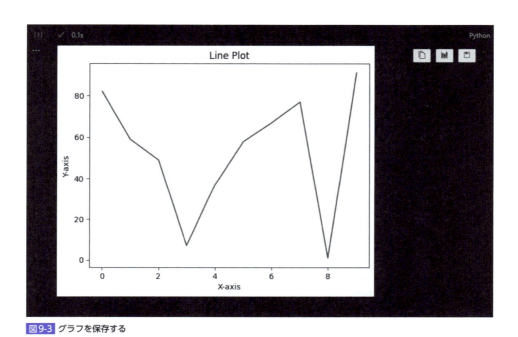

図9-3　グラフを保存する

## Chapter 9 02　棒グラフを描く

　もう1つメジャーなグラフ表示として「棒グラフ」を描いておきましょう。折れ線グラフは気温や湿度などの連続な値を表示することに適し、棒グラフは個別の数値を比較するのに適しています。この2つのグラフを使いこなせれば、データの視覚化には便利でしょう。

## 9.2.1 棒グラフの作成

折れ線グラフと同じようにCopilotに棒グラフを描くサンプルコードを書いてもらいましょう。

▼プロンプト9-3

> 棒グラフのサンプルコードを書いて。

コード9-7　プロンプト9-3で書き出されるコード（ch09/0901.ipynb）

```python
import matplotlib.pyplot as plt ──①

# Data for the bar graph
x = ['A', 'B', 'C', 'D'] ──②
y = [10, 5, 12, 8] ──③

# Create the bar graph
plt.bar(x, y) ──④

# Add labels and title
plt.xlabel('Categories') ──⑤
plt.ylabel('Values')
plt.title('Bar Graph')

# Display the graph
plt.show() ──⑥
```

① matplotlibモジュールのpyplotをインポートして利用する
② 横軸のデータを作成する
③ 縦軸のデータを作成する
④ 棒グラフをbarメソッドで作成する
⑤ 横軸（x軸）や縦軸（y軸）ラベルを設定する
⑥ 作成したグラフをshowメソッドで表示する

作成の仕方は折れ線グラフ（plot）を作ったときとほぼ同じです。横軸（x軸）の値がA、B、Cのように文字になっているのが棒グラフの特徴です。それぞれのデータは独立しているので、折れ線グラフのように順番が決まっているわけではありません。

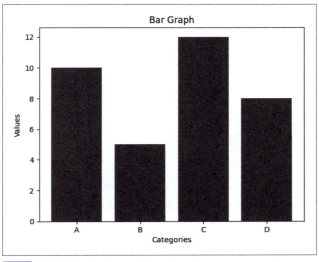

**図9-4** 実行結果

　セルを実行すると棒グラフが描画されます（図9-4）。最大値のデータに、グラフの目盛の上限が自動で合わせられています。

## 9.2.2　ランダムな値で作成

　折れ線グラフを作成したときと同じようにランダムな値を使って棒グラフのコードを修正してみましょう。ランダムな値をrandomモジュールを使って作成していきます。

**コード9-8　ランダムな値による折れ線グラフの作成**（ch09/0901.ipynb）

```python
import matplotlib.pyplot as plt
import random

# Data for the bar graph
x = ['A', 'B', 'C', 'D', 'E', 'F', 'G']    ──①
y = [random.randint(1, 100) for _ in range(len(x))]    ──②

# Create the bar graph
plt.bar(x, y)

# Add labels and title
plt.xlabel('Categories')
```

```
plt.ylabel('Values')
plt.title('Bar Graph')

# Display the graph
plt.show()
```

①横軸の項目を少し増やしておく
②1から100までの値でランダム値を生成する

横軸の個数を数えるのに、②のようにlen関数を使います。これを使ってrange関数で範囲を指定すれば、横軸であるリストxの要素の増減にプログラムが対応できます。固定値を直接入れるよりも、len関数で個数を取得する方法に慣れていってください。

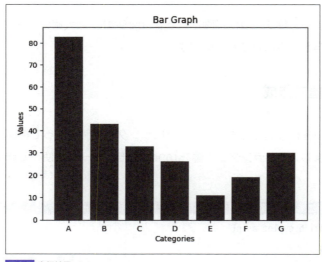

図9-5 実行結果

セルを実行するたびにグラフの値が変わってきます。

### 9.2.3 データを読み込んで棒グラフの作成

折角なので国勢調査の人口データを使って棒グラフを書いてみましょう。第8章で学んだデータの抽出の仕方の部分を、うまく活用していきます（コード9-9）。

**コード9-9　国勢調査の人口データを使った棒グラフの作成（ch09/0901.ipynb）**

```python
import matplotlib.pyplot as plt
import pandas as pd ──①


file_path = 'FEH_00200521_240805152851.csv' ──②
df = pd.read_csv(file_path)
df.head()


# Data for the bar graph ──③
x = ["茨城県","栃木県","群馬県","埼玉県","千葉県","東京都","神奈川県"]
# 人口の列を取得
y = [] ──④
# 都道府県名が含まれる行を表示
for index, row in df.iterrows(): ──⑤
    if row.iloc[3] in x:
        y.append(int(row.iloc[5].replace(',','').strip()))


# Create the bar graph
plt.bar(x, y) ──⑥


# Add labels and title
plt.xlabel('都道府県') ──⑦
plt.ylabel('人口')
plt.title('関東地方の人口分布')


# Display the graph
plt.show()
```

① CSV形式のファイルを読み込むためにpandasモジュールを利用する

② 国勢調査のファイルを読み込む

③ 横軸は関東の1都6県を指定する

④ 横軸（y軸）のためのリストを用意する

⑤ 関東の1都6県を抽出してリストyに保存する

⑥ 棒グラフを記述する

⑦ ラベルを日本語に書き換える

02 棒グラフを描く　　309

うまくCSV形式のデータが読み込めれば、図9-6のような実行結果になります。実行時にプログラムエラーが出る場合は、コードをうまく修正してください。棒グラフのコードをコピーして、その中に第8章のコードをコピペするとうまくいきやすいです。

コードを書いたあとに一度で動くとは限りません。スペルミスや変数の間違いをすることもあるのでうまく動かないこともあります。いいえ、むしろ修正したコードはうまく動かないことが多いのです。筆者でもそうです。なので、修正したコードをいったん以前うまくいったところまで戻して、少しずつコードを追加していってください。

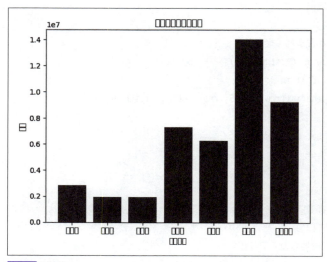

**図9-6** 実行結果

さて、実際にプログラムを動かしてどうでしょうか？うまくいきましたか？いいえ。一見うまく動いているし棒グラフが書けているように見えますが、ラベルの部分が白い四角になっていますね。残念ながら文字化けが発生しています。「文字化け」というのは、日本語や絵文字を表示しようとしたときに、図9-6のように四角が表示されてしまっていたり、不思議なアルファベットや中途半端な漢字の羅列が表示されてしまっている状態です。ほとんどの文字化けは文字コードが異なっている場合が多いので、たいていは「UTF-8」という文字コードに変換すると直ります。ただし、今回の場合はちょっと異なるようで、Copilotのチャットに尋ねると次のような回答をしてくれます。

▼プロンプト9-4

x軸が文字化けしています。どうすればいい？

**コード9-10　プロンプト9-4に対するCopilotの回答**

文字化けの問題は、フォントの設定が原因であることが多いです。Matplotlibで日本語の文字を正しく表示するためには、日本語フォントを指定する必要があります。
以下の手順でフォントを設定してみてください。
改善後のコード

```
import matplotlib.pyplot as plt
import pandas as pd
import matplotlib.font_manager as fm
# 日本語フォントの設定
font_path = 'C:/Windows/Fonts/msgothic.ttc'   # Windows の場合の例
font_prop = fm.FontProperties(fname=font_path)
plt.rcParams['font.family'] = font_prop.get_name()
file_path = 'FEH_00200521_240805152851.csv'
df = pd.read_csv(file_path)
～～～　省略　～～～
```

どうやら、Windows環境の場合はあらかじめフォントをロードしておかないと日本語の表示が文字化けしてしまうようです。このコードをそのままコピペして使いましょう。

**コード9-11　日本語フォントをロードする**

```
import matplotlib.pyplot as plt
import pandas as pd
import matplotlib.font_manager as fm ──①

# 日本語フォントの設定 ──②
font_path = 'C:/Windows/Fonts/msgothic.ttc'   # Windows の場合の例
font_prop = fm.FontProperties(fname=font_path)
plt.rcParams['font.family'] = font_prop.get_name()

file_path = 'FEH_00200521_240805152851.csv'
df = pd.read_csv(file_path)
df.head()
```

① matplotlibモジュールのfont_managerを利用する
② 日本語フォント「msgothic.ttc」を利用する

コードを修正してセルを実行すると、図9-7のように日本語がうまく表示されるようになります。

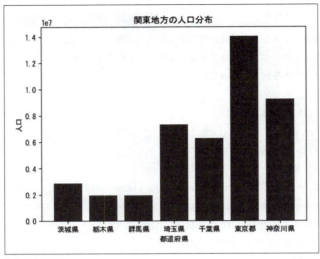

図9-7 実行結果

# Chapter 9
## 03 円グラフを描く

円グラフはデータ同士を正確に比較することはできませんが、全体の割合をおおまかに捉えるのによく使われます。棒グラフの場合は他の要素と比較して増減を強調し、円グラフでは全体を100%として、何割位をその要素を占めるのかを示すことができます。

### 9.3.1 円グラフの作成

棒グラフと同じようにCopilotに円グラフのサンプルコードを出してもらいましょう。

▼プロンプト9-5

円グラフのサンプルコードを書いて。

第9章 グラフ作成

### コード9-12 プロンプト9-5で書き出されるコード (ch09/0903.ipynb)

```python
import matplotlib.pyplot as plt

# データの準備
labels = ['A', 'B', 'C', 'D']           ①
sizes = [30, 20, 15, 35]                ②
colors = ['red', 'blue', 'green', 'yellow']  ③

# 円グラフの作成  ④
plt.pie(sizes, labels=labels, colors=colors, autopct='%1.1f%%')

# グラフのタイトル
plt.title('Circle Graph')

# グラフの表示
plt.show()
```

① ラベルを指定する
② データを指定する
③ 円グラフに使われる項目の色を指定する
④ 円グラフを描く

これをそのまま実行してみると、図9-8のような円グラフが作成できます。

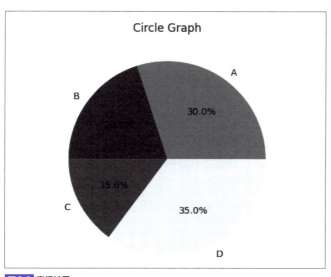

図9-8 実行結果

03 円グラフを描く

項目の名前とパーセンテージが表示されています。リスト sizes に「[30, 20, 15, 35]」のように指定したものが、そのまま30%、20%となっているようです。どうやら、全体を100%にしなくてはいけなそうですね？

いや、本当でしょうか？試しにリスト sizes にランダム値を入れた円グラフを描いてみましょう（コード9-13）。

コード9-13　ランダム値を入れた円グラフの作成　(ch09/0903.ipynb)

```python
import matplotlib.pyplot as plt
import random

# データの準備
labels = ['A', 'B', 'C', 'D', 'E', 'F', 'G']         ─①
sizes = [random.randint(1, 100) for _ in range(len(labels))]  ─②
# colors = ['red', 'blue', 'green', 'yellow', 'pink']  ─③

# 円グラフの作成
plt.pie(sizes, labels=labels, autopct='%1.1f%%')      ─④

# グラフのタイトル
plt.title('Circle Graph')

# グラフの表示
plt.show()
```

① ラベルを少し増やす
② 値をランダムに生成する
③ 色の指定をやめる
④ pie メソッドのパラメータから colors を外す

値を保持しているリスト sizes の要素は全体で「100」にはなりません。ランダムに生成しているだけなので、全体が100になる確率は限りなく低くなります。念のため、何度かセルを実行して、作成される円グラフを確認しておきましょう（図9-9）。

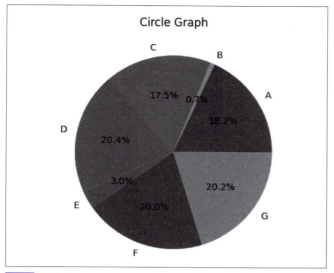

図9-9 実行結果

どうやらリスト sizes の合計値は 100 でなくても構わないようです。全体が 100 にならないと値の設定が面倒くさいところですが、普通にデータを投入すればよいみたいですね。

## 9.3.2 人口比の円グラフを作成

試しに、国勢調査のデータを使って人口比の円グラフを作ってみましょう。全ての都道府県を入れると円グラフが大変なことになりそうなので、関東地方の1都6県だけを対象にします。読者はほかの地方でも確認をしてみてください。

コード9-14 国勢調査のデータを使った人口比の円グラフ作成 (ch09/0903.ipynb)

```
import matplotlib.pyplot as plt
import matplotlib.font_manager as fm
import pandas as pd

# 日本語フォントの設定
font_path = 'C:/Windows/Fonts/msgothic.ttc'  # Windows の場合の例
font_prop = fm.FontProperties(fname=font_path)
plt.rcParams['font.family'] = font_prop.get_name()

file_path = 'FEH_00200521_240805152851.csv'
```

```python
df = pd.read_csv(file_path)
df.head()


# Data for the bar graph


# データの準備
labels = ["茨城県","栃木県","群馬県","埼玉県",      ──①
          "千葉県","東京都","神奈川県"]
# 人口の列を取得
sizes = []
# 都道府県名が含まれる行を表示
for index, row in df.iterrows():  ──②
    if row.iloc[3] in labels:
        sizes.append(int(row.iloc[5].replace(',','').strip()))


# 円グラフの作成
plt.pie(sizes, labels=labels, autopct='%1.1f%%')


# グラフのタイトル
plt.title('関東地方の人口分布')  ──③


# グラフの表示
plt.show()
```

① 取得する都道府県のラベルを設定する

② リスト labels に含まれる都道府県名を取得して、リスト sizes に追加する

③ 円グラフのタイトルを変更する


セルを実行するとどうなるでしょうか？

316    第9章 グラフ作成

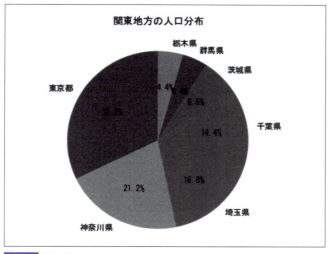

図9-10 実行結果

円グラフがうまく描けていれば成功です（図9-10）。それぞれの項目にパーセンテージが自動的に計算されて表示されます。

### 9.3.3 円グラフを降順で表示

関東地方の人口分布の円グラフですが、よく見ればちょっと難点がありますね。たいていの円グラフでは値が多い順に並んでいるのですが、この円グラフではばらばらになっています。

コード9-15　ラベルの順
```
labels = ["茨城県","栃木県","群馬県","埼玉県", ──①
         "千葉県","東京都","神奈川県"]
```

ラベルの順番を見ると、茨城県、栃木県、群馬県のように並んでいるので（コード9-15）、円グラフはこのラベル順に作られているようです。これは人口の多い順（降順）に並び替えたほうがよさそうです。

さて、どのような関数を使って並び替えればいいでしょうか？ラベル（labels）と人口のデータ（sizes）を同時に並び替える方法を探さないといけないのですが。ここは、ひとまずCopilotに尋ねてみましょう。ソート方法を尋ねたいところですが、もっと具体的に「人口の多い順に並び替えたい」と尋ねてみます。Copilotのチャットを使って尋ねてみてください。

▼プロンプト9-6

> 円グラフを多い順に並べる方法は？

**コード9-16　プロンプト9-6に対するCopilotの回答**

円グラフを多い順に並べるには、データをソートしてから円グラフを作成する必要があります。以下の手順でデータをソートし、円グラフを作成します。

改善後のコード

```python
import matplotlib.pyplot as plt
import pandas as pd
import matplotlib.font_manager as fm

# 日本語フォントの設定
font_path = 'C:/Windows/Fonts/msgothic.ttc'  # Windows の場合の例
font_prop = fm.FontProperties(fname=font_path)
plt.rcParams['font.family'] = font_prop.get_name()

file_path = 'FEH_00200521_240805152851.csv'
df = pd.read_csv(file_path)

# Data for the pie chart
x = ["茨城県","栃木県","群馬県","埼玉県","千葉県","東京都","神奈川県"]
# 人口の列を取得
y = []
# 都道府県名が含まれる行を表示 ──①
for index, row in df.iterrows():
    if row.iloc[3] in x:
        y.append((row.iloc[3],
                  int(row.iloc[5].replace(',','').strip())))

# データを人口の多い順にソート ──②
y.sort(key=lambda pair: pair[1], reverse=True)
labels, sizes = zip(*y)

# Create the pie chart ──③
plt.pie(sizes, labels=labels, autopct='%1.1f%%', startangle=140)
```

第9章　グラフ作成

```
# Add title
plt.title('関東地方の人口分布')

# Display the graph
plt.show()
```

① 都道府県名と人口をタプルにして取得する
② ラベル要素とデータをひとまとまりにしてソートする
③ 円グラフを描く

ひとまず、Copilotの回答のまま実行したのが図9-11です。

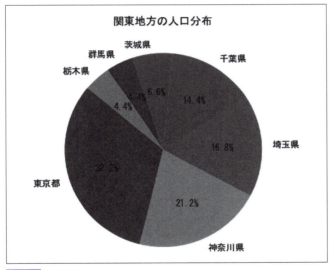

図9-11 実行結果

　人口が多い順になっていますか？なぜか千葉県から始まっているので順番に並んでいないように見えるのですが、注意してみると左上のほうから反時計回りに、東京都、神奈川県、埼玉県、千葉県の順になっています。データはきちんとソートされているようなのですが、なぜ左上からなのでしょうか？

コード9-17 円グラフの表示位置

```
# Create the pie chart ——②
plt.pie(sizes, labels=labels, autopct='%1.1f%%', startangle=140)
```

　実は②のpieメソッドのパラメータを見ると、「startangle=140」というのが追加

されています。どうやら、この「140」というのが、140度のことを示しているらしいので、90度にして真上から始めてもらいましょう。

**コード9-18　円グラフの表示位置の変更**
```
# Create the pie chart ―――②
plt.pie(sizes, labels=labels, autopct='%1.1f%%', startangle=90)
```

パラメータstartangleの値を90に設定し直しました。

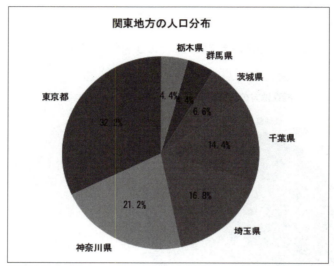

**図9-12** 修正した実行結果

どうでしょうか？人口が多い順に並んでいるようですね。ただ、真上から反時計回りに東京都、神奈川県、埼玉県、千葉県のように並んでいます。反時計回りになっているところが残念ですね。普通の円グラフならば時計回りじゃないでしょうか？プロンプトに尋ねてみましょう。

▼プロンプト9-7

円グラフを時計回りにするには？

**コード9-19　プロンプト9-7に対するCopilotの回答**

円グラフを時計回りにするには、plt.pie 関数の counterclock 引数を False に設定します。デフォルトでは True になっているため、反時計回りに描画されます。
以下のコードは、円グラフを時計回りに描画するように修正したものです。
〜〜〜　省略　〜〜〜

320　第9章　グラフ作成

どうやら、pieメソッドに「counterclock」というパラメータがありそうですね。

**コード9-20　円グラフの時計回りの描画設定**

```python
# Create the pie chart
plt.pie(sizes, labels=labels, autopct='%1.1f%%',
        startangle=90, counterclock=False)
```

これを実行しましょう。

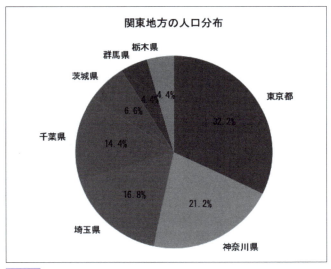

**図9-13** さらに修正した実行結果

きちんと時計回りにデータが表示されるようになりました。では、ソート部分のコードを詳しく見ておきましょう（コード9-21）。

**コード9-21　ソート部分のコード**

```python
# 都道府県名が含まれる行を表示 ──①
for index, row in df.iterrows():
    if row.iloc[3] in x:
        y.append((row.iloc[3],
                  int(row.iloc[5].replace(',','').strip())))

# データを人口の多い順にソート ──②
y.sort(key=lambda pair: pair[1], reverse=True)
labels, sizes = zip(*y)
```

実はCopilotの提案したコードでは、①の部分のforステートメントの部分がちょっと変更になっています。新しくリストyを作っておいて、y.appendで、都道府県名と人口数をワンセットにして追加しています。つまりリストyには都道府県名と人口数が「タプル（組）」になって保存されているのです。

　このタプルを使って、②でデータをソートすると便利です。y.sortで降順（人口が多い順）にソートしています。このときにソート対象となるのが「pair[1]」となっているタプルの2番目、つまり人口数が対象となっているわけです。

　最後にソートし終わったリストyをzip関数を使ってlabelsとsizesに分離しますzip関数はリストを結び付けたり切り離したりする関数です。ちょうど、上着のジッパー（チャックとも言いますね）にあたる機能だと思ってください。この部分の詳しい解説については、該当するコードを選択して、Copilotで「/explain」してみてください。

**リスト9-22　Copilotによる解説**

選択されたコードは、Pythonのリストをソートし、その後、リストの要素を分割するためのものです。
y.sort(key=lambda pair: pair[1], reverse=True)
labels, sizes = zip(*y)
まず、y.sort(key=lambda pair: pair[1], reverse=True)は、リストyをソートするためのコードです。sortメソッドはリストをその場でソートします。ここで使われているkey引数は、ソートの基準を指定するためのものです。この場合、lambda pair: pair[1]という無名関数（ラムダ関数）が使われており、各要素の2番目の値（インデックス1）を基準にソートします。また、reverse=Trueが指定されているため、降順でソートされます。
～～～　省略　～～～

zip関数を呼び出すときの「*」記号についても質問ができます。

▼プロンプト9-8

zip 関数の * は何ですか？

**リスト9-23　プロンプト9-8に対するCopilotの回答**

zip 関数の * 演算子は、リストやタプルなどのイテラブルをアンパック（展開）するために使用されます。アンパックされたイテラブルの各要素が zip 関数に渡され、それぞれの要素が並行して処理されます。

具体的には、以下のようなリスト y があるとします：
y = [('茨城県', 2916976), ('栃木県', 1974255), ('群馬県', 1973115),

```
('埼玉県', 7266534), ('千葉県', 6222666), ('東京都', 13942856), ('神奈川県', 9126214)]
```

このリストを zip(*y) を使ってアンパックすると、以下のように処理されます：
```
labels, sizes = zip(*y)
```

〜〜〜 省略 〜〜〜

## Chapter 9
## 04 ヒストグラムを描く

　今度はヒストグラムを描いてみましょう。ヒストグラムは折れ線グラフや棒グラフのように個数が大量にあるときに使います。「級数」という範囲を決めて、ある範囲にあるデータの個数を勘定して棒グラフにします。たとえば、年収の傾向や世代別の人口などはヒストグラムを使います。

### 9.4.1　ヒストグラムの作成

　言葉だけの説明では理解が難しいので、Copilotにサンプルを作ってもらいましょう。いつも通りプロンプトで書いて、サンプルコードを書いてもらいます。

▼プロンプト9-9

> ヒストグラムのサンプルコードを書いて。

**コード9-22　プロンプト9-9で書き出されるコード（ch09/0904.ipynb）**

```python
import matplotlib.pyplot as plt

# Sample data
data = [1, 2, 3, 4, 4, 4, 5, 5, 6, 7, 8, 8, 9, 10]  ――①

# Plotting the histogram
plt.hist(data, bins=5, edgecolor='black')  ――②

# Adding labels and title
plt.xlabel('Value')
```

```
plt.ylabel('Frequency')
plt.title('Histogram')

# Displaying the histogram
plt.show()
```

① ヒストグラム用のデータを準備する
② histメソッドでヒストグラムを表示する

これをそのまま動かしてみましょう。

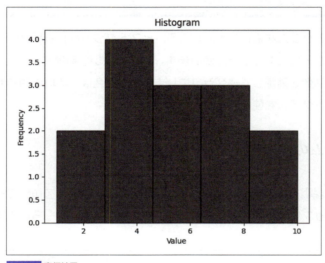

図9-14 実行結果

　データの数は14個ありますが、棒グラフの数は5本になっています（図9-14）。つまり5つの階級に分けてデータが分類しているわけです。級数は②のbinsパラメータで指定しています。実際にはデータの量に合わせて級数を調節します。

## 9.4.2　階級を調節する

　matplotlibモジュールのhistメソッドでは階級の範囲を自動的に設定しますが、ときには手動で設定する必要も出てくるでしょう。たとえば、年齢別に表示をするときには、中途半端な値にするのではなく、10歳区切りにしたいものです。そのようなときは階級を指定します（コード9-23）。

**コード9-23　階級を指定する（ch09/0904.ipynb）**

```python
import matplotlib.pyplot as plt

# データ
data = [1, 2, 3, 4, 4, 4, 5, 5, 6, 7, 8, 8, 9, 10]

# 階級の指定
bins = [0, 3, 6, 9, 12]   ―①

# ヒストグラムの作成
plt.hist(data, bins=bins, edgecolor='black')   ―②

# ラベルとタイトルの追加
plt.xlabel('Value')
plt.ylabel('Frequency')
plt.title('Histogram with Custom Bins')

# ヒストグラムの表示
plt.show()
```

①階級を指定する
②histメソッドのbinsパラメータに階級を指定する

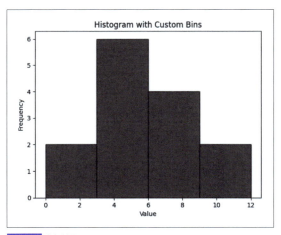

**図9-15** 実行結果

　セルを実行すると4つの棒グラフが表示されます（図9-15）。histメソッドで指定する階級のリストは、階級の数＋1になることに注意してください。

04 ヒストグラムを描く

### 9.4.3 大量のデータで活用する

では具体的に大量のデータを扱ってヒストグラムを作る例を見ていきましょう。国勢調査で市町村ごとの人口のデータを、階級ごとに分けてグラフにしてみましょう。当然のことながら、それぞれの市町村の人口は一致するものではありません。それらを適当な範囲でまとめてグラフにするのです。

コード9-24　国勢調査の人口のデータを階級ごとに分ける （ch09/0904.ipynb）

```python
import matplotlib.pyplot as plt
import pandas as pd

file_path = 'FEH_00200521_240805152851.csv'
df = pd.read_csv(file_path)
df.head()

# 都道府県名のリストを作成
data = []
for index, row in df.iterrows():
    # 市だけピックアップする
    if row.iloc[3][-1:] == '市':   ――①
        v = row.iloc[5]
        if ( v != '-' ):
            data.append(int(v.replace(',','').strip()))

# Plotting the histogram
plt.hist(data, bins=10, edgecolor='black')   ――②

# Adding labels and title
plt.xlabel('Value')
plt.ylabel('Frequency')
plt.title('Histogram')

# Displaying the histogram
plt.show()
```

①末尾が「市」の市町村だけピックアップする
②histメソッドを使い10階級で表示する

市町村名は4列目にあるので「row.iloc[3][-1:]」で末尾の1文字を比較できます（コード9-24）。①では末尾が「市」かどうかをチェックして「○○市」のデータだけを抜き出して、リストdataに追加していきます。セルを実行してみましょう。

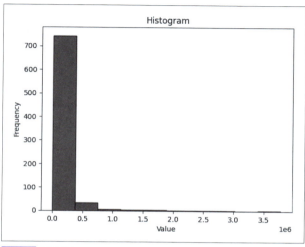

図9-16 実行結果

グラフが右側（人口が低い方）に偏り過ぎているので、正しいかどうかよくわからないところですが、ひとまず書けてはいるようです。この傾向は、人口の多い都市は少なくて、人口の少ない市が非常に多いことを示しています。ちょっとわかりにくいので、①の部分を「町」にして実行してみましょう。

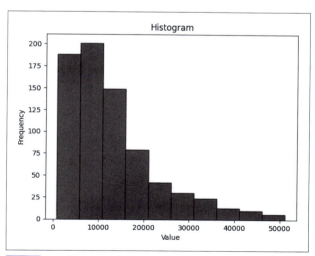

図9-17 実行結果

町になると少し人口が分散しています。市になるために3万人の人口が必要となるので、町の場合はそれ以下の人口でばらついていることがわかります。ただし、平均的にばらついているわけではなく、市のときと同じように、人口が低いところの町が多いことがヒストグラムからわかります。

## Chapter 9 05 その他のグラフを描く

matplotlibモジュールにはさまざまなグラフがあります。その中でも特殊なグラフを見ていきましょう。

### 9.5.1 3次元グラフの作成

これまでは2次元のグラフ（xy軸）だけでしたが、実は3次元のグラフ（xyz軸）も書くことができます。3次元のグラフのサンプルをCopilotに作ってもらいましょう。

▼プロンプト9-10

> 3次元グラフのサンプルを書いて

コード9-25　プロンプト9-10で書き出されるコード　(ch09/0905.ipynb)

```
import numpy as np
import matplotlib.pyplot as plt
from mpl_toolkits.mplot3d import Axes3D ──①


# Generate some sample data ──②
x = np.linspace(-5, 5, 100)
y = np.linspace(-5, 5, 100)
X, Y = np.meshgrid(x, y)
Z = np.sin(np.sqrt(X**2 + Y**2))


# Create a 3D plot ──③
fig = plt.figure()
ax = fig.add_subplot(111, projection='3d')
ax.plot_surface(X, Y, Z)
```

```python
# Set labels and title
ax.set_xlabel('X')
ax.set_ylabel('Y')
ax.set_zlabel('Z')
ax.set_title('3D Plot')

# Show the plot
plt.show() ——④
```

① matplotlib モジュールの 3D プロットを作成するためのツールキットを利用する
② サンプルデータを作成する
③ 3D 表現でプロットする
④ グラフを表示する

データの作成が難しいところですが、②ではx軸とy軸に-5から5までを100個で区切ったデータを作成します。高さを示すz軸はsin曲線にしています。これを実行すると次のような結果が得られます。

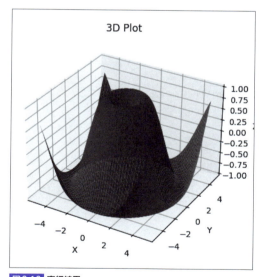

図9-18 実行結果

よく数学の教科書でも見られるグラフですね。3次元のグラフはなかなか難しいところですが、matplotlibモジュールを使えばこのような形で描画できることを覚えておくだけでもよいでしょう。

## 9.5.2 正規分布のグラフ

　もう1つ、確率の世界ではよく使われる「正規分布」のグラフを書いてみましょう。受験などで使われる偏差値を計算するときにも使われます。障害確率や交通量調査などのさまざまな場面出てくる確率分布です。これもCopilotを使って書いてもらうことができます。

▼プロンプト9-11

正規分布をグラフに書くサンプルを作って

コード9-26　プロンプト9-11で書き出されるコード　(ch09/0905.ipynb)

```python
import numpy as np
import matplotlib.pyplot as plt

# パラメータの設定 ──①
mu = 0    # 平均
sigma = 1  # 標準偏差

# x軸の値の範囲を設定 ──②
x = np.linspace(-5, 5, 100)

# 正規分布の確率密度関数を計算 ──③
y = (1 / (sigma * np.sqrt(2 * np.pi))) * np.exp(-(x - mu)**2 / (2 * sigma**2))

# グラフの描画 ──④
plt.plot(x, y)
plt.xlabel('x')
plt.ylabel('Probability Density')
plt.title('Normal Distribution')
plt.grid(True)
plt.show()
```

①平均と標準偏差を指定する
②x軸のリストを用意する
③確率密度関数でyの値を計算する
④グラフにプロットする

正規分布では、平均が0、標準偏差が1に正規化されています。②の計算式を使うと、正規分布となるグラフになります。

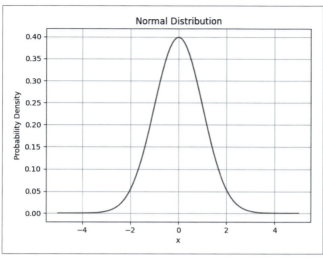

図9-19 実行結果

## 9.5.3 X二乗分布のグラフ

正規分布と同様にX二乗（カイ二乗）分布のグラフも確率関係でよく使われるものです。これもCopilotに頼むと簡単なサンプルを書いてくれます。

▼プロンプト9-12

> X二乗分布のグラフを書くサンプルコードを書いて

コード9-27　プロンプト9-12で書き出されるコード（ch09/09005.ipynb）

```python
import matplotlib.pyplot as plt
import numpy as np
import math

# 自由度の設定 ──①
df = 5

# X二乗分布の確率密度関数を計算 ──②
x = np.linspace(0, 20, 100)
```

05 その他のグラフを描く　331

```
y = (1 / (2**(df/2) * math.gamma(df/2))) * x**((df/2)-1) * np.exp(-x/2)

# グラフの描画 ——③
plt.plot(x, y)
plt.xlabel('x')
plt.ylabel('Probability Density')
plt.title('Chi-Square Distribution (df=5)')
plt.grid(True)
plt.show()
```

① 自由度を設定する
② 確率密度を計算する
③ グラフにプロットする

　Ｘ二乗分布では自由度を指定して確率の範囲を決定します。詳細は省略しますが、このようにCopilotを使うとグラフのコードだけでなく、よく利用される分布（正規分布、Ｘ二乗分布など）を記述してもらうことができます。数学で使われる主なコードはGitHubなどで公開されていることが多いため、たいていの数式をPythonで記述することができます。自ら数式からプログラムコードに落とし込んでもよいのですが、テスト済みのライブラリを活用したほうが、手早く目的を達成できるでしょう。

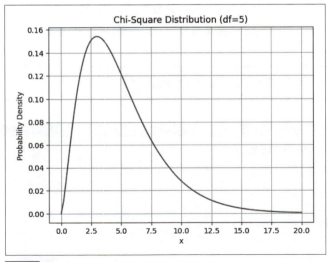

図9-20 実行結果

# Chapter

# 10

## テストコードを書く

　最後にCopilotが生成したコードをテストするにはどうしたいいかという問題に取り組んでいきましょう。Copilotが生成するコードは正しく動くとは限りません。モジュールエラーもあれば実行エラーもあります。Copilotに伝えた意図の通りにプログラムが動いているのかどうか、常に確認する習慣を付けておきましょう。

# Chapter 10 01 作成したコードをテストする

　さて、今までで筆者が書いてきたコード（正確にはCopilotに書いてもらったコード）は、いちいちセルを実行してプログラムが正常に動くことを確認してきました。この程度の小さなPythonコードならば、目的を達成すれば使い捨てで二度と使うことはないでしょう。データの変換や簡単なグラフ生成にPythonを使うのであれば、あまり再利用という視点はいらないと思われます。

　しかし、実験に使うコードや仕事で客先にリリースされるコードはそういう訳にはいきません。丹念にテストをしてバグがないように注意深くリリースしないと、大変なことになってしまいます。大変なことというのは、単に上司やお客に怒られる、という個人的な話に限らず、なにか重要なシステムを止めてしまうかもしれないのです。

　というような大げさな話ではなくても、自分が書いたコードが思った通りに動くかどうかをチェックしておくことは重要です。まして、他人（この場合はCopilotですね）が書いたコードは自分の思った通りに動くかどうかのチェックは大切です。

## 10.1.1　コードとテストコードの組み合わせ

　実はプログラム業界には「テスト駆動（TDD）」と呼ばれる、プログラムとテストを同時に書いていこうという開発スタイルがあります。ここでは、本格的なテスト駆動を取り入れるのは大変なので、テスト駆動で使われているライブラリを使ってみましょう。

　Pythonのライブラリには「unittestモジュール」が標準で備わっています。まずは、Copilotにテストコード自体にサンプルを書いてもらいましょう。

▼プロンプト10-1

テストコードのサンプルを書いて

コード10-1　プロンプト10-1で書き出されるコード（ch10/1001.ipynb）

```
# テスト対象のコードを書く
def add(x, y):  ——①
    return x + y
```

```python
def subtract(x, y):        ──②
    return x - y


def multiply(x, y):        ──③
    return x * y
```

① add関数を定義する
② subtract関数を定義する
③ multiply関数を定義する

　まず、通常のプログラムコードはdefキーワードを使って関数やメソッドで書きます。今までNotebookを使っていたときは、特に関数にする必要はなかったのですが、自分で書いたコードをライブラリ化や再利用しようとするときは、このようにdefキーワードで関数にしておきます。
　その後に引き続きテストコードが出力されます。

**コード10-2　コード10-1の続き（ch10/1001.ipynb）**

```python
import unittest        ──①
from sample import add, subtract, multiply        ──②

class TestSampleCode(unittest.TestCase):
    def test_add(self):
        self.assertEqual(add(1, 2), 3)
        self.assertEqual(add(-1, -2), -3)
        self.assertEqual(add(0, 0), 0)

    def test_subtract(self):
        self.assertEqual(subtract(5, 2), 3)
        self.assertEqual(subtract(10, -5), 15)
        self.assertEqual(subtract(0, 0), 0)

    def test_multiply(self):
        self.assertEqual(multiply(2, 3), 6)
        self.assertEqual(multiply(-2, 4), -8)
        self.assertEqual(multiply(0, 5), 0)

if __name__ == '__main__':        ──③
    unittest.main()
```

① unittestモジュールを利用する

② sampleコードからadd関数などをインポートする

③ メインであればスクリプトを実行する

実は、このテストコードをNotebook上でセル実行すると次のようなエラーになります。

---

**テストコードの実行エラー**

```
ArgumentError                    Traceback (most recent call last)
File D:\Python39\lib\argparse.py:1853, in ArgumentParser.parse_known_args(self, ➡
args, namespace)
   1852 try:
-> 1853     namespace, args = self._parse_known_args(args, namespace)
   1854 except ArgumentError:


～～～  省略  ～～～
```

---

コード10-2のテストコードの最後に書いてある③の部分を見てください。この「if __name__ == '__main__':」とあるコードは、独立したPythonスクリプトで動かすようになっています。本書では主にVisual Studio Code上でPythonコードを動かしていたのですが、実際にツールにして動かすときには③のような最初に動くメイン関数部分が必要になります。

## 10.1.2 sample.pyファイルに分離

Copilotが出力したコードをsample.pyとtest_sample.pyに分けていきましょう。Visual Studio Codeで新しいファイルを作成して、それぞれのPythonコードをファイルに貼り付けていきます。

**コード10-3　sample.pyのコード（ch10/sample.py）**

```python
# テスト対象のコードを書く
def add(x, y):
    return x + y


def subtract(x, y):
    return x - y
```

336　第10章　テストコードを書く

```python
def multiply(x, y):
    return x * y
```

**コード10-4　test_sample.py のコード（ch10/test_sample.py）**

```python
import unittest
from sample import add, subtract, multiply

class TestSampleCode(unittest.TestCase):
    def test_add(self):
        self.assertEqual(add(1, 2), 3)
        self.assertEqual(add(-1, -2), -3)
        self.assertEqual(add(0, 0), 0)

    def test_subtract(self):
        self.assertEqual(subtract(5, 2), 3)
        self.assertEqual(subtract(10, -5), 15)
        self.assertEqual(subtract(0, 0), 0)

    def test_multiply(self):
        self.assertEqual(multiply(2, 3), 6)
        self.assertEqual(multiply(-2, 4), -8)
        self.assertEqual(multiply(0, 5), 0)

if __name__ == '__main__':
    unittest.main()
```

そして、Visual Studio Codeで新しいターミナルを開いて、コマンドを実行します（コード10-5）。

**コード10-5　実行するコマンド**

```
python .\test_sample.py
```

**コード10-5の実行結果**

```
PS H:\py-copilot\src\ch10> python .\test_sample.py
...
----------------------------------------------------------------
Ran 3 tests in 0.000s

OK
PS H:\py-copilot\src\ch10>
```

テストコードを実行すると、最後に「OK」と出る結果を得られます。なんかかなり不安になってしまいます。これでいいのでしょうか？きちんと動いているのか心配になってしまいますね。

## 10.1.3 テストコードを修正する

きちんと動作しているかが不安なので（筆者も不安です）、テストコード（test_sample.py）を少し弄ってエラーになるようにしてみましょう。サンプルコードでは、test_sample.pyをtest_sample_error.pyにコピーして、1か所だけを変えています（コード10-6）。

コード10-6　あえてエラーを組み入れたテストコード（ch10/test_sample_error.py）

```python
import unittest
from sample import add, subtract, multiply

class TestSampleCode(unittest.TestCase):
    def test_add(self):
        self.assertEqual(add(1, 2), 3)
        self.assertEqual(add(-1, -2), -3)
        self.assertEqual(add(0, 0), 0)
        self.assertEqual(add(10, 0), 0) # エラーにする    ①

    def test_subtract(self):
        self.assertEqual(subtract(5, 2), 3)
        self.assertEqual(subtract(10, -5), 15)
        self.assertEqual(subtract(0, 0), 0)

    def test_multiply(self):
        self.assertEqual(multiply(2, 3), 6)
        self.assertEqual(multiply(-2, 4), -8)
        self.assertEqual(multiply(0, 5), 0)

if __name__ == '__main__':
    unittest.main()
```

①addメソッドのテストを追加する

addメソッドは単純に足し算をする関数で、「add(10, 0)」の答えは10になるはずなのですが、ここではあえて0にしてあります。self.assertEqualメソッドは、2つの引数が同じであることをチェックする、というunittestモジュールのメソッドです。

そうなると、add(10,0)の結果は10であるのに、self.assertEqualメソッドでは0と比較しているので、「間違い」になるだろうと想像ができます。実際に動かしてみましょう。

```
コード10-6の実行結果
PS H:\py-copilot\src\ch10> python .\test_sample_error.py
F..
==========================================================
FAIL: test_add (__main__.TestSampleCode)
----------------------------------------------------------
Traceback (most recent call last):
  File "H:\py-copilot\src\ch10\test_sample_error.py", line 9, in test_add
    self.assertEqual(add(10, 0), 0) # エラーにする
AssertionError: 10 != 0


----------------------------------------------------------
Ran 3 tests in 0.001s

FAILED (failures=1)
PS H:\py-copilot\src\ch10>
```

さっきと様子が違いますね。無事、テストコードが失敗しました。無事失敗したという言い方も非常に変な話なのですが、実はテスト駆動をするときにはプログラムコードが失敗するところからスタートしていきます。失敗しているところのコードをちょっとずつ直して成功に書き換えていく開発スタイルなのです。だから、「無事、失敗しました！」というのは、重要なことなのです。

本書でもいろいろな失敗コードを紹介していますが（主にCopilotが出してくる失敗ですが）、こういうプログラムコードの書き方もあるということなのです。

## 10.1.4　テストコードの詳細

さて、もともとのテストコードの詳細を解説しておきましょう。テストコードで使われるクラスやメソッドはそう多くないので、簡単に覚えられます。場合によっては、

01 作成したコードをテストする 　**339**

Copilotに書いてもらうことも可能です。

コード10-2（再掲） テストコード（ch10/test_sample.py）

```
import unittest ──①
from sample import add, subtract, multiply ──②

class TestSampleCode(unittest.TestCase): ──③
    def test_add(self): ──④
        self.assertEqual(add(1, 2), 3) ──⑤
        self.assertEqual(add(-1, -2), -3)
        self.assertEqual(add(0, 0), 0)

    def test_subtract(self):
        self.assertEqual(subtract(5, 2), 3)
        self.assertEqual(subtract(10, -5), 15)
        self.assertEqual(subtract(0, 0), 0)

    def test_multiply(self):
        self.assertEqual(multiply(2, 3), 6)
        self.assertEqual(multiply(-2, 4), -8)
        self.assertEqual(multiply(0, 5), 0)

if __name__ == '__main__': ──⑥
    unittest.main() ──⑦
```

①unittestモジュールをインポートする
②テスト対象のsampleモジュールをインポートする
③テストケースのクラスを作るためにunittest.TestCaseクラスを継承する
④テストメソッドの「test_add」を作成する
⑤addメソッドのテストをする。self.assertEqualメソッドで2つの引数（実行値と期待値）を比較する
⑥スクリプトがメインで動作されたかをチェックする
⑦メインで動かしている場合は、unittest.main関数を実行する

テストを実行するクラスを③のようにunittest.TestCaseクラスを継承します。テストを行うためのメソッドは、「test_add」のように先頭に「test_」を付けておきます。「test_」が付いていない場合はテストが実行されません。⑥でテストが実行され

ると、先の2つの実行結果のように「OK」だけが表示されるか、「FAILED」のようにテストが失敗してエラーとなったテストケースの場所が表示されます。

テストコードを作るコツとしては、

- 最初に簡単なテストを書いて「失敗」からスタートする
- 一度にたくさんのテストコードを書くのでなく、ちょっとずつ追加する
- テストコードとコードを交互に書く

といったところでしょうか。本格的なテスト駆動のコーディングスタイルではなくても、unittestモジュールを使って動作確認をしながらコードを書くことは重要です。特にCopilotが生成するコードが目的にあっているかどうかは常に自分でチェックする必要があります。Copilotはあくまで副操縦士役で、主役は読者自身なのです。

## Chapter 10 02 Copilotで作ったコードをテストする

もう少し具体的にCopilotのコードをunittestモジュールでテストしていきましょう。プロンプトを使ってCopilotに作ってもらったコードが目的にあうかどうかをチェックするする必要があります。

### 10.2.1 プロンプトでコードを生成する

プロンプトを使ったりコード領域のコメントを使ったりして、Copilotに生成して欲しいコードの説明を書いてみましょう。CopilotではPythonコードにコメントを書くと、入力候補と同じようにコードを生成してくれます。

コード10-7　コメントの続きのコードをCoplotに生成してもらう（ch10/1002.ipynb）

```
# カンマ区切りの数値から数値を取り出して合計する
# 例 "10,20,30" -> 60
# ただし、数値は3個固定であるとする
# 例外処理を考慮する、数値以外が含まれている場合はエラーとする

def sum_numbers(s):
```

```python
    try:
        a, b, c = map(int, s.split(','))
        return a + b + c
    except ValueError:
        return 'error'
```

コード10-8のテストコードは、Copilot自身が生成したものに加えて、筆者が少し追加しています。sum_numbers関数が「こうなっていて欲しいなあ」という願望も含めてしまってよいです。そのように動いているかどうかをチェックするのが今回のテストコードの役目になります。

**コード10-8　テストコード（ch10/1002.ipynb）**

```python
# sum_numbres 関数のテストコード

def test_sum_numbers():
    assert sum_numbers('10,20,30') == 60
    assert sum_numbers('10,20,30,40') == 'error'
    assert sum_numbers('10,20,thirty') == 'error'
    assert sum_numbers('10,20') == 'error'
    assert sum_numbers('10') == 'error'
    assert sum_numbers('') == 'error'
```

さっきと同じように、コードとテストコードをcode_sum_numbers.pyとtest_sum_numbers.pyファイルに分けて保存します。

**コード10-9　code_sum_numbers.py**

```python
# 配列から合計値を計算する

def sum_numbers(s):
    try:
        a, b, c = map(int, s.split(','))
        return a + b + c
    except ValueError:
        return 'error'
```

**コード10-10　test_sum_numbers.py**

```python
# sum_numbres 関数のテストコード
import unittest
from code_sum_numbers import sum_numbers
```

```python
class TestSumNumbers(unittest.TestCase):
    def test_sum_numbers(self):
        assert sum_numbers('10,20,30') == 60
        assert sum_numbers('10,20,30,40') == 'error'
        assert sum_numbers('10,20,thirty') == 'error'
        assert sum_numbers('10,20') == 'error'
        assert sum_numbers('10') == 'error'
        assert sum_numbers('') == 'error'

    def test_error(self) :
        assert sum_numbers('x,y,z') == 'error'


if __name__ == '__main__':
    unittest.main()
```

　テストを実行するメソッドの部分が先ほどとはちょっと違いますが、やっていることは同じです。assertステートメントを使って、続くイコールの式が正（true）か偽（false）かをチェックしています。つまり、イコールであればテストは正しく実行され、間違った答えが返ってくれば偽となる仕組みです。self.assertEqualメソッドとassertステートメントは、読者の好きな方を使ってください。

**テストコードの実行結果**

```
PS H:\py-copilot\src\ch10> python .\test_sample_code.py
...
----------------------------------------------------------------
Ran 3 tests in 0.000s

OK
PS H:\py-copilot\src\ch10>
```

　ターミナルでテストコードを実行すると、このテストコードは「OK」になります。つまり、Copilotが生成したコードが意図通りに動いているということですね。後は、コードにコメントを付けながらCopilotに拡張してもらうか、さらにテストコードを追加して目的に合わせたコードになっているかをチェックしていきます。

02 Copilotで作ったコードをテストする　**343**

# Chapter 10 03 コメントを付ける

　コードにコメントを入れながらCopilotを利用する例を1つ紹介しておきましょう。コーディングに生成AIを利用する場合には、プロンプトとしてコードの設計を頼む方法のほかに、コードにコメントを書きながらコードを組み当てていく方法があります。

## 10.3.1 最初のプロンプトを書く

　プロンプトだけでコードを生成しようとすると、プロンプトの文章が複雑になってしまい、プロンプト自体を作るのが困難になってしまいます。そうなると、コードを書いた方が早いのではないか？ということになりますね。実際、筆者がコーディングをするときは、それほど複雑なプロンプトを使いません。本書にあるように「〇〇の関数のサンプルを作って」のように骨組みを作ってもらうだけのほうが多いです。

　一方で、コード内にコメントを書いてコーディングを助けてもらうことは生成AIが登場してから非常に多くなりました。細かい仕様はプログラムを動かしてみないとわからないということは多々あるものです。特に、あまり使ったことがないライブラリを利用するときなどは、ライブラリのマニュアルを丹念に読み解くよりも、ひとまずCopilotにサンプルコードを書いてもらってから、ちょっとずつ意図した通りに動くようにコードを修正していくほうが効率的にコーディングできます。

　コード10-11は、国勢調査のファイルを読み込んで、男女の人口比を抽出するコメント例です。

**コード10-11　国勢調査のファイルから男女の人口比を抽出するコメント例（ch10/1003.ipynb）**

```
# ファイル FEH_00200521_240805152851.csv を読み込む
# 第4列目が市町村名なので、これの市を取り出す
# 第5列目が人口
# 第6列名が男性人口
# 第7列名が女性人口
# これらを取り出して、市ごとに男女比を計算する
# 男女比が1.05以上の市を抽出して、その市の人口を表示する
# 比率が高い順に並べる
```

このプロンプトがどこまでCopilotに影響を与えるのか、どれだけ書き込めばCopilotが正解に辿り着くことができるのかは正確なところ誰にもわかりません。プロンプトエンジニアリングにしても、生成AIが賢くなればなるほど、あまり重要なテクニックではないと想像ができます。少なくとも初期のGPT-3.5の頃よりも断然コーディングでの仕様の通じ方が違っています。最近ではかなり大雑把で通じるようになっています。実際には通じるというよりも、計算上意図されたコードが出力される確率が高くなっている、ということに過ぎないのですが。

　だから、ここに書かれたコメント自体も「もし、自分でコードを書くならば」の想定でコメントを書いています。

**コード 10-12　「FEH_00200521_240805152851.csv」の中身の例（ch10/1003.ipynb）**

```
# データの例
"""
"時間軸（年次）コード","時間軸（年次）","全国，都道府県，市区町村（2000年市区町村含む）コード","全国，都道府県，市区町村（2000年市区町村含む）","/男女","総数","男","女"
"2020000000","2020年","00000","全国","","126,146,099","61,349,581","64,796,518"
"2020000000","2020年","01000","北海道","","5,224,614","2,465,088","2,759,526"
"2020000000","2020年","01100","札幌市","","1,973,395","918,682","1,054,713"
"2020000000","2020年","01101","札幌市中央区","","248,680","112,853","135,827"
"2020000000","2020年","01102","札幌市北区","","289,323","136,596","152,727"
"2020000000","2020年","01103","札幌市東区","","265,379","126,023","139,356"
"""
```

　ファイル「FEH_00200521_240805152851.csv」の中身の例もコード内に書いておきます。これがCopilotに通じるかどうかはわかりません。しかし、これを読んだ自分には通じますね。自分用のコメントでもいいのです。

▼プロンプト 10-2

> この内容でコードを書いて

　プロンプトは非常に簡単かつ雑なものです。最近のCopilotアドインではVisual Studio Codeのワークスペース（Visual Studio Codeが開いているフォルダーや関連するファイルなど）を検索しながらコードを生成してくれます。なので、プロンプトに詳細を書き連ねる必要はなく、プロンプトが挿入されたファイルやその中のコメント、その周辺のファイルなどをチェックしながら、プロンプト自身の内容をうまく推測してくれます。ひょっとすると、本書が出版された後もさらにより良い方法が出ている可能性もあります。

**コード10-13　プロンプト10-2で書き出されるコード**

```python
import pandas as pd
# CSVファイルを読み込む
df = pd.read_csv('FEH_00200521_240805152851.csv', encoding='shift_jis')

# 必要な列を抽出
df = df.iloc[:, [3, 5, 6, 7]]
df.columns = ['市町村名', '総数', '男', '女']

# 数値に変換
df['総数'] = df['総数'].str.replace(',', '').astype(int)
df['男'] = df['男'].str.replace(',', '').astype(int)
df['女'] = df['女'].str.replace(',', '').astype(int)

# 男女比を計算
df['男女比'] = df['男'] / df['女']

# 男女比が1.05以上の市を抽出
result = df[df['男女比'] >= 1.05]

# 比率が高い順に並べる
result = result.sort_values(by='男女比', ascending=False)

# 結果を表示
print(result[['市町村名', '総数']])
```

Copilotが生成したコードを眺めて、なんとなく意図通りでているような気がするので、そのまま動かしてみましょう。

**コード10-13の実行エラー**

```
UnicodeDecodeError                  Traceback (most recent call last)
Cell In[3], line 25
    14 """
    15 "時間軸（年次）コード","時間軸（年次）","全国,都道府県,市区町村（2000年市区⇒
町村含む）コード","全国,都道府県,市区町村（2000年市区町村含む）","/男女","総数",⇒
"男","女"
    16 "2020000000","2020年","00000","全国","","126,146,099","61,349,581","64,796,518"
    (...)
    21 "2020000000","2020年","01103","札幌市東区","","265,379","126,023","139,356"
```

```
    22 """
    24 # CSVファイルを読み込む
---> 25 df = pd.read_csv('FEH_00200521_240805152851.csv', encoding='shift_jis')
    27 # 必要な列を抽出
    28 df = df.iloc[:, [3, 5, 6, 7]]


〜〜〜　省略　〜〜〜


File parsers.pyx:2053, in pandas._libs.parsers.raise_parser_error()


UnicodeDecodeError: 'shift_jis' codec can't decode byte 0xef in position 0: illegal ➡
multibyte sequence
```

　残念ながら実行エラーになってしまいました。さて、読者ならばどうしますか？プロンプトやコメントを書き替えて、正しいコードがCopilotから出てくるように頑張りますか？ここまで、本書を読んでくださった読者ならば次の一手はわかるはずです。

- Visual Studio Codeでエラーになっている箇所を、Copilotに「/explain」で説明を求める。
- エラーが出ているので、エラーメッセージ「UnicodeDecodeError: 'shift_jis' codec can't decode byte 0xef in position 0: illegal multibyte sequence」をプロンプトに入れて、これは何？とCopilotに尋ねる
- コードの間違っている箇所（赤い波線）を選択して、Copilotに「どう直せばいい？」と質問してみる

　どの方法を取っても構いません。少なくともやたらにプロンプトを見直したり、プロンプトをより正確にしようとするのではなくて、生成されたコードを元に修正案を尋ねてみるのが良い方法です。

## 10.3.2　Copilotを使ってコードを修正

　最初のCopilotが生成したコードを基にして、Copilotに尋ねながらコードを修正していきましょう。最終的には以下の3か所を修正しています。

03 コメントを付ける　　**347**

**コード10-14　コード10-13を修正したコード**

```python
# CSVファイルを読み込む ——①
df = pd.read_csv('FEH_00200521_240805152851.csv', encoding='utf-8')

# 必要な列を抽出
df = df.iloc[:, [3, 5, 6, 7]]
df.columns = ['市町村名', '総数', '男', '女']
# 市町村名が「市」で終わるものを取り出す ——②
df['市町村名'] = df['市町村名'].astype(str)
df = df[df['市町村名'].str.endswith('市')]

# 数値に変換
df['総数'] = df['総数'].str.replace(',', '').astype(int)
df['男'] = df['男'].str.replace(',', '').astype(int)
df['女'] = df['女'].str.replace(',', '').astype(int)

# 男女比を計算
df['男女比'] = df['男'] / df['女']

# 男女比が1.05以上の市を抽出
result = df[df['男女比'] >= 1.05 ]

# 比率が高い順に並べる
result = result.sort_values(by='男女比', ascending=False)

# 結果を表示 ——③
print(result[['市町村名', '男女比', '総数', '男', '女']])
```

①文字コードをutf-8で読み込むように変更する
②「市」で終わる部分をCopilotに追加してもらう
③結果表示をわかりやすいように書き換える

　ファイルを読み込むときに「shift_jis」となっている文字コードを「utf-8」に変更します（コード10-15）。おそらく日本語のWindowsで動作させているのでSJISコードを指定しているのでしょうが、最近はUTF-8に揃えることが多いので、「utf-8」だけで十分です。そもそも、それ以外の文字コードだとVisual Studio Codeで文字化けになってしまいます。

**コード10-15　文字コードの変更部分**

```python
# CSVファイルを読み込む ――①
df = pd.read_csv('FEH_00200521_240805152851.csv', encoding='utf-8')
```

「市」だけ取り出したかったのですが、Copilotはそれを忘れたようなので②で追加しておきます（コード10-16）。ここはコメントを追加して入力候補を出してもらっています。以前ならば正しいコードが出るまでプロンプトを工夫していたところでしょうが、Pythonを学んだ読者ならばコードを読んでコメントを追加する方が楽ですよね。

**コード10-16　市の抽出部分**

```python
# 市町村名が「市」で終わるものを取り出す ――②
df['市町村名'] = df['市町村名'].astype(str)
df = df[df['市町村名'].str.endswith('市')]
```

②のようにコメントを書いて入力候補を待つことで、Copilotが正しいコードを書いてくれます。

結果の表示は、市町村名と総数だけでは足りないので、男女比も追加しておきましょう。

**コード10-17　修正前の結果表示部分**

```python
# 結果を表示
print(result[['市町村名', '総数']])
```

そもそも、男女比が1.05以上の市を表示しようとしているのに、結果のリストに男女比が含まれていないのでは意味がありません。Copilotは雰囲気が読めないようですね。仕方がないので、読者が力を貸してあげましょう。また、Copilotのコードが正しいかどうかを検算するために、男女の人口も出しておくと無難です。

**コード10-18　修正後の結果表示**

```python
# 結果を表示 ――③
print(result[['市町村名', '男女比', '総数', '男', '女']])
```

実行結果を見ておきましょう。男女比が1.05以上であることと、男女の人口を見合わせて「男＞女」となっているかどうかをざっとチェックしておきます。

```
実行結果
       市町村名     男女比      総数       男       女
2133   知立市    1.119210   72193   38127   34066
663    南相馬市   1.108074   59005   31015   27990
2103   豊田市    1.094745  422330  220716  201614
2102   刈谷市    1.089256  153834   80203   73631
2130   東海市    1.082905  113787   59158   54629
880    さくら市   1.078978   44513   23102   21411
2159   みよし市   1.075652   61952   32105   29847
808    神栖市    1.072969   95454   49407   46047
2304   湖南市    1.071353   54460   28168   26292
1558   野々市市   1.067249   57238   29550   27688
~~~    省略   ~~~
```

これでプログラムはあっていそうです。

## 10.3.3 他の条件で試してみる

最後にもう一押ししておきましょう。抽出する条件を「市」から「町」に変更して調べてみましょう。ひょっとすると市と町では男女比が異なるので、興味深い結果が出るかもしれません。

**コード 10-19 「町」で検索する**

```
# 必要な列を抽出
df = df.iloc[:, [3, 5, 6, 7]]
df.columns = ['市町村名', '総数', '男', '女']
# 市町村名が「市」で終わるもの取り出す
df['市町村名'] = df['市町村名'].astype(str)
df = df[df['市町村名'].str.endswith('町')]  ——①
```

①の部分を「市」から「町」に変更して、セルを実行してみましょう。

**実行エラー**

```
ValueError                    Traceback (most recent call last)
Cell In[26], line 35
     32 df = df[df['市町村名'].str.endswith('町')]
     34 # 数値に変換
---> 35 df['総数'] = df['総数'].str.replace(',', '').astype(int)
     36 df['男'] = df['男'].str.replace(',', '').astype(int)
```

```
    37 df['女'] = df['女'].str.replace(',', '').astype(int)

File h:\py-copilot\.venv\lib\site-packages\pandas\core\generic.py:6643, ➡
in NDFrame.astype(self, dtype, copy, errors)
   6637     results = [
   6638         ser.astype(dtype, copy=copy, errors=errors) for _, ser in self.items()
   6639     ]

~~~  省略  ~~~

ValueError: invalid literal for int() with base 10: '-' ――②
```

実に興味深い結果になりました。実はこの国勢調査のファイルの場合はエラーになってしまうのです。この実行エラー（ValueError）は意外と難しいです。

②にある通り「ValueError: invalid literal for int() with base 10: '-'」のところでエラーになっているのですが、この部分がわりづらいです。よくわからないですが、データの「-」をint関数で変換できないようです。

**コード10-20　データの一部**

```
"2020000000","2020年","07545","大熊町","","847","754","93"
"2020000000","2020年","07546","双葉町","","-","-","-"
"2020000000","2020年","07547","浪江町","","1,923","1,350","573"
```

これは国勢調査のファイルを丹念に眺めていくと（「"-"」で検索します）、エラーが出ていそうな部分にあたります。なんと、人口が「-」（マイナス記号）で表されている町があるのです。たぶん、調査できなかった町だと思うのですが、数値であるところに「-」が入っていたら、これは実行エラーになりそうです。

```
# 必要な列を抽出
df = df.iloc[:, [3, 5, 6, 7]]
df.columns = ['市町村名', '総数', '男', '女']
# 市町村名が「市」で終わるを取り出す
df['市町村名'] = df['市町村名'].astype(str)
df = df[df['市町村名'].str.endswith('町')]
 ValueError: invalid literal for int() with base 10: '-' Cell Execution Error
 問題の表示 (Alt+F8)   クイック フィックス...(Ctrl+.)   Copilotを使用して修正する(Ctrl+I)
df['総数'] = df['総数'].str.replace(',', '').astype(int)
df['男'] = df['男'].str.replace(',', '').astype(int)
df['女'] = df['女'].str.replace(',', '').astype(int)
```

**図10-1** エラー表示

コードに戻ると、エラーとなっている該当部分がわかります。ここにカーソルを当てて「Copilotを使用して修正する」を選択してみましょう。

![Copilotの修正案のスクリーンショット]

**図10-2** Copilotの修正案

そうすると、Copilotが修正案を示してくれます（図10-2）。replace関数を使って、「-」の場合は「0」に変換するという方法です。大丈夫そうであれば［同意する］ボタンをクリックして、コードに反映させましょう。

**コード10-21　修正後のコード**

```python
# CSVファイルを読み込む
df = pd.read_csv('FEH_00200521_240805152851.csv', encoding='utf-8')

# 必要な列を抽出
df = df.iloc[:, [3, 5, 6, 7]]
df.columns = ['市町村名', '総数', '男', '女']
# 市町村名が「市」で終わるもの取り出す
df['市町村名'] = df['市町村名'].astype(str)
df = df[df['市町村名'].str.endswith('町')]

# 数値に変換（ハイフンを0に置き換える）
df['総数'] = df['総数'].str.replace(',', '').replace('-', '0').astype(int)
df['男'] = df['男'].str.replace(',', '').replace('-', '0').astype(int)
df['女'] = df['女'].str.replace(',', '').replace('-', '0').astype(int)

# 男女比を計算
df['男女比'] = df['男'] / df['女']

# 男女比が1.05以上の市を抽出
```

```
result = df[df['男女比'] >= 1.05 ]

# 比率が高い順に並べる
result = result.sort_values(by='男女比', ascending=False)

# 結果を表示
print(result[['市町村名', '男女比', '総数', '男', '女']])
```

修正後のコードがうまく動くかセルを実行してみてください。

**実行結果**

|      | 市町村名 | 男女比    | 総数   | 男    | 女    |
|------|----------|-----------|--------|-------|-------|
| 723  | 大熊町   | 8.107527  | 847    | 754   | 93    |
| 721  | 富岡町   | 2.631399  | 2128   | 1542  | 586   |
| 725  | 浪江町   | 2.356021  | 1923   | 1350  | 573   |
| 719  | 広野町   | 1.575916  | 5412   | 3311  | 2101  |
| 123  | 月形町   | 1.450863  | 3691   | 2185  | 1506  |
| 720  | 楢葉町   | 1.373640  | 3710   | 2147  | 1563  |
| 1681 | 早川町   | 1.331210  | 1098   | 627   | 471   |
| 4085 | 与那国町 | 1.225764  | 1676   | 923   | 753   |
| ～～～  | 省略    ～～～ |        |       |       |       |

　どうやら「町」の場合もうまく動いたようです。男女比を計算するときに「0/0」
になるのが気になるところですが、ひとまず動いたので良しとしておきましょう。総
数のデータが「-」のときはデータを読み飛ばすという処理を入れてもよいかもしれま
せん。

# Appendix A

# Python文法一覧

　Pythonの文法を簡単にまとめておきます。完全なものは別途参考書などを参照してください。

▼表A-1　データ型

| データの種類 | リテラルの種類 | 組み込みデータ型 |
| --- | --- | --- |
| 数値型 | 整数リテラル | int |
| 数値型 | 浮動小数点リテラル | float |
| 文字列型 | 文字列リテラル | str |
| 論理型 | 真偽リテラル | bool |

▼表A-2　算術演算子

| 演算子 | 機能 |
| --- | --- |
| +（単項プラス） | 正の整数 |
| -（単項マイナス） | 負の整数 |
| + | 加算 |
| - | 減算 |
| * | 乗算 |
| / | 除算 |
| // | 整数の除算 |
| % | 余り |
| ** | べき乗 |

▼表A-3　代入演算子

| 演算子 | 機能 |
| --- | --- |
| = | 代入 |
| += | 加算しながら代入 |
| -= | 減算しながら代入 |
| *= | 乗算しながら代入 |
| /= | 除算しながら代入 |
| //= | 整数の除算しながら代入 |
| %= | 余りを代入 |
| **= | べき乗しなが代入 |

▼表A-4　論理演算子

| 演算子 | 機能 |
| --- | --- |
| or | 論理和 |
| and | 論理積 |
| not | 否定 |

▼表A-5　ビット演算子

| 演算子 | 機能 |
| --- | --- |
| \| | ビット論理和 |
| & | ビット論理積 |
| ^ | ビット排他的論理和 |
| ~ | ビット反転 |
| << | 左シフト |
| >> | 右シフト |

▼表A-6　比較演算子

| 演算子 | 機能 |
| --- | --- |
| == | 等しい |
| != | 異なる |
| > | より大きい |
| < | より小さい（未満） |
| >= | 以上 |
| <= | 以下 |
| is | 同じオブジェクト |
| is not | 異なるオブジェクト |
| in | 要素である |
| not in | 要素ではない |

▼表A-7 フロー制御

| ステートメント | 機能 |
| --- | --- |
| if | 条件分岐 |
| else | 条件分岐 |
| elif | 条件分岐 |
| for | 繰り返し処理 |
| while | 繰り返し処理 |
| break | 途中で繰り返しを止める |
| continue | 次の繰り返しに移る |

▼表A-8 関数

| ステートメント | 機能 |
| --- | --- |
| def | 関数定義 |
| return | 戻り値 |

▼表A-9 リスト、タプル、辞書

| キーワード | 機能 |
| --- | --- |
| [...] | リストの記述 |
| [] | 空リスト |
| x[n] | n番目の要素 |
| x[n:m] | スライス（部分リスト） |
| x.append() | リストに追加 |
| len(x) | リストの要素数 |
| x.extend() | リストの追加 |
| x.insert() | 挿入 |
| x.remove() | 削除 |
| del x[n] | 削除 |
| x.index() | インデックス値 |
| x.sort() | ソート |
| x.copy() | リストのコピー |
| for 変数 in リスト | 順次アクセス |
| range(n) | 範囲指定 |
| [ for 変数 in リスト] | リストの内包表記 |
| (...) | タプルの記述 |
| a,b = (...) | タプルの分解 |
| t[n] | インデックスで取得 |
| { key: value, ... } | 辞書 |
| dic[ key ] | キーを指定 |
| dic.values() | 値のみ取り出し |
| dic.items() | キーと値のセットを取り出し |

▼表A-10 クラスとオブジェクト

| キーワード | 機能 | |
|---|---|---|
| class | クラス定義 | |
| def | インスタンスメソッド | |
| class B(A) | 継承（Aを継承してBクラスを生成） | |
| self | クラス自身のオブジェクト | |
| __init__() | 初期メソッド | |
| @property | プロパティ定義 | |
| @classmethod | クラスメソッド定義 | |

▼表A-11 文字列操作

| キーワード | 機能 | |
|---|---|---|
| ''' | 改行を含む文字列 | |
| """ | 改行を含む文字列 | |
| + | 文字列の連結 | |
| * | 文字列の繰り返し | |
| len() | 文字列の長さ | |
| s[n] | 1文字の取り出し | |
| s.split() | セパレーターで区切る | |
| s.join() | 文字列の連結 | |
| s.replace() | 文字列の置き換え | |
| s.format() | フォーマット | |
| '{:桁数 f}'.format(数値) | 小数点以下の桁数指定 | |
| '{:,}'.format(数値) | 3桁区切り指定 | |
| s.startwith() | 先頭文字列のチェック | |
| s.endswitch() | 末尾文字列のチェック | |
| s.upper() | 大文字に変換 | |
| s.lower() | 小文字に変換 | |
| s.split() | 前後の空白を削除 | |
| s.split(文字) | 前後から指定文字を削除 | |

▼表A-12　日付操作

| キーワード | 機能 |
|---|---|
| datetime.now() | 現在時刻 |
| datetime( … ) | 任意の日時を作成 |
| date( … ) | 任意の年月日を作成 |
| time( … ) | 任意の時刻を作成 |
| time() | UNIX時間を取得 |
| strftime( … ) | 日時をフォーマットする |
| %Y | 年（4桁） |
| %y | 年（下2桁） |
| %m | 月（2桁） |
| %d | 日（2桁） |
| %H | 時（24時間表記） |
| %I | 時（12時間表記） |
| %M | 分（2桁） |
| %S | 秒（2桁） |

▼表A-13　ファイル操作

| キーワード | 機能 |
|---|---|
| os.getcwd() | カレントディレクトリの取得 |
| os.chdir() | カレントディレクトリの移動 |
| print( … ) | コンソールに表示 |
| input( … ) | コンソールから入力 |
| open() | ファイルをオープン |
| close() | ファイルをクローズ |
| f.read() | ファイルから読み込み |
| f.write() | ファイルへ書き出し |

▼表A-14　例外

| ステートメント | 機能 |
|---|---|
| try | 例外処理の開始 |
| except | 例外の受信 |
| finally | 終了処理 |
| raise | 例外の発生 |

# Appendix B

# GitHub Copilot 機能一覧

本文では全てを活用できませんでしたが、Visual Studio Code と GitHub Copilot 拡張の組み合わせにはさまざまな機能が詰まっています。今後拡張されるとは思われますが、執筆時点での機能の解説をしておきましょう。

## Appendix B 01 Visual Studio Codeの機能

Visual Studio Codeの［表示］-［コマンドパレット］を選択すると（図B-1）、コマンドを使っていろいろな機能を操作できます（図B-2）。

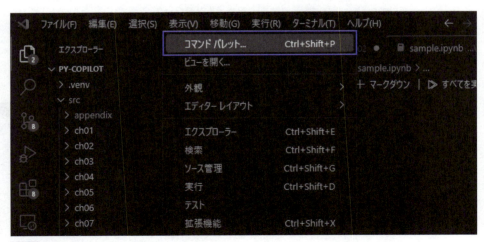

図B-1　［コマンドパレット］の選択

**図B-2** コマンドパレットから機能を選択

　表示されているコマンド（Select Notebook Kernelなど）を覚えておくことによって、メニューやアイコンの位置を調べる必要がなくなります（表B-1）。コマンドで使われる文字列は一部だけ覚えるだけで構いません。部分一致でコマンド文字列が検索されます。

▼表B-1　主なコマンド

| コマンド名 | 機能 |
| --- | --- |
| Select Notebook Kernel | ノートブックのカーネルを選択 |
| New Jupyter Notebook | 新しいJupyter Notebookを作成する |
| Create Environment | 新しい仮想環境を作成 |
| Create New Terminal | 新しいターミナルを開く |

　本書ではターミナルはpipコマンドを利用するときにしか使いませんが、できあがったコードを動作させるときには重要なツールになります。［ターミナル］メニューから［新しいターミナル］を選択すると（図B-3）、Visual Studio CodeでPowerShellのターミナルが開きます。

01 Visual Studio Codeの機能

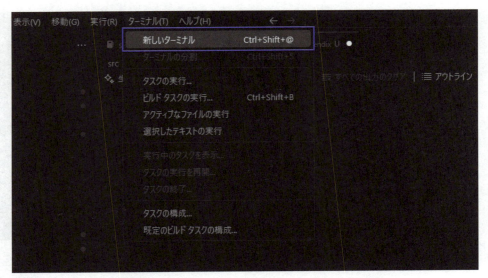

図B-3 ［新しいターミナルの選択］

　PowerShell上では、Pythonコードを動かすコマンドだけでなく、ほかのいくつかのコマンドを覚えておくと便利です（表B-2）。

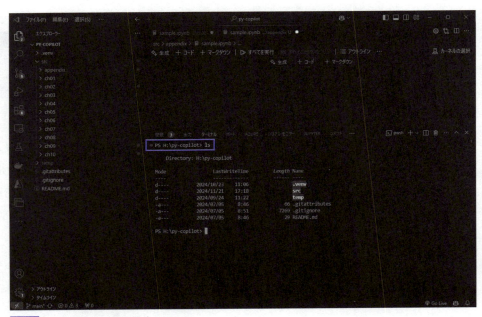

図B-4 ターミナルでのコマンド入力

PowerShellなのですが、筆者は主にUnixシェルの代わりに使っています。

▼表B-2　PowerShellのコマンド

| コマンド名 | 機能 |
| --- | --- |
| ls | ファイルの一覧を表示 |
| dir | ファイルの一覧を表示 |
| cd フォルダー名 | 指定フォルダーに移動する |
| cd .. | 親フォルダーに移動する |
| mkdir フォルダー名 | 指定フォルダーを作成する |
| rm ファイル名 | 指定ファイルを削除する |

## Appendix β 02 Jupyter Notebookの機能

　Visual Studio Code上のJupyter Notebookでは、セル上でPythonのコードを動かすことができます。もともとPythonにはコマンドプロンプトを使って対話的にコードを実行する機能があるのですが、Jupyter Notebookを使うとコードと一緒に文章を書くことができるので、コンピュータの書籍の執筆やドキュメント作成によく使われます。

　Notebookで動作するPythonは、コンピュータにインストールされているPythonを直接使ってもよいのですが、本書にもある通り仮想環境を作っておくほうが無難です。Pythonのバージョンやインストールしているライブラリのバージョンをグローバル環境とは別に管理ができます。

　仮想環境は、コマンドパレットを使って「Create Environment」で作成できます。既に作成済みの仮想環境あるいはグローバル環境を選択するには、コマンドパレットで「Select Notebook Kernel」を使い選択をするか、Visual Studio Codeの右上にある［カーネルの選択］で選びます（図B-5、B-6）。

　なお、これらの動作はVisual Studio CodeのPython拡張機能のバージョンアップにより、操作やアイコンが変わる可能性があります。

図B-5 [カーネルの選択]

図B-6 動作させるPythonを選択

　拡張子が「*.ipynb」というファイルを作ると、Notebookファイルとして扱われます。*.ipynbファイルを開くと、いくつかのメニューが表示されます（(図B-7)。

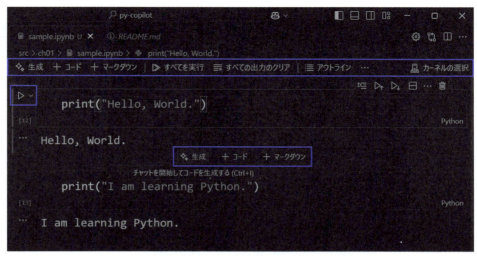

図B-7 *.ipynbファイルを開くと、いくつかのメニューが表示される（表B-3～表B-5）

ファイルの先頭には、コードを書くときのメニューが表示されています（表B-3）。

▼表B-3 *.ipynbファイルの先頭に表示されるメニュー

| メニュー | 機能 |
| --- | --- |
| 生成 | Copilotのチャットを開く |
| コード | コード形式のセルを作成する |
| マークダウン | マークダウン形式のセルを作成する |
| すべてを実行 | コードセルを全て実行する |
| 再起動 | カーネルを再起動する |
| すべての出力をクリア | セルの実行結果を削除する |
| 変数 | 変数ビューを開く |
| アウトライン | 目次を表示する |
| エクスポート | Pythonコードにエクスポートする |
| カーネルの選択 | 実行するPythonを選択する |

セルの左側には［セルの実行］があり（表B-4）、セルの上下には［生成］、［コード］、［マークダウン］があります（表B-5）。

▼表B-4 セルの左側のメニュー

| メニュー | 機能 |
| --- | --- |
| セルの実行 | 選択中のセルを実行 |

02 Jupyter Notebookの機能　365

▼表B-5 セルの上下のメニュー

| メニュー | 機能 |
| --- | --- |
| 生成 | Copilotのチャットを開く |
| コード | コード形式のセルを作成する |
| マークダウン | マークダウン形式のセルを作成する |

セルの右上にもアイコンがあります（図B-8）。

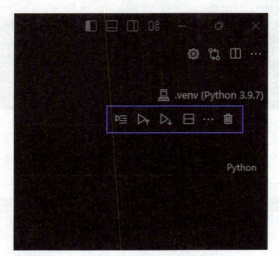

図B-8 セルの右上のメニュー（図B-7の右上を拡大）

▼表B-6 セルの右上のメニュー

| 操作 | 説明 |
| --- | --- |
| 行単位で実行 | 行単位でコードを実行 |
| 上記のセルで実行 | 1つ上までセルを実行する |
| セルと以下を実行 | 選択したセル以降を実行 |
| セルを分割する | 選択したセルを分割する |
| セルの削除 | 選択したセルを削除する |

# 索引

## 数字

16進数 ················································ 150
2進数 ·················································· 149

## 英字

Codex ·················································· 5
CSV形式 ········································· 153, 176
CSV形式からJSON形式への変換 ················· 190
Excel ················································· 211
Gemini Code Assist ································ 4
GETメソッド ········································· 254
GitHub Copilot ····································· 3
　/explain ············· 53, 113, 159, 179, 188, 221, 322
　/fix ··················································· 162
　[同意する] ボタン ································· 352
　Copilotを使用して修正する ··················· 168
　Ctrl + / キー ········································ 52
　Ctrl + Alt + Enterキー ························ 64
　Ctrl + Iキー ·································· 45, 113
　Pythonのコメントを書いてコードを生成
　　············· 161, 181, 186, 275, 277, 341, 344
　Tabキー ····································· 160, 181
　課金 ·················································· 41
　コードの提案（code suggestions） ········· 47
　状態の確認 ········································· 40
　チャットで説明を求める ······················ 281
　停止 ·················································· 48
　入力候補の提示 ··································· 219
GitHubアカウント ································· 41
JSON形式 ············································ 188

Jupyter Notebook ································ 6
　Notebookファイルの作成 ····················· 34
　コードセル ········································· 31
　コードセルの実行 ······························· 36
　コードセルの追加 ······························· 35
　マークダウンセル ······························· 31
　マークダウンセルの追加 ······················ 38
　マークダウンセルのプレビュー表示 ············ 39
localhost ············································ 252
lsコマンド ··········································· 184
pip コマンド ·································· 183, 214
POST メソッド ······································ 254
PowerShell ·········································· 21
Python ················································ 2
　3次元グラフの作成 ······························ 328
　appendメソッド ································· 80
　asキーワード ···································· 172
　barメソッド ····································· 306
　bs4モジュール ··································· 249
　codecsモジュール ······························ 238
　csvモジュール ··································· 179
　DataFrameメソッド ··························· 228
　defキーワード ···································· 91
　delキーワード ······························· 83, 88
　dumps 関数 ······································ 237
　encoding ········································· 173
　Excelから条件を指定してデータを抽出 ······ 220
　Excelシートにデータを出力 ··················· 224
　Excelデータのソート ··························· 223
　Excelファイルの指定した列だけデータ表示
　　······················································ 218
　Excelファイルを行単位でデータ表示 ········· 216

索引　**367**

| | | | |
|---|---|---|---|
| formatメソッド | 127, 143 | X二乗分布のグラフの作成 | 331 |
| for文 | 68, 74 | インスタンス変数 | 107 |
| GETメソッド | 257 | インデント | 65 |
| Googleで検索する | 242 | インデント付きのJSON形式での書き出し | |
| histメソッド | 324 | | 206 |
| iterrows メソッド | 188 | 円グラフの作成 | 312 |
| json モジュール | 193 | 円グラフを降順で表示 | 317 |
| JSON形式でのファイルの書き出し | 204 | 折れ線グラフの作成 | 300 |
| len 関数 | 89 | 階級の調整 | 324 |
| Linuxへのインストール | 12 | 関数 | 106 |
| macOSへのインストール | 14 | 関数の呼び出し | 90 |
| map関数 | 157 | キーバリュー（Key-Value） | 86 |
| matplotlib モジュール | 300 | クラス | 104 |
| next関数 | 179 | 辞書構造 | 85 |
| NumPyモジュール | 286, 288 | 四則演算子 | 56 |
| open関数 | 170 | 条件分岐 | 64 |
| pandas モジュール | 182, 214, 275 | 数値の出力方法 | 130 |
| pieメソッド | 314 | 数値を渡す関数 | 94 |
| popメソッド | 90 | 正規分布のグラフの作成 | 330 |
| POSTメソッド | 260 | 添え字の0始まり | 79 |
| print関数 | 171 | タプル | 99 |
| query メソッド | 221 | テキストファイルへの書き出し | 200 |
| randomモジュール | 303 | デフォルト引数 | 94 |
| range関数 | 70 | 日本語フォントの指定 | 311 |
| removeメソッド | 81 | 配列 | 71 |
| replaceメソッド | 143 | 配列のJSON データの送信 | 264 |
| requestsモジュール | 230 | 配列をJSON形式にする | 207 |
| sort_values メソッド | 223 | 比較演算子 | 58 |
| split 関数 | 122 | ヒストグラムの作成 | 323 |
| stdメソッド | 288 | ビット演算子 | 61 |
| stripメソッド | 142 | 標準偏差を計算する | 287 |
| try ステートメント | 119 | フォーマット済み文字列リテラル | 93 |
| unittest モジュール | 334 | 分散を計算する | 286 |
| varメソッド | 287 | 平均を計算する | 284 |
| Web APIの呼び出し | 234 | 棒グラフの作成 | 305 |
| while True: | 126 | メソッド | 106 |
| while文 | 73 | 文字列の出力方法 | 137 |
| Windowsへのインストール | 10 | 文字列を数値に変換 | 145 |
| withステートメント | 172 | 戻り値を持つ関数 | 97 |

リスト構造 ……………………… 77
リスト内包表記 ………………… 113
例外 ………………………………… 119
論理値 …………………………… 60
status_code ……………………… 230
SyntaxError ……………………… 37
Timsortアルゴリズム …………… 224
Unicodeエスケープ ……………… 238
utf-8 ……………………………… 174
Visual Studio Code ………………… 6
　GitHub Copilot拡張機能 ……… 43
　Jupyter Notebookのインストール … 29
　Python仮想環境 ………………… 25
　インストール …………………… 16
　インテリセンス機能 …………… 48
　拡張機能Python ………………… 23
　コードにマウスポインタを当てる …… 171, 187
　日本語化 ………………………… 17
Web API …………………………… 229
WSL（Windows Subsystem for Linux）…… 12

## あ行

アルゴリズム ……………………… 223
イテレータ ………………………… 179
入れ子になったJSON …………… 196

## か行

改行コード ………………………… 202
カレントディレクトリ …………… 214
簡易Webサーバー ………………… 251
基本統計量 ………………………… 294
逆行列 ……………………………… 293
行列 ………………………………… 291
クラスの継承 ……………………… 258
コンソール ………………………… 116

## さ行

再帰関数 …………………………… 197
差分プログラミング ……………… 258
指数表現 …………………………… 149
政府統計の総合窓口「e-Stat」 …… 272
尖度（クルトシス）……………… 297

## た行

テキストファイル ………………… 166
テストコード ……………………… 335
テスト駆動（TDD）……………… 334
特異行列 …………………………… 293

## は行

バイナリファイル ………………… 166
フォーマット ……………………… 130
プレースホルダー ………………… 140
ベクトル …………………………… 289
ポート番号 ………………………… 252

## ま行

マクロ記号 ………………………… 202
マルチモーダル …………………… 4
丸め誤差 …………………………… 58
文字コード ………………………… 174

## や行

ユークリッドノルム ……………… 290

## わ行

歪度（スキュー）………………… 297

## ●著者紹介

### 増田 智明（ますだ ともあき）

Moonmile Solutions代表、技術顧問、新人研修などを担当。大学より30年間のプログラム歴を経て現在もプログラマ。仕事では情報システム開発、携帯電話開発、構造解析を長くこなし、C++/C#/VB/PHP/Scratchなどを扱う。最近は、Kotlin+Swiftをこなしつつ組み込みBLEに舞い戻り。ギターで、ソナタ2番 BWV 1004に苦戦中。

Microsoft MVP：
Developer Technologies

主な著書：
「Azure OpenAI Service入門」、「ASP.NET Core MVCプログラミング入門　.NET7対応版」、「.NET MAUIによるマルチプラットフォームアプリ開発」、「.NET 6プログラミング入門」、「Blazor入門」、「プログラミング言語Rust入門」、「Azure Functions入門」（以上、日経BP）、「現場ですぐに使える！ Visual C# 2022逆引き大全500の極意」、「現場ですぐに使える! Visual Basic 2022逆引き大全500の極意」、「図解入門 よくわかる最新 システム開発者のための仕様書の基本と仕組み」（以上、秀和システム）、「図解即戦力　アジャイル開発の基礎知識と導入方法がこれ1冊でしっかりわかる教科書」（技術評論社）

●本書についての最新情報、訂正、重要なお知らせについては下記Webページを開き、書名もしくはISBNで検索してください。ISBNで検索する際は-（ハイフン）を抜いて入力してください。

https://bookplus.nikkei.com/catalog/

●本書に掲載した内容についてのお問い合わせは、下記Webページのお問い合わせフォームからお送りください。電話およびファクシミリによるご質問には一切応じておりません。なお、本書の範囲を超えるご質問にはお答えできませんので、あらかじめご了承ください。ご質問の内容によっては、回答に日数を要する場合があります。

https://nkbp.jp/booksQA

# GitHub Copilot × Python 入門
## プログラミングに特化した生成AIを使った実践的学習法

2025年1月20日　初版第1刷発行

| | | |
|---|---|---|
| 著　　者 | 増田 智明 | |
| 発 行 者 | 中川 ヒロミ | |
| 編　　集 | 田部井 久 | |
| 発　　行 | 株式会社日経BP | |
| | 東京都港区虎ノ門4-3-12　〒105-8308 | |
| 発　　売 | 株式会社日経BP マーケティング | |
| | 東京都港区虎ノ門4-3-12　〒105-8308 | |
| 装　　丁 | コミュニケーションアーツ株式会社 | |
| DTP制作 | 株式会社シンクス | |
| 印刷・製本 | TOPPANクロレ株式会社 | |

本書に記載している会社名および製品名は、各社の商標または登録商標です。なお、本文中に™、®マークは明記しておりません。
本書の例題または画面で使用している会社名、氏名、他のデータは、一部を除いてすべて架空のものです。
本書の無断複写・複製（コピー等）は著作権法上の例外を除き、禁じられています。購入者以外の第三者による電子データ化および電子書籍化は、私的使用を含め一切認められておりません。

©2025 Tomoaki Masuda

ISBN978-4-296-07097-8　Printed in Japan